U1020742

篮球运动教程

乔纪龙　李廷奎　主编

北京体育大学出版社

策划编辑：潘　帅　王晶晶
责任编辑：吴光远
责任校对：李志诚
版式设计：小　小

图书在版编目（CIP）数据

篮球运动教程/乔纪龙，李廷奎主编．—北京：北京体育大学出版社，2017.8（2022.7 重印）
ISBN 978－7－5644－2723－8

Ⅰ.①篮… Ⅱ.①乔… ②李… Ⅲ.①篮球运动－高等学校－教材 Ⅳ.①G841

中国版本图书馆 CIP 数据核字（2017）第 212215 号

篮球运动教程　　**乔纪龙　李廷奎　主编**

出版发行：北京体育大学出版社
地　　址：北京市海淀区农大南路 1 号院 2 号楼 2 层办公 B－212
邮　　编：100084
网　　址：http：//cbs. bsu. edu. cn
发 行 部：010－62989320
邮 购 部：北京体育大学出版社读者服务部 010－62989432
印　　刷：北京昌联印刷有限公司
开　　本：710mm×1000mm　1/16
成品尺寸：170mm×240mm
印　　张：18
字　　数：323 千字
版　　次：2017 年 10 月第 1 版
印　　次：2022 年 7 月第 5 次印刷
定　　价：64.00 元

编审委员会

主　　编：乔纪龙　李廷奎

副 主 编：李迎春

编　　委：田世华　张　平　高　宇　邱俊俊
陈　力　颜琨晖　韩　旭　韩莎莎

前　言

篮球运动是一项集人的智慧、篮球意识、身体技能、体能、技战术等为一体，且在身体发育、动作发展、意志品质培养、智力发展、团结合作、集体荣誉等方面促进人的全面健康发展的运动。

篮球在我国普通高等院校中是深受大学生喜爱的重要运动项目之一。系统地掌握篮球基础理论、基本知识和技能、裁判工作及青少年篮球运动等，对于做好学校体育教学和社会体育指导工作，促进儿童、青少年的身心健康发展具有极为重要的意义。本教材是为了适应当前教育改革、篮球运动的发展、社会对人才的要求以及校园篮球的推进，更好地实现篮球专项课程培养目标而编写的。本教材针对篮球教学推出了自己的观点、教学方法、练习手段、易犯错误和纠正方法、各项技术在实际比赛中运用方法，通过篮球课程教学，培养中、小学体育教师应具备的从事篮球教学、训练、竞赛工作能力，培养具有一定篮球运动科研能力的体育教育工作者、教练员、全民健身指导员、体育工作管理者和科研人员。同时，本教材对从事高校篮球教学的相关人员具有一定的启发和帮助作用。

本教材根据高等体育教育专业本科教学计划培养目标和篮球课程的教学任务，在对多年来篮球课程的教学实践和对不同时期、不同版本使用的各类篮球教材总结的基础上，重视教材知识结构的系统性、整体性，以及教材内容的更新，重视学生教学能力的培养。根据篮球运动的发展及社会的需求，吸收了当代体育科学理论和篮球运动科学研究的新成果，充实了篮球运动的新概念、新观点、新技术、新战术以及教学与训练的新方法，全面而系统地介绍了篮球学科的基本知识、基本技术与战术等理论与实践内容，注重基本技能与实践能力的培养。本教材可作为全国普通高等学校篮球课教材，也可作为从事篮球教学和训练理论与实践工作者的参考用书及广大篮球爱好者的自学用书。

在编写过程中，参考了不同时期、不同版本使用的各类篮球教材和资料，在此，对以上参考资料的作者表示深深的感谢！对在本教材中未标明出处的引用资料的作者，我们在此表示歉意，同时也表示感谢！

受水平限制，本书中出现的疏漏和不妥之处，真诚希望广大学生、体育工作者批评和指正，提出宝贵的意见和建议，便于在以后的教材修订中加以完善和提高。

武汉体育学院体育科技学院

乔纪龙

2017 年 1 月

目 录
CONTENTS

第一章　篮球运动发展概述

第一节　篮球运动的起源、演进

一、篮球运动的起源

现代篮球运动起源于美国，是由美国马萨诸塞州斯普林菲尔德市（Spring Field City 春田市）基督教青年会训练学校、在加拿大出生的体育教师詹姆斯·奈史密斯（James Naismith）于1891年发明的。1891年冬，基督青年会训练学校（今春田体育学院）教师詹姆斯·奈史密斯博士依据学校的要求，设计了一项学生可以在室内进行的体育活动，即篮球游戏。由于起初创编该篮球游戏时，运用桃篮和足球作为游戏的道具，所以将本游戏取名为“篮球”。经过数次体育课堂教学后，1891年12月25日圣诞夜，詹姆斯·奈史密斯博士将体育课中的18名学生分为两个组，进行篮球游戏表演比赛，并将此篮球游戏介绍给观众。

初期的篮球游戏近似美式足球，无明确的比赛规则，场地大小不等，活动人数不限，仅在室内一块狭长的空地两端，各放一个桃筐。比赛时把参加者分成人数相等的两队，分别横列在场地两端界线外，当主持比赛者在中心点把近似现代足球大小的球向场地中心区抛起后，两队便集体向球落地区奔跑争球，随即展开攻守对抗，争取将球掷入对方的桃筐，比赛以球进筐数多者为胜，而每进一球后都需要按开始时的程序重新比赛。

为了扩大室内场地的活动范围和游戏难度，便将筐子悬挂在离地10英尺（约3.05米）高的两侧墙壁上，这一变革不仅提高了游戏的趣味，而且把篮球活动的形式和内容向前推进了一大步。正由于篮筐悬高，增加了球进篮筐的难度，所以比赛中常常出现队员将球扔到观看比赛的人群的情况，从而引起场内外争抢篮球的喧哗，而每次进球还要架梯登高取球，造成比赛延误。为此，奈史密斯博士取消了篮筐的底部，在篮筐后上方增设了铁丝挡网或挡板。到1892—1893年，奈史密斯有针对性地制定了原始的十三条和二十一条规则，如比赛中只允许用手触球和做动作，不准拿球走和跑，以及争夺中不能发生身体接触等。而且用铁质篮圈取代了不同制作形式的篮圈，成型的木制篮板替代了铁丝挡网。之后又在场地上增设了分区线和中圈，比赛的上场队员逐步限减，开始有前锋、中场、后卫的位置分工，不久又增设了电灯泡式的罚球区。自此，篮球游戏从场地设施到比赛规则都去掉了美式足球的影子，篮球游戏已现现代篮球运动雏形。

二、篮球运动的演进过程

现代篮球运动由一种民间乡土儿童游戏，到学校课间健体强心活动，到区域性社会文化现象，到体育竞技项目，到全球性跨国文化，到教育领域的课程与学科门类，到当代社会新兴产业门类的演进过程。篮球运动经过100多年的发展历程，若以其活动的方法和规则完善的过程划分，可划分成以下五个时期。

（一）初创时期（1891年—20世纪20年代）

1891年12月15日，美国马萨诸塞州斯普林菲尔德市基督教青年会训练学校体育教师詹姆斯·奈史密斯博士发明了篮球运动。最早的篮球是使用装桃子的竹筐，悬挂在健身房两侧的栏杆上，离地面10英尺（约3.05米），用足球作比赛用球，投球入篮得1分，每次球投中后要登上梯子把球取出来，再重新开始比赛。1891年12月21日举行了第一场篮球比赛。1892年，奈史密斯编写了《青年会篮球规则》，概括为五项原则十三条规则，主要有竞赛中只允许用手接触球、不准拿球走或跑、争抢中不能有粗野的身体冲撞动作等规则内容；女子开始参加篮球运动；1893—1894年，形成了类似现代的篮板、篮圈和篮网等比赛器材；1897年在场地内增设了罚球区，球场界线已成雏形，场上队员也有了位置分工，现代篮球运动基本形成；1896年，美国成立篮球规则委员会；1898年，美国成立世界上第一个职业篮球组织“国家篮球联盟”，即NBL，并开始了最早的职业篮球联赛；1904年美国青年男子篮球队在第3届奥运会上进行了第一次国际篮球表演赛；1915年在上海举行的第2届远东运动会将篮球列为正式比赛项目，篮球运动第一次成为国际体育竞赛正式项目。

（二）完善与推广时期（20世纪30—40年代）

进入20世纪30年代，篮球运动迅速向欧、亚、非、大洋4个洲的许多国家推广发展，技术水平不断提高，单兵作战的基本形式逐渐被集体间的相互配合所充实。1932 年在瑞士日内瓦由葡萄牙、阿根廷等欧美 8 个国家的代表酝酿组织国际业余篮球联合会，在会上以美国大学生篮球竞赛规则为基础，制定了国际统一的十三条竞赛规则：规定了竞赛人数为 5 人；场地上增改了进攻限制区；进攻投篮时防守者犯规，若投中加罚 1 次球，若未投中则加罚 2 次球；竞赛时间改为 20 分钟一节，共赛 2 节；进攻队在后场得球必须在 10 秒钟内过中线，并不得再回后场等。1936 年第 11 届奥运会，篮球运动被列为男子正式竞赛项目，奥运会后，国际业余篮球协会（FIBA）宣告成立。同年，中国加入国际篮联，国际篮联出版第一部国际统一的篮球规则。1939 年 11 月 28 日詹姆斯·奈史密斯博士逝世，终年 78 岁。进入 20 世纪 40 年代，随着篮球技术、战术的不断演进、发展，高大队员开始涌现，篮球规则也进行了补充和修改，攻防更强调集体战术，使得比赛更加精彩。1949 年，美国成立“国家篮球协会”，即 NBA，统一领导当时全美 21 支职业篮球队，也推动了世界篮球运动的发展。

（三）普及与发展时期（20 世纪 50—60 年代）

20 世纪 50 年代以后，篮球运动在世界范围内广泛普及，国际篮联的会员国迅速增加，国际大型运动会都将篮球列为正式比赛项目。1950 年和 1953 年，首届世界男、女篮球锦标赛分别在阿根廷和智利举行。随后篮球运动技、战术水平不断提高，出现大批 2 米以上的高大队员，高度成为决定篮球比赛胜负的重要因素。国际篮联多次修改比赛规则使得篮球运动高度与速度、进攻与防守获得均衡发展，队员技术趋于全面，形成了欧、美、亚洲不同的篮球流派和打法。1960 年第 1 届亚洲男子篮球锦标赛在菲律宾举行；1963 年，亚洲业余篮球联合会成立；1965 年，第 1 届亚洲女子篮球锦标赛在韩国举行。

（四）全面飞跃时期（20 世纪 70—80 年代）

20 世纪 70 年代以后，现代篮球运动进入全面提高时期，运动员身高迅速增长，逐渐形成组合技术和综合战术，攻守对抗日趋激烈，并且向着既重力量又重技巧、既有高度又有速度的方向发展。FIBA 修改规则，增加了球回后场、控制球队犯规和全队 10 次犯规的规则。1976 年，在第 21 届奥运会上，女子篮球被列为正式比赛项目。1984 年 FIBA 又对规则进行了重大修改，扩大了球场面积为 28 米 × 15 米，设定了 3 分投篮区，鼓励外线队员投篮。本次规则的修改对篮球运动的迅速、全面发展起到了决定性的作用。

（五）创新与攀高峰时期（20世纪90年代后）

20世纪90年代以后，现代篮球运动进入创新与攀高峰的黄金发展时期。国际业余篮球联合会更名为国际篮球联合会，并取消了对职业球员参加国际篮球大赛的限制，众多优秀的职业球员给国际篮坛带来了新观念、新技术和新战术。篮球运动融竞技化、智谋化和艺术化于一体，向着职业化、商业化和社会化迈出新的步伐。1996年，中国开始举办篮球职业联赛。

百年来，篮球运动从游戏型活动到竞技运动再到科学门类型学科不断地演进发展，至1999年底已有200个国家和地区成为国际篮球联合会成员，篮球运动已真正成为国际体育组织中单项运动人口最多、最受世界人民喜爱的体育项目。

第二节　篮球运动的基本规律和特征

一、篮球运动的基本规律

（一）集体性规律（篮球运动的集体性）

篮球运动的集体性规律，充分体现在团队精神和协同作风，体现在球场上一切个人行动都要基于全队整体的目的与任务之中，此规律的核心体现在“集”字上，要靠集体力量，倡导团队精神。篮球运动是一项有较强集体性的对抗项目，它要求每名运动员在比赛中必须做到齐心协力、密切配合。只有把个人的技能融汇于集体，集体才能为个人做最佳保障，给个人技术发挥创造更多、更好的机会。篮球运动的集体规律还体现在不仅要求比赛场上的队员协同合作，而且要求充分发挥教练员的督战才华和场下替补队员的作用，将全队作为一个整体来设计战术，制定战略。篮球运动是集体性的同场竞技。团结互助、协同配合是第一要素。齐心协力，团队配合，克服单打独斗，才能完成错综复杂的攻守任务。因此，篮球运动集体性规律是篮球运动最为核心和明显的规律。

（二）对抗性规律（篮球竞技比赛的对抗性）

篮球运动对抗性规律，体现在无论球队整体或运动员个体，其根本目的都是为了采用合法规则要求的手段，重点在地面与空间制约对方。树立全方位对抗的观念，以智对抗、以力对抗、以技对抗、防中寓抗、抗中求攻、守中有抗、抗中有守，这已是现代篮球竞赛对抗的基本特点。能否始终凶悍、智谋地占有地面与空间对抗优势转化为实际效果是其关键。篮球运动属于同场对抗类竞技项目，对抗始终贯穿在篮球竞技运动中。其主要表现在球队的技战术，队员的身体、心理素质，团队作风、信息等方面，具有综合性、激烈性、准确性的特点。身体接触是现代篮球运动中对抗的主要形式。在现代篮球训练中要把握住对抗的基本规律和特点，这样有利于促进现代篮球运动的快速发展。

（三）转换性规律（进攻与防守的转换性）

篮球比赛是由两个队在规则规定的时间内进行不断的转换攻守回合完成的，每次进攻后的防守和防守后的进攻之间的相互转换构成了篮球比赛的重要内容。换是篮球比赛的基本规律。换即思、换即动、换即变，换即换时、换位、换向、换术、换法、换人。篮球比赛中攻守转换既包括由攻转守时瞬间的行动意识、战术组织和配合方法，又包括由防守获得球后的转攻。

篮球比赛速度快、场地小，攻守转化十分频繁。攻转守、守转攻不仅发生在一个队的前场、中场和后场，而且还发生在不同的空间位置，转换有时让人猝不及防。球权是攻守转换的信号，同时也是进攻和防守矛盾的主要方面。进攻结束就是防守的开始，防守结束就是进攻的开始。随着现代篮球运动进一步向高速度方向发展，其攻守转换越来越快，转换的界限越来越不明显，防守中蕴含着攻击性，进攻中始终关注防守的转换。转换是篮球比赛的主题，变是篮球比赛的灵魂，是转换的具体体现，正确制造和把握出现的攻守转换，合理地运用技、战术，才能牢牢掌握比赛的主动权。

（四）动态性规律（篮球运动在动中展开攻守并在动中不断发展）

篮球运动是一项动态性的运动，动的表现之一为比赛中不停地移动。攻守双方布阵互动，动中攻、动中守、动中及时转换，不间断地有谋略、有针对性地动，有目的、有攻击性地动，以主动地动迫使对手被动地动，以动攻守、以动守攻，反复转换动的方式与方法，调动动的意图，变化动作节奏和方向，力求主动，这是现代篮球运动的基本规律和特点。动的表现之二是正确认识并合理处理篮球科学理论、技术与战术在动中发展的关系。

从篮球运动的技战术发展规律来看，理论是实践的结晶，它来自于篮球实践，又指导篮球实践的创新与发展。技术决定了战术，即有什么技术，技能组合什么战术。没有先进的理论和技术就不可能建立先进的攻守战术体系。可见，科学理论推进技术发展，技术发展又促进战术的发展。

（五）多元统一性规律（身体、体能、心理、技术、战术、规则等因素的统一性）

篮球运动独特的竞赛动态特征决定了篮球运动员的身体素质、心理水平和技术、战术的不断提高与创新，同时也产生了相应的、不断变化的比赛规则给予保障和促进。因此，篮球比赛规则是身体、体能、心理、战术、技术的统一，是篮球运动形成与发展的基本规律。

篮球运动是要求最全面的运动项目。技术全面，包括运传投、攻抢防等都不可或缺。战术全面，4 种基础配合样样精通，各种固定战术了然于胸，整体移动进攻战术熟练掌握，力量、速度、耐力、弹跳、柔韧、灵敏等身体素质极好。心理素质和智慧能力要求全面。因此，教练员、运动员只有真正地理解多元统一的理念是规律、训练是基础、竞赛是杠杆、技术是手段、战术是方法、意识是导向、心理是保障、进攻得分是标尺的多元统一性规律，才能成为优秀的教练员、运动员。

现代篮球运动已趋向于在对抗中利用规则去比身体、比技战术、比体能作风、比意识智慧、比心理素质，如果缺一或不能有机统一，就意味着教练员对篮球运动本质认识的局限，也意味着队伍训练水平和实力的不足。

二、篮球运动的本质特征

篮球运动的本质特征是篮球运动本体具有的特殊性，它有利于人们参与和理性认识篮球运动。

（一）技术、战术和身体素质多元化

篮球技术有传球、运球、投篮、突破、篮板球和个人防守 6 类数十种单个技术动作。在篮球活动实践中，技术动作常多元变异组合应用。

篮球战术有区域联防、盯人、区域紧逼等数十种战术形式及难以数计的战术方法。

篮球运动属综合性体育运动，它包含跑、跳、投等身体体能活动，各种身体活动并非机械性运动，常需不断变换技术动作和动作节奏。

（二）篮球运动技能的开放性

篮球运动技能是指在篮球比赛和攻防对抗情况下，适时合理地运用技术的能力。篮球运动技能是篮球技术实践的表现，运动技能水平是指运用技术的能力程度。

篮球运动技能属于开放性运动技能。所谓开放性运动技能是指在运动实践过程

中技术动作的结构与组合因时间、位置、对手等外部情境有很多差异或变化，技术运用的条件和时机千差万别，需要根据同伴与对手的情况做出判断，及时、合理地运用技术。这与固定技术组合和套路的闭合性运动技能是有本质区别的，两种运动技能的产生与培养也有很大差异。开放性运动技能需要开放环境中的实践。

在篮球运动技能中，基本技术动作是基础，队员的运动技能水平表现在完成技术动作的质量和效果上。如何将技术动作转化成运动技能，取决于以下两个条件。

一是提高技术动作质量、难度和对抗能力的身体条件，它包括身高、形态、素质、机能。

二是把握动作节奏、时机和合理应用技术动作的思想条件，包括经验、意识和技巧。

（三）综合对抗性

篮球运动的活动形式是以两队成员相互协同攻守对抗的形式进行的，竞赛过程需整体的智慧和技能协同配合，反映和谐互助的团队精神和协作风格，才能获得最佳成效。

篮球运动攻守对抗竞争是在狭小的场地范围内快速、凶悍地近身进行的，攻守转换、摆脱与限制，其拼智、拼技、拼体、拼力，必须有聪颖的智慧，还需要特殊的体能、剽悍的作风、顽强的意志与必胜的精神。篮球运动竞争的过程，即陶冶这种作风、精神的过程。

篮球比赛在一定的时间内围绕空间的球和篮展开攻守对抗，因此在比赛过程中的时间观念、空间意识必须强烈，并以智慧运用各种形式、方法和手段去争取时间，搏夺空间优势，从而使比赛更具有时空性要求，这也是篮球运动独异的特点。

（四）职业性、商业化

自20世纪中期在欧美国家率先成立职业篮球俱乐部以后，现代篮球运动随着竞技水平的提高以及赛制和规则的完善、创新在全球蓬勃发展，使运动员的智能、体能和技战术水平不断和谐提高，对推动职业化进程起到了新的催化作用，至20世纪八九十年代，篮球职业化如雨后春笋在美、欧、澳、亚洲发展起来，特别国际奥委会同意美国NBA职业队员参加国际大赛后，全球职业化篮球已成为一种时尚的产业化趋势，优秀球队和球星效应的社会商业化价值观发生了新的变化，反映着新世纪篮球运动发展的又一新特点。

篮球运动商业化的重要特征是篮球运动组织体制、竞赛赛制和训练管理机制的商业化气息的增浓，以及运动员自由人地位的确立和运动技能价值观的变更，俱乐部产权的明晰，独立社会法人代表的重新认识，这一系列的变革一方面促进了世界篮球运动向更高的竞技水平发展，另一方面有力地推动了职业化篮球向商业化、产业化方向发展。这已成为21世纪世界篮球竞技运动发展的总体趋势，其社会价值和经济价值必将呈现新的景象。

第三节　世界篮球运动竞技现状与发展趋势

一、世界篮球运动竞技水平的现状

现代篮球运动已成为一种世界性文化，遍及五大洲，然而篮球运动的普及与篮球运动全球性整体水平的提高又极不平衡。在现代篮球运动中欧美具有传统优势。近期的世界篮球锦标赛和奥运会篮球比赛战绩表明，欧美各强队之间的差距逐渐减少，但美国队仍是当今世界篮球运动的第一强队。欧洲各队实力迅速提高，其中德国、法国、立陶宛、意大利、西班牙和克罗地亚等队实力接近，均能与美洲区的巴西、智利和加拿大等队展开前八名的抗衡。澳大利亚队和新西兰队的崛起，实力可与欧美抗衡。亚洲、非洲区整体水平在第三层次，成绩在10名之后徘徊。亚洲女队，经过一个时期的特殊训练，尚有可能从中、日、韩之中跃出黑马，跻身世界前四名行列。

（一）美洲篮球运动水平和特点

美洲为现代篮球运动起始最早的地区，整体水平最高，各国打法基本相似，以技巧与特殊的身体条件相结合，形成了以个体作战和几个人组合作战为主的打法。美洲运动员身体素质极好，速度快，有着惊人的弹跳，协调性好，经常表演高空扣篮、补篮，并擅长突破配以外围投篮；防守方面多采用贴身紧逼，防守的攻击性强；对篮板球拼抢凶狠，强调二次进攻，注重个人作战。美洲篮球充分体现了高、快、准、巧，基本技术好，个人水平高，整体实力强的特点。其中以美国队为代表，巴西、智利、乌拉圭、阿根廷、古巴、波多黎各、加拿大等国名次虽有更迭起伏，但实力均衡，是不同时期内世界性比赛前十名的抗衡者。

（二）欧洲篮球运动水平和特点

欧洲受美洲影响较大，普及面广，整体运动水平接近，是美洲最大威胁者。基本打法趋向是以粗犷、凶悍、整体作战为主体，强调集体配合，注重内外结合，掌握比赛攻防节奏，体现了高、狠、准，富于力量性，更讲究整体实力。其中以俄罗斯和南斯拉夫最具典型和抗衡实力，而捷克、立陶宛、意大利、希腊、以色列、保加利亚、西班牙、克罗地亚、法国等国都具有较高的水平，在不同时期内曾经分别入围世界两大赛事的前八名。

（三）亚洲篮球运动水平和特点

亚洲区除东亚中、日、韩三国外，西亚已有显著崛起之势，但是普及面有限，实际水平与美、欧国家相比有较大差距，国际大赛成绩起伏较大。相比之下，中国男女队略占优势，但韩国、日本尚有实力与中国队抗衡，其基本打法是以作风、体质为基础的技巧和快、灵、准的整体性为主体，但受传统篮球观念和身体条件与训练水平所限，整体实力不均衡。

（四）大洋洲篮球运动水平和特点

大洋洲的澳大利亚和新西兰篮球运动较为普及，20 世纪 80 年代后进步较快，具有争夺世界两大赛事前四名的实力，其基本打法类似欧洲型和美洲型的结合。2017 年澳大利亚和新西兰加入亚洲篮联，对亚洲篮球水平提升将有较大帮助。

（五）非洲篮球运动特点

非洲区篮球运动发展滞后，普及面不广，运动水平较低，与欧美有着明显的差距。其基本打法尚未显出特征，但体能和个体攻击意识强，其中埃及、尼日利亚、塞内加尔等国正在日益普及提高中，其中某些国家球队将成为亚洲区国家的抗衡对象。

二、美、欧国家篮球运动长盛不衰的原因

（一）欧美国家篮球运动起步早，普及面广，篮球人口多，已形成一种较高氛围的传统社会文化。篮球主管部门和篮球专家真正懂得篮球运动发展提高的规律是抓基础，从娃娃抓起，在青少年和学校中活动形式多样。

（二）在一定意义上分析，其民族特征和身体遗传基因适项，以及受传统文化、社会风俗和人们的个性、爱好、生活特点的影响。

（三）篮球运动社会化管理体制及训练体制、竞赛制度有助于培养与发掘人才。

（四）地区性高水平队伍多，技术、战术与打法各具特点，国际性球星多，且实力均衡，特别重视运动员的运动年龄结构，非常重视具有国际大赛丰富经验的 25 ~ 35 岁的运动员的使用。

（五）教练员职业道德和运动员敬业精神普遍较强，对现代篮球深层特征、趋

势认识深，掌握科学化管理水平较高，并形成较有个性特点的现代篮球理论观点和训练、管理的组织体系。

（六）立足科学训练，普遍重视运动员的体能选择和技能质量训练，特别重视意识、心理、技战术的基础训练及相互结合的实战训练，尤其重视高大队员爆发性速度、力量训练和用智慧、身体和力量、技巧进行结合性对抗意识训练。

三、世界篮球运动的发展趋势

（一）大众篮球运动在全球普及，比赛的人文氛围全面提高

篮球运动由于自身的本体性特点、规律和功能，使它充满活力。为此，新世纪大众性篮球运动将进一步在全球普及，成为名副其实的全球性社会文化和民众健身强体、修心养性的工具和手段。而这种运动性人文、文化色彩的氛围将不断地深化为社会特殊人文景观和人们生活的特殊组成部分。特别在发展中国家、地区的社区和工矿企业开展的篮球运动将日益广泛，热爱篮球运动的各界人士将进一步支持推广篮球运动。

（二）学校篮球运动的健身、教育功能显著，活动形式丰富多彩

篮球运动的增智、健身、教育、宣传、社交功能越来越被各级教育部门和各类学校领导认同，积极开展学校篮球运动将成为活跃校园文化生活、增强师生体质、提高健身水平、陶冶情操、锻炼意志、修养品行、培养团队精神、增强使命感和荣誉意识的特殊教育形式。各种形式的业余篮球俱乐部将成为校园生活的一种基本社团组织。未来优秀运动幼苗将由此启蒙和得到发展。

（三）职业篮球运动在全球扩展，商业化气息加强，观赏性加浓

职业篮球比赛的竞技水平的技艺化，进一步产生了特殊社会性魅力和经济效益，促使新世纪职业篮球俱乐部在全球范围内广泛建立，职业性竞赛的商业化行为将日益在规范中完善法治经营，逐步形成一种新兴产业。随之现存的国际性和各国的篮球组织形式迟早会有新的组合，竞赛的规则、竞赛的制度与方法的不断变革势在必行，以适应人们观赏、健身和发展科艺化篮球竞技运动的需要。

（四）篮球运动理论和实践进一步渗透高科技，形成新结构体系

现代科技对篮球运动的渗透，使传统篮球观念，篮球理论、技术、战术和体能水平与训练手段有新的创新和要求。实践训练手段将更科学化，多元科技将与训练比赛实践相结合，形成篮球观念的新转变，新的理论观点将层出不穷，新的技术、

战术不断产生，新的竞赛制度不断完善，新的规则再充实、再发展，从而形成从篮球理论到篮球实践内容的新结构、新体系。篮球竞技在创新发展中更具个性化、集约化、技艺化、科技化、商业化，明显反映出竞技篮球当代化科技氛围。

（五）竞技篮球群雄相争激烈，排名出现新格局，技战术风格呈现新特点

21 世纪世界篮球竞技运动水平和实力将形成起伏状的新格局，这是篮球运动在全球普及、发展、提高的趋势。然而总体上美国仍将居先，欧美地区一些国家在一个时期内仍将处于先进水平，但各国实力将接近，排名将反复出现更迭。在亚洲、非洲等地区某些国家将向先进强国冲击。篮球运动总体发展朝着智博谋深、身高体壮、凶悍顽强、积极快速、机敏多变和全面准确这一总趋势与不同流派风格以及多种多样打法的方向发展；比赛规则将应时修订，促进攻守平衡发展；高度与速度进一步相互依赖与制约；技术和战术进一步技艺化、精湛化、实效化、多变化、高空化、全面化和综合化；空间与时间的拼争更趋凶悍激烈，对运动员综合体能、机能、人文素质、文化修养提出更高要求，特殊才华球星的社会效益显得格外重要；教练员的职业素养、知识结构、智慧才干及人格魅力更需综合提高。

1. 强调智谋，即要求运动员、教练员用智慧进行科学的拼搏

篮球运动是一项科学的智慧性运动，也是体育科学中的一门学科课程。篮球运动过程充满哲理，充满着矛盾的相互转化，因此认识与解决矛盾就要靠知识、靠智慧、有谋略、有方法、善于预测和应变。善于打篮球，用头脑打球、用意识打球、用灵感打球已成为世界优秀运动员的必由之路。

2. 强调高度，即普遍重视运动员的自然高度，并提高制空能力

21 世纪的现代篮球竞技比赛无可非议地将继续是巨人群体展开的大拼搏，要求以身高、体重、状态、力量和技巧去制空，这是篮球运动特征所决定的。高的内涵还表现在高智慧、高形态、高速度、高体能、高强度、高比分等。

现代篮球高的具体表现如下：

（1）国内外强队普遍重视球队整体平均身高的增长。

（2）在重视运动员自然身高增长的基础上普遍重视战斗作风的培养和运动制空能力的提高，强化力量和弹跳感的增长，提高制空能力。

（3）普遍重视高大队员综合性、多元性的特殊训练。

3. 强调准确，即以投篮准为目的的意识进一步增强

（1）三分球投手多，命中率普遍提高，投距远，投点广。

（2）攻守转换快，转化技术、战术判断时间的准确性高。

（3）重视投篮基本功训练，既要求投篮能变化，又要求动作扎实、正确和规范，而且要求在对抗条件下投篮的高数量和高质量。

4. 强调速度，即普遍更重视以速度争取时间

（1）强调提高攻守阶段的不同节奏速度，强调有节奏地加快攻守转换速度，从而快攻反击次数增多、快攻得分率增高，特别普遍重视提高高大队员参与快攻的意识和速度。

（2）强调在高速度、高强度中的拼搏，在高速度下转换技术和战术的能力，在高速度、高强度对抗中保持较高的投篮命中率，以速度争取主动，并以争取时间来控制空间，赢得胜利。

5. 强调全面，即要求在全面素质、能力的基础上有特长，拥有明星队员

（1）队伍成员整体文化氛围浓厚。

（2）重视体能素质水平提高，特别重视每名运动员滞空高度和意识的提高，同时又重视专项身体体能质量提高。

（3）比赛对抗意识强，攻守技术全面。

（4）基本功扎实并不断在实战中提炼创新，变异发展，从而形成自己的技术特长、个人的技术风格及特殊技艺，最后培养成才华突出的球星。

6. 强调多变，即要求战术阵势的应变多样化

（1）战术的选择与组织都强调与本队实际、世界篮球发展趋势和时间观念、空间意识结合，重视一个“快”字，突出一个“精”字，立足一个“变”字，在最短的时间、最快的速度下变化，组合最强的战斗力，取得最佳的效果。

（2）世界高水平队伍的比赛布阵落位迅速，阵势不一，都力求在对手防守阵势尚未形成之时展开全面攻击，并在攻击时随时应变。

7. 强调帅才，即重视聘用有个性特点、风格的智谋型教练员作统帅

（1）国内外球队队伍的训练比赛实践证明：“帅乏智，卒不悍，战必溃。”世界各国篮球界都十分重视寻求选聘具有篮球专项个性人格魅力、独特的现代篮球理论造诣和组织训练、管理与智慧才华的教练员任职。

（2）现代篮球竞赛既是场上运动员的较量对抗，又是教练员日常训练、管理和比赛场上综合智慧、才干的搏斗。

8. 强调凶悍，即强调拼斗性

（1）现代篮球运动的特点之一是攻守对抗的凶悍拼斗性日趋激烈。矛盾的主要方面首先是有胆识、有毅力和有勇气的进攻，随着拼斗性进攻这一发展方向的提出，必然相辅相成地刺激各国教练员同时考虑到防守的技术、战术的创新和提倡拼斗精神，普遍把运动员强悍作风反映在整体与个体防守拼斗能力的提高和控制篮板球拼斗能力强弱上，将其视为衡量整体实力强弱和能否获得优势的标志，并对应变革与创新了种种拼斗防守技术和战术。

（2）由于进攻拼斗能力提高所带来的防守拼斗观念与技、战术的变化，使当代篮球竞技比赛对抗拼斗更为凶悍激烈，从而形成攻守意识 + 凶悍意志 + 体能力量 + 技能谋略的拼斗体系。

第四节　中国篮球运动

史料记载，我国唐宋时期（公元618—1279 年）民间和宫廷内就有类似现代篮球运动的游戏，名称“抛球”“手鞠”“毛弹”等，因时代的局限未能提炼创新发展。

现代篮球运动是清朝末期（1895 年）由美基督教青年会传教士传入我国天津的。因此，天津市是我国篮球运动的起源地。1896 年，天津市基督教青年会举行了我国第一次篮球游戏表演，此后逐步由天津市向全国传播、推广。

一、现代篮球运动在中国的发展

篮球运动在我国的传播、普及、发展、提高受不同时期政治、经济、文化、教育等各方面因素的影响和制约。为了便于了解篮球运动在我国的发展历史，通常可以按篮球运动传入我国后的社会变迁，篮球运动及其技、战术在中国的发展和重大国内外竞赛活动、事件等综合将中国篮球运动发展分成三个时期、七个不同阶段。

（一）传播缓慢普及时期（1895—1948 年）

期间包括三个阶段。

第一个阶段为 1895—1918 年的初始传播阶段；第二个阶段为 1919—1936 年的缓慢推广阶段；第三个阶段为 1937—1948 年的局部普及阶段。

这一时期，中国社会正处于半封建、半殖民地时期，篮球运动传入中国以后，未能得到当局的重视和有组织地传播、普及，基本处于自流的状态。但篮球运动特有的趣味性和健身性仍深受青少年学生自发的喜爱。经过近十年的传播，篮球运动才逐渐成为20世纪初大、中学校的主要体育活动并从学校传入社会，如当时天津市的南开学校、高等工业学校、省立一中等；北京市的清华学校、汇文学校、协和书院等；上海市的圣约翰大学、南洋中学、沪江大学等；南京市的金陵大学、东南大学等；苏州市的东吴大学等。到1910年中华人民共和国成立前举行的第1届全运会上篮球运动被列为男子表演项目，1914年的第2届全运会上被列为男子正式竞赛项目，1924年第3届全运会上被列为女子正式竞赛项目。此后篮球运动逐渐也在社会上活跃起来，如在华北等地区性的运动会上篮球运动也最先被列为正式的比赛项目。中华人民共和国成立前参加了10次远东运动会男子篮球比赛，在1921年的第5届远东运动会上获得冠军。另外，在1936年和1948年曾派队参加了第11届和第14届奥运会篮球赛，都未能进入决赛，但这些对外交往一定程度上对推动我国篮球运动的发展起到了作用，并在1936年奥运会期间加入了国际篮球联合会，篮球运动被更多的人关注，社会篮球竞赛也较过去活跃。

进入20世纪30年代后，由于边区政府重视开展体育活动，篮球运动在革命根据地更受广大人民群众和红军、八路军将士的喜爱。当时特别引人注目的是在国内享有盛誉的1938年八路军120师师长贺龙和政委关向应亲自组建的“战斗篮球队”，以及抗日军政大学三分校以东北干部为主组成的“东干篮球队”，他们共同的特点是宗旨明确、纪律严明、斗志顽强、技术朴实、打法泼辣、体能良好，充分反映出中国共产党领导的革命军人的优良道德品质和战斗风格，给根据地军民留下了深刻的印象，其不仅有力地推动了篮球运动在这些地区的普及和提高，而且成为当今我国部队篮球队的优良传统。我国“八一”男子篮球队长时间保持国内榜首地位，与继承光荣的革命传统密切相关。其中不少人员有的成为新中国党、政、军部门的高级干部，有的成为新中国体育事业的开拓者、领导者，为新中国体育事业及篮球运动的发展做出了积极贡献。

而在同一时期的国民党统治区和日伪占领区，因受政局的影响，篮球运动处于起伏停滞状态。1945年抗日战争胜利后，篮球运动有所活跃，特别是社会篮球竞赛活动较前频繁，天津、北京、上海以及东北地区涌现出不少新球队，给1949年中华人民共和国成立后我国体育事业的蓬勃发展和群众性篮球运动的大普及、运动技术的迅速提高奠定了一定的基础。

（二）有限推广、停滞困惑、复苏发展时期（1949—1995年）

期间包括三个阶段。

第一个阶段为1949—1965年的普及、发展阶段；第二个阶段为1966—1978年的徘徊、困惑阶段。第三个阶段为1979—1995年的复苏、提高阶段。

在1949年中华人民共和国成立前夕举行的解放区运动会上，篮球运动就列项参赛，中华人民共和国成立后由京津两地大学生组队参加了匈牙利举行的第10届世界大学生运动会篮球赛，获第十名。此后，我国篮球运动进入了空前的普及、发展和提高时期。经过几十年的实践，逐步形成了一部集篮球竞赛、社会群众性篮球活动、学校篮球教学、篮球科研与篮球基础理论为一体的中国篮球运动发展史。

为了加速我国篮球运动水平的提高，20世纪50年代初北京成立了中央体训班篮球队。为了学习苏联经验、加强国际交往，1950年12月24日，世界强队苏联队访问了我国北京、天津、上海、南京、广州、武昌、沈阳、哈尔滨等8座城市，进行了33场比赛，对比之下充分暴露出我国篮球运动竞技水平的落后状态。为了摆脱这一现状，我国主管理部门采取措施，进一步加速组建专门队伍，学习先进经验、先进打法，更新束缚自己的传统观点，并积极参加国际比赛，短期后成效显著，战胜了不少欧洲的强队，黄柏龄等优秀运动员的技艺表演在中国篮球历史上写下了光辉记事。不久各大地区都组建了各自篮球集训队，篮球运动跨入了新的发展时期。

1955年举行全国篮球联赛以后，我国开始有了相对稳定的分级竞赛制度。这一期间由于当时的国际奥运会制造两个“中国”，导致我国退出国际篮球组织，减少了参加国际大赛的机会，但国内竞赛仍十分活跃。随着普及与发展的需要，1956年至1957年间我国又进行了篮球等级升降级联赛制度和教练员、裁判员等级制度。1959年举办的新中国第1届全国运动会上，四川男队、北京女队获得冠军。当时我国篮球界提出了“以投为纲”，发扬狠、快、准、灵的风格和以我为主、以攻为主、以快为主、以小打大、积极防守的战术指导思想。经过多年实践，又在总结我国篮球运动发展历程和对比世界篮球运动发展现状的基础上，从实际出发，召开多次篮球训练工作会议，专门研究了篮球运动的训练指导思想，使我国篮球运动发展在思想建设、队伍建设、理论建设、赛制建设、科学研究等方面有了明确的发展方向。之后，随着篮球运动国际交往逐步增多，运动技术水平不断提高，在技术、战术上逐步形成了我国篮球运动以“快攻”“跳投”“紧逼防守”为制胜法宝的独特风格。至1966年“文化大革命”前夕，我国篮球运动已接近世界先进水平，战胜了不少欧洲强队。后因“文化大革命”影响而停滞，与国际没有了交流，从而拉大了与国际强队的距离。

进入20世纪70年代，体育战线全面拨乱反正，我国篮球竞技运动确立了赶超国际水平的新目标，在1972年12月全国篮球训练工作会议上总结经验，把握篮球运动规律和发展趋势，从中国实际出发，较全面完整地确定了“积极主动”“勇猛顽强”“快速灵活”“全面准确”的篮球运动训练指导思想和贯彻“三从一大”的科学训练原则。篮球运动得到了迅速恢复与发展。1975 年，中国篮球协会在亚洲业余篮球联合会取得了合法席位，1976 年，国际业余篮球联合会通过决议，恢复中国篮球协会在该会中的合法席位，并承认中华人民共和国篮球协会是全中国唯一合法组织。

1979 年国家实行改革开放政策，我国篮球界不负众望，深化改革，严格训练，严格管理，对外加强交流，篮球运动进入最佳发展时期，在世界级及洲际性竞赛中不断获得优异成绩。其中女子篮球在 1983 年第 9 届世锦赛和 1984 年第 23 届奥运会上均获得了第三名。1992 年第 25 届奥运会上又获得亚军；1993 年世界大学生运动会上获得冠军；1994 年第 12 届世锦赛上获得亚军。男子篮球则在蝉联亚洲榜首的基础上，在 1994 年第 12 届世界男子篮球锦标赛上第一次进入了世界前八名，表明我国篮球运动竞技水平向世界最高水平冲击，跨入了百年来发展的黄金时代。然而 20 世纪 90 年代中后期，由于种种原因，我国男、女篮球队在国际大赛中成绩不尽如人意，呈滑坡状态。

（三）总结经验、深化改革、解放思想、更新观念、创新攀登的新阶段（1996 年至今）

1995 年，篮球界在国家体委（现国家体育总局）“坚持正确方向，抓住有利时机，继续深化改革，发展体育事业”的精神指导下，坚持“积极稳妥，健康有序”的改革方针，抓住了外商注资的机遇，与国际管理集团等外资合作，在 1996 年举办全国甲级队联赛的同时，举办了由前卫体协、吉林、北京体师（现首都体育学院）、上海交大等 8 个省（市）、部队、学校组队参加的男子“职业”篮球联赛，当时称 CNBA 职业联赛 ，这是我国职业化联赛的开端，也是一次大胆的尝试，但不久因故暂停。此后，中国篮协决定进一步对竞赛制度进行改革，并以全国男篮甲级联赛赛制为突破口，以产业化、职业化为导向，开始加速篮球竞赛体制改革的进程。1997 年，国家体委成立了篮球运动管理中心，在管理体制改革上迈出了重要的一步，把传统的甲级联赛正式命名为 CBA 职业联赛。通过多年的改革实践，我国篮球事业发生了深刻变化，带来了新的生机和活力，巨大的潜在篮球市场也吸引了众多国内外企业，为他们提供了有利的商机，同时也推动了我国篮球运动加快职业化、产业化的新进程。CBA 甲 A、甲 B 联赛赛事已成为国内外知名企业树立形象、体现实力、拓展市场的新舞台。在赛制改革的引导下，众多篮球俱乐部纷纷建立，一种适应篮球社会化、产业化发展需要的俱乐部管理体制已成雏形。篮球学校、训练中心、培训班等社会办篮球的形式开始出现。例如，1998 年中国大学生体育协会在企业资助下组织了 CUBA 全国大学生篮球联赛，对活跃高等学校校园文化生活，在学生中普及篮球运动起到了积极推动作用。

二、新世纪中国篮球运动面临的任务

我国篮球运动近年来有了长足的进步，也有过辉煌，但 20 世纪 90 年代中期以来，未能在国际大赛中取得优异成绩，为此在新时期要抓好以下几项主要任务。

（一）继续推进全方位的综合改革。建立起适应社会主义市场经济需要，符合现代篮球运动发展规律的社会化、产业化管理体制，形成依托社会、自我发展、良性循环的运行机制，为我国篮球事业更快、更好地发展提供机制保障。同时，加强组织建设，强化县级以上基层篮球协会的作用，形成从中央到地方以会员制相联系的篮球协会组织网络，因地制宜地建立多种形式的篮球俱乐部，职业篮球与非职业篮球各成体系、互为依托、相互促进，形成管理规范、运转有序、发展稳定的篮球俱乐部组织体系。

（二）狠抓训练工作，确立正确的指导思想及自己的技术特长、战术风格。制定发展规划，全面提高篮球训练水平，努力攀登世界篮球运动技术高峰。要全力抓好各层次国家队工作，女篮要采取非常措施，力争达到并超过历史最高水平，重现辉煌；男篮应继续保持亚洲领先地位，抓住机遇在世界大赛中争取有新的突破。另外，要扎实采取举措建立起新的、多种形式、多种渠道相结合、层层衔接的训练体系，形成冲击世界篮球先进水平的人才梯队结构。当前及以后一个时期内更要切实重视教练员培养与管理，迅速提高管理、训练科学化水平。同时，要十分重视提高运动队伍的思想文化素质，培养出一批德才兼备并具有世界水平的优秀运动员、教练员、裁判员队伍，要建立起后备人才培养网络，切实抓好后备队伍的衔接。世界优秀篮球运动员队伍成长的规律之一，就是要认真从娃娃抓起，不断扩大业余训练的范围，形成覆盖全国的业余训练网络，完善输送渠道，提高成材率。

（三）“从娃娃抓起”必须严格有序地抓学校篮球活动。科学地设计“学”“训”融合的构架模式，进一步扩大篮球运动普及面，继续增加篮球人口。发展适合新形势下群众篮球活动需要的新的组织形式和方式，要建立起一支篮球技术辅导员队伍；努力增加对社会开放的篮球活动场地设施，针对不同阶层人群特点经常开展多种形式的篮球活动，让更多的青少年学生掌握篮球基本技能，使之成为我国参与人数最多的社会文化活动，并成为人们健身娱乐的重要运动项目。要探索体、教结合的新思路、新举措，树立以学校为依托的训练与教育新体制。把 CBA 竞技体育与 CUBA 学校体育的新体制逐步有机结合起来。

（四）抓好职业俱乐部和职业联赛的建设。首先，明确中国职业俱乐部的指导思想，在此基础上明晰产权，积极引导走上符合国情的发展道路。进一步完善篮球竞赛管理制度，建立起职业篮球和非职业篮球相结合、全国性比赛和地方性比赛相结合、适应提高运动技术水平和市场开发需要的篮球竞赛体系。更重要的是要进一步改革 CBA 联赛赛制，健全法规制度，提高水平，成为既符合中国国情又具有国际影响、较为规范的职业联赛。女篮甲 A 应加快向职业联赛过渡。增加各种形式的青年篮球比赛。大力提倡各省、市、县篮球联赛和各行业系统篮球联赛，积极支持推动中学生和业余篮球俱乐部比赛的开展。

（五）进一步解放思想加速发展篮球产业。在重视全面规划的同时，要有重点地采取特殊措施在某些省市培育开发篮球市场，内外结合，上下协调，多种形式，逐步形成较为规范的中国型的篮球产业市场，并以点带面、调动起社会各方面办篮球的积极性，形成多种所有制并存的合作开发机制，全面开发竞赛市场、训练（培训）市场、健身娱乐市场、标志产品市场和电视转播市场，基本形成初具规模的产业开发体系和稳定的资金保障来源；增强各省、市篮球协会、各俱乐部自我发展能力，同时也有利于培养出一支富有经验的篮球经营开发队伍。

总之，20 世纪 90 年代以后，中国篮球运动总体上普及面广、提高速度较快、竞技水平有进步，但要再创世界先进水平道路曲折，需要篮球界人士保持清醒的头脑并百倍努力。21 世纪对中国篮球运动来说，只要抓住机遇，扬长避短，树立新目标，采取新举措、新机制培养新人才、新队伍，一定能以崭新的面貌展现在国际篮坛强林之中。

三、中国篮球竞技运动面临形势

（一）国际篮球运动的职业化进程飞速发展，竞技水平不断提高，我国最高水平的优秀队伍与美、欧队相比处于明显的劣势，亚洲的韩、日等国也进步明显，给我国篮球队伍造成种种威胁。

（二）原有培养篮球后备队伍的网络一度受到某些干扰，篮球竞技人才后备队伍出现匮乏现象，高水平运动队新老交替十分困难，青黄不接的断层现象严重。

（三）教练员的选拔与培养未能形成科学体系。

（四）运动成绩时而起伏，并且在一定程度上呈现出滑落状态。

（五）随着我国政治、经济体制改革的不断深入，竞技体育及其所属领域的管理体制改革仍显滞后。

（六）针对篮球运动存在的深层次问题，篮球理论研究滞后，未能形成完整体系，观念和观点未能突破传统思维的束缚，科学研究未能重视与实践结合，配套展开。

（七）全国多数地区群众性篮球竞赛活动仍有待普及发展。

总之，认识与克服实际困难，振奋精神，由下而上，从改革中求出路，在改革中攀高峰，是中国篮球界的根本任务。

四、发展中国篮球运动的战略性对策

（一）必须进一步统一认识、解放思想、更新观念，全面推动篮球运动领域内的综合改革，在改革中建立新秩序，展现新风貌，再攀新高峰。

（二）从实际出发，进一步明确我国篮球竞技运动的定位目标，确立正确的篮球训练工作方针及指导思想。

（三）全方位落实深化篮球管理体制，健全法规，依法治球，形成新的管理网络，理顺纵横管理职能关系，建立符合中国特色的篮球运动管理新模式。

（四）全面规划，采取非常措施，培养造就一批结构合理、综合素质高的教练员、运动员、裁判员队伍，这是振兴中国篮球事业的希望所在。

（五）切实掌握优秀篮球运动人才培养和成长的规律，落实从学校抓起和从青少年着眼的方针，多途径地培养与储存篮球后备人才。

（六）积极倡导篮球运动的科学研究，建立起中国新颖的篮球理论体系和训练实践科学程式，促进科学化训练、竞赛、管理和教育水平的提高。

中国篮球竞技运动水平的提高应重视上述问题并采取有力措施妥善解决。

思考题

1. 试述篮球运动起源与演进过程中的5个时期。

2. 试述篮球运动的基本规律与特征。

3. 简述世界篮球运动的竞技水平，并在此基础上试述世界篮球运动的发展趋势。

4. 简述中国篮球运动的发展，结合自己的体会谈谈中国篮球运动面临的主要任务以及发展中国篮球运动的战略性对策。

第二章　篮球技术

第一节　篮球技术概述

一、篮球技术概念的界定

篮球技术是指在篮球比赛中，运动员为了达到战胜对手的目的，合理有效地运用各种进攻与防守的专门动作、方法的总称。它包括移动动作（指跑、跳、急停、转身等无球的动作方法）、控制支配球动作（指接球、传球、运球、投篮等有球的动作方法）和争夺球动作（指抢球、打球、断球、抢篮板球等动作方法），以及由这些动作各种各样的组合所组成的动作体系。

篮球技术是篮球比赛的基本手段，在比赛中队员的智慧、技能、应变能力、作风和创造力都是通过双方队员技术的对抗集中表现出来的，是篮球运动员竞技水平的显著标志，既要体现技术动作方法的合理性，又要体现解决比赛任务的实效性。通过训练使运动员掌握技术动作方法，形成规范的技术动作定型，达到熟练、快速、准确，为技术动作组合奠定基础。

篮球技术动作组合，由两个以上的单个技术动作组合而成。篮球运动是运动员运用跑、跳、投等技术动作进行同场集体对抗的比赛项目。在比赛中，运动员运用单个技术动作很难和同伴进行全面配合，与对手进行全面对抗。所以，应在掌握多种单个技术动作方法的基础上，根据比赛攻守对抗的规律，设计多种多样的技术动作组合形式。运动员掌握技术动作组合的方式和数量越多，在攻守对抗条件下越能随机应变、灵活运用。所以，技术动作组合是攻守对抗的基础。通过技术动作组合训练，达到技术动作之间的衔接连贯、快速，提高运动员运用技术的应变能力，并学会初步运用。

篮球技术是篮球战术的基础。篮球技术是组成篮球战术的要素，任何战术意图和战术方法实施和创新，都取决于队员是否熟练而准确地掌握相应数量的单个技术或多个篮球技术，并能创造性地运用。只有掌握扎实的、熟练的、全面的、先进的技术，才能在比赛中获取更多的战术变化，才能更好地执行战术意图。战术的发展和变化又反过来对技术提出更高的要求，从而促进篮球运动不断地发展。因此，要通过技术的教学和训练，使队员掌握全面的技术，并不断提高以适应现代篮球运动的发展。

篮球技术又是运动员在比赛攻守对抗情况下合理运用专门动作的能力。它不仅是动作模式的重复，更是队员有意识的运动行为和操作技巧。因此，运动员在比赛中必须独立地、果断地去运用技术动作与同伴配合，同对手抗衡，去争取时间和空间的主动，也是他们智能、体能、技能、经验和创造能力等的综合体现，反映出他们运用专门动作的技巧性和实效性。

篮球技术是进行篮球比赛的基本手段，双方运动员都以技术动作进行对抗。动作表现为运动，动作过程表现为运动过程，两者以现象和本质两个不同角度存在于对抗的过程之中，作为竞技的手段发挥其攻守相互制约的作用。篮球技术也是运动员比赛行为的核心。

二、篮球技术的基本特征

（一）身体动作与控制支配球的结合

篮球技术区别于其他运动项目技术的最显著特点，就是运动者用手直接控制和支配球，并与全身协调配合组成各种专门动作，最后通过手部的动作控制、支配球的运行和争夺获球，使身体动作与控制支配球融为一体，展现篮球技术的魅力。

（二）动态和对抗的结合

篮球竞赛本身就是一个攻守对抗的动态过程，一切篮球技术都是在动态和对抗中操作，快速、准确、实用、多变，充分体现了在争取时空主动上的合理性和创造性，两者的结合则是篮球技术的又一特征。

（三）相对稳定和随机应变的结合

任何运动技术都具有相对稳定的动作环节，篮球技术也不例外。但它又是必须随着环境的变化而变化，随着对手的变化而变化，并要及时做出应答动作的开放性技能。要在攻守对抗的各种不同条件下去组合动作，随机应变，创造性地完成攻守任务。

（四）规范性与个体差异的结合

任何运动技术都必须符合科学的原理且具有一定的规范性，某些动作环节的规范影响着球的运行和效果，因此，必须按规律来操作。然而，队员由于个体的差异性而表现出不同动作的特点和风格。在训练与比赛中不能强求动作外形的模式，而要讲求实效性。规范性与个体差异相结合的特征，也是其他竞技运动项目技术共同具有的特征，只不过篮球技术更为突出。特别是一些具有技术特长的运动员往往也不是很规范的。

三、影响篮球技术发展的因素

篮球技术的发展是一个实践过程，推动着技术的改进完善与创新。在这个过程中，人与人之间的一种特殊关系与篮球技术的发展息息相关。

运动员是篮球技术主体的操作者，直接影响着技术的质量与发展，而指导者的组织、身教经验等对篮球技术的发展起着重要的作用，科研人员对篮球技术的研究也越来越发挥着积极的作用，他们之间结成主体、主导和协作相辅的关系。

这里人是最重要的因素，从设计到实践，从教学到训练，从改进到完善，从研究到创新，促进篮球技术发展的内在动力。

当然，除了人的因素外，并不排斥物的要素，如场地、器材、设备等在一定程度上也促进篮球技术的发展。

篮球竞赛所创造的竞技环境与条件，也使篮球技术得以表现发挥、广泛交流、相互学习和共同提高。尤其是篮球竞赛的商业化发展趋势，也使篮球技术受到市场价值规律的驱动而产生积极的影响。

当今体育科学中的许多基础学科和边缘学科的发展，使得它们的理论与方法为研究篮球技术的理论和动作方法的更新提供了依据，起到了指导和论证的作用。同时在教学、训练、竞赛、科研等领域中，运用一些先进的科技手段，也对篮球技术的发展有着促进的作用。

四、篮球技术分类

篮球技术通常分为进攻技术和防守技术两大部分（图2-1-1）。其中，进攻技术主要包括传、接球，投篮，运球，持球突破，移动，抢篮板球等；防守技术主要包括个人防守、抢球、打球、断球、移动、抢篮板球等。

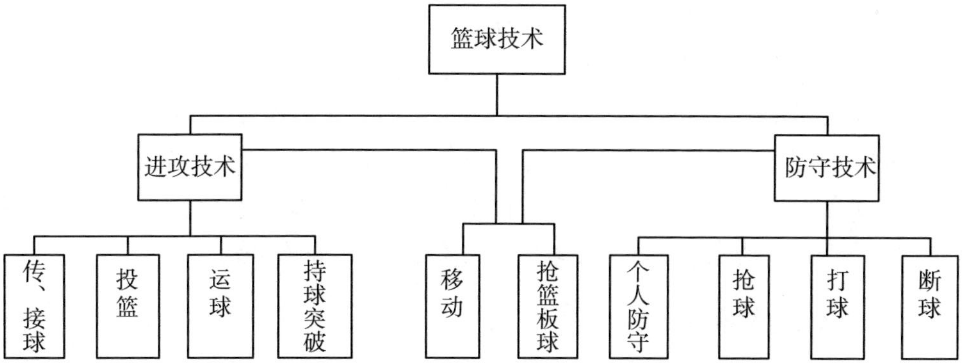

图 2－1－1

篮球技术中，由于完成技术动作的方法或姿态不同，有些技术动作可以采取多种形式完成。例如，投篮，由于投篮出手部位的不同，可以采取单手肩上投篮、单手低手上篮、单手高手投篮等；由于投篮过程中身体运动形态的不同，可以采取原地投篮、行进间上篮、急停跳投等。例如，传球，可以采取单手传球、双手传球、单手击地传球、双手击地传球、背后传球等等。

思考题

简述篮球运动基本概念、特征、分类；在此基础上结合自身体会谈谈影响篮球技术发展的因素。

第二节　移动技术

一、移动技术简述

移动是篮球运动中运动员为了改变位置、方向、速度、路线、身体姿态，并争取有利位置和空间所采取的各种脚步动作的总称。移动是篮球的基本技术之一，也是比赛中运用最多的项技术。

移动是运动的基础。篮球比赛过程中，为了更多地把球投入对方球篮并阻止对方投中本方球篮，运动员必须不停地在长 28 米、宽 15 米的球场上进行徒手与持球两种状态的移动。因此，移动技术在篮球运动中具有很重要的地位。

一场篮球比赛中运动员为了寻找接球、投篮时机，或是防守对手，进行抢占位置、抢、断、封盖等活动，都是要通过不断地移动才能完成，篮球的各项技术也是以移动技术为基础的。在篮球运动中，各项技术的完成大都是组合的，而且各项技术动作的组合都必须包括移动技术动作。没有移动技术动作，则组合技术动作就无法完成。另外，篮球攻守战术的实现，都是以参加配合队员的移动为前提，通过各项技术动作运用才能完成，可见移动技术在篮球比赛中的重要性。

二、移动技术分类

依据完成移动动作的方法、方向、身体姿态等要素，可以将移动技术分为跑、跳、急停、转身等，见图 2－2－1。

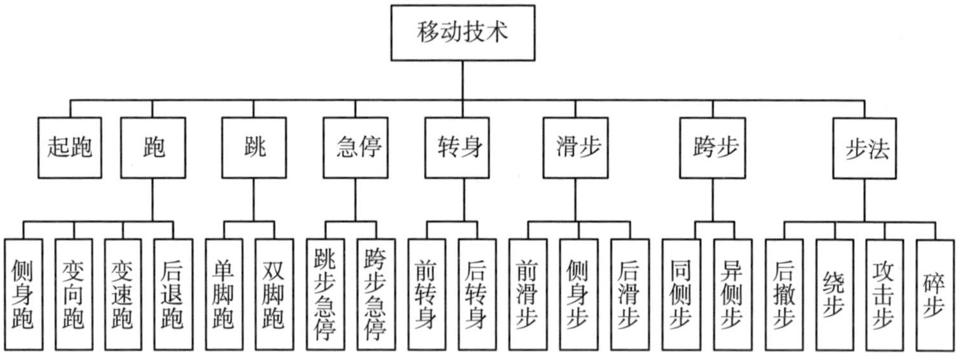

图 2－2－1

三、移动技术动作环节

（一）良好的准备姿势

队员在场上需要有一个随时准备向各个方向移动的准备姿势，因为移动的方向、路线、速度需要综合场上各种因素（对手或者同伴的位置、移动方向、移动速度等来决定）。因此，准备姿势不仅仅要保持身体平衡，还要有较大的应变性，这样才能快速、协调地完成移动动作。

合理的准备姿势应该是：两脚前后或左右开立，距离约与肩同宽，大、小腿之间的夹角应保持在 135 度角左右，身体重心投影点在两脚之间，上体稍前倾，两臂屈肘自然下垂在体侧。

（二）控制身体重心

控制身体重心是完成移动动作的关键要点，否则可能获取不到有利于自己的位置、空间，甚至造成不必要的犯规或违例。运动员在比赛中往往急停不稳，就是由于身体重心控制不稳造成的，人体的任何一个环节的运动，都会引起身体重心的变化，所以在完成移动技术动作时，控制重心就显得尤为重要。

运动员的移动都是通过前脚掌用力蹬、碾地面或者是用脚着地时的撑地制动来实现的。因此，在做各种跑、急停、跳、转身等移动动作时，腿部应该保持一定的弯曲，尤其在转移重心和改变移动方向时，要注意脚尖和膝关节的指向，以便于控制好身体的重心，保持平衡，顺利完成移动动作的衔接和变换。

（三）协调用力

虽然各种移动动作主要依靠下肢踝、膝、髋等关节肌肉的用力，但也离不开身体其他环节的协调配合，特别是腰、髋的用力配合，对协调移动动作，尤其是协调和转移重心起到重要的作用。同时，上肢的协同动作，能更好地保证脚步动作的协调性、快速性、实效性等，有利于维持身体的平衡。

四、移动技术动作方法

（一）起　动

起动是队员在球场上由静止变为运动状态的技术动作。进攻时，突然快速的起动，是摆脱防守的有效手段。防守时，快速突然地起动，可以抢占有利位置，防守对手。

动作方法：准备姿势为基本站立姿势。起动时以后脚或异侧脚的前脚掌用力蹬地，同时上体迅速前倾或侧转，向移动方向移动重心，上肢协调用力，在最短的时间内充分地把速度发挥出来。

动作要求：起动突然，重心移动快。

（二）跑

篮球运动中的跑，不仅是身体的移动，更重要的是改变运动的节奏。节奏的改变主要体现在速度的变化和方向的变化，可以通过急停、转身、起跳等技术来完成。而在跑的过程中能熟练地控制球则是跑的诸多技术中的重要技术。

跑，通常分为放松跑、变速跑、变向跑、侧身跑、后退跑、转身跑等。

1. **放松跑**

放松跑主要是攻防节奏较慢或者为了节奏变化而做出的准备动作（如放松跑中的突然加速）。

其特点是：中等速度，步幅不大。

2. **变速跑**

篮球运动中，运动员在跑动过程中利用速度的变化来完成摆脱防守、占据有利位置、争取主动，或者通过速度变化来追防对手，甚至形成夹击的防守方式，以获取防守中的主动。无论是进攻或是防守，变速跑必须体现出速度节奏变化的突然性。

加速跑时，要利用两脚突然短促而有力的连续蹬地，加快跑的频率，同时上体稍向前倾和手臂相应地摆动加以配合；减速跑时，利用脚前掌用力抵地来减缓快跑的前冲力，同时上体直起，保证身体重心的后移，从而降低跑速。

要求：加速时，前几步步幅要小，动作频率要快；减速时，步幅稍大，上体逐渐立直。

3. **变向跑**

变向跑是篮球比赛中最为常用的移动技术之一，指运动员在移动过程中突然改变方向来摆脱防守或者堵截进攻的一种方法。

动作方法：如图 2 –2 –2 所示，从右向左变向时，最后一步用右脚前脚掌内侧用力蹬地，同时脚尖稍加内扣，迅速屈膝降重心，腰部随之左转，上体向左前倾，移动重心，左脚向左前方跨出，加速前进。

动作要点：变方向的瞬间屈膝、降重心、移重心，异侧脚前脚掌内侧迅速蹬地，同侧方向的脚迅速跨出，蹬地脚及时跟上。

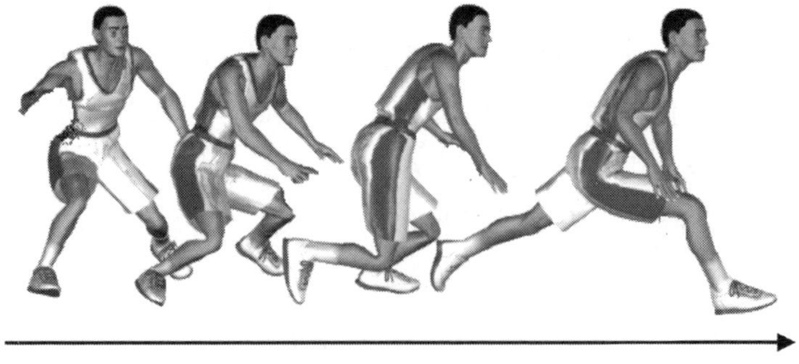

图 2 –2 –2

4. **侧身跑**

这是运动员在跑动过程中，为了观察场上情况，在向前跑动的过程中，扭转上体和头部向前跑进的一种方法。

动作方法：队员在向前跑动时，头部与上体侧转向球的方向，脚尖朝向跑动的前进方向，内侧腿深屈，外侧脚用力蹬地，内侧肩在前。

动作要点：面向球转体，切入方向的内侧腿深屈，外侧脚用力蹬地，重心内倾。

5. 后退跑

后退跑是队员为了观察球场上攻守情况，背对前进方向的一种跑动方法，常与撤步、交叉步等结合运用。

动作方法：后退跑时，用两脚的前脚掌交替蹬地向后跑动，同时上体放松挺直，两臂屈肘配合摆动，保持身体平衡，两眼平视，观察场上情况。

动作要点：前脚掌蹬地，向后跑动，上体放松。

（三）跳

跳是队员在球场上争取高度及远度的一种动作方法。篮球比赛中很多技术动作需要队员在空中完成，因此，队员要会单、双脚起跳，能在原地、跑动中和对抗条件下向不同方向跳、连续跳等，并要求跳得快、跳得高，滞空时间长，以便更好地在空中完成各种攻守动作。

1. 单脚起跳

动作方法：起跳时，踏跳脚跟先着地，迅速过渡到前脚掌用力蹬地，同时提腰摆臂，另一腿快速屈膝上提。当身体达到最高点时，摆动腿自然伸直，与起跳腿并拢。落地时，双脚稍分开，屈膝缓冲，以便衔接下一个动作。

2. 双脚起跳

双脚起跳多在跳球、投篮、抢篮板球、抢断球时使用。

原地双脚起跳动作方法：两脚开立，快速屈膝下蹲，上体稍前倾，两臂弯曲后摆。起跳时两脚快速用力蹬地，同时伸直膝关节，两臂配合前摆。身体腾空后，自然伸直，维持平衡。落地时，前脚掌先着地，屈膝下蹲缓冲重力，并迅速调整身体平衡，做好衔接下一个动作的准备。

行进间双脚起跳大多结合并步、跨步、交叉步等进行，起跳前的一步步幅稍小，有利于屈膝蹬地。

（四）急 停

急停是指在快速运动中突然制动停下来的一种动作方法，是各种脚步动作衔接和变化的过渡性动作。快跑中突然急停，能有效地甩开防守。急停要结合起动、起跳、变向跑、转身等动作才能更有效地完成攻防任务。

急停一般分为跳步急停（也称为一步急停）和跨步急停（或两步急停）。

1. 跳步急停

动作方法：在跑动中，用单脚或双脚起跳（离地不高），上体稍向后仰，两臂自然摆动，两脚同时平行（略比肩宽）落地。落地时用全脚掌着地（或先用地），两膝弯曲，两臂屈肘微张，保持身体平衡。

动作要点：屈膝收腹，双脚轻跳离地，转体屈膝落地。

2. 跨步急停

动作方法：在快速跑动中采用急停时，先向前跨出一大步，用全脚掌抵住地面，迅速屈膝，同时身体稍向后倾，转移重心，减缓向前冲力，然后连贯地跨出第二步。脚着地时，脚尖稍向内转，用前脚掌内侧蹬地，两膝弯曲，身体侧转（右脚跨出第一步，身体右转），微向前倾，重心落在两脚之间，两臂自然张开，协助维持身体平衡。

动作要点：第一步脚掌抵地屈膝，上体侧转移重心；第二步用力抵地体内转，臀下坐降重心。

（五）转　身

转身是指运动员以一脚做中枢脚进行扭转，另一脚向不同方向跨移，从而改变身体方向的技术方法。在实际应用中，转身通常和跨步、急停、持球突破等技术相结合，用来摆脱防守队员，获取接球、传球、运球、投篮等机会。在防守中，可以通过转身来抢占有利位置或进行堵截、抢断或抢篮板球等。

动作方法：转身前，两膝微屈，上体稍前倾，重心在两脚之间。转身时，移动前脚掌（非中枢脚）蹬地跨出的同时，重心移向中枢脚，以前脚掌为轴用力碾地，腰部扭转带动上体随着移动脚转动，向前或向后改变身体方向。在身体转动的过程中，要保持身体平衡。转身后，重心仍回到两脚之间。

依据转身的方向，可将转身分为前转身和后转身。

1. 前转身

动作方法：移动脚向中枢脚前方跨出来改变身体位置和方向的转身。通常用于背对进攻方向或者防守者。转身时，要提前观察场上情况，提前做出预判，以利于发挥前转身的攻击性。

2. 后转身

动作方法：由移动脚向中枢脚后方撤步而改变身体位置和方向的转身。后转身可以在原地或者行进间进行。当队员面对或者侧对对手且距离较近时，后转身可以有效地摆脱防守或抢占有利位置。

行进间后转身由于惯性的作用，身体较难以保持平衡，所以在行进间进行后转身时，要适当降低运动速度，中枢脚和移动脚要协同快速有力地蹬碾地面，身体重心适当后移，这样可以加快后转身的速度。

（六）步　法

步法是指运动员为了保持、抢占和调整有利位置，而采取的一些移动方法。

1. 跨　步

跨步主要用于持球突破，也可以作为一种假动作或者过渡性动作。跨步是以一脚为中枢脚，另一脚向前、后、左、右跨出，但不改变身体方向的动作方法。

跨步依据移动脚移动的方向，可以分为同侧步和交叉步。

（1）同侧步：移动脚向移动方向跨出，跨步时两腿微屈，中枢脚用力碾地，移动脚向移动侧前方跨出，上体随后侧转前倾。

（2）交叉步：移动脚向中枢脚方向跨步的移动方法。跨步时，两膝弯曲，中枢脚用力碾地，移动脚向中枢脚侧前方跨出，上体向中枢脚方向转动并前倾。

2. 滑　步

滑步是防守时最主要的移动步法，通常用来堵截对方的移动路线，调整自己的防守位置。滑步按移动方向可分为前滑步、侧滑步、后滑步等（图2－2－3）。

图2－2－3

（1）前滑步：两脚前后开立，两腿微屈。向前滑步时，前脚向前迈出一步，着地的同时，后脚紧随着向前滑动，并保持两脚开立的姿势。

（2）侧滑步：两脚平行站立，两腿微屈。向左侧滑步时，左脚向左迈出的同时，右脚蹬地滑动，跟随左脚移动，并保持身体重心降低，两腿微屈，上体稍前倾，两臂张开、注视对手。向右滑步时，动作相反。要求：在滑步过程中，重心不能上下起伏，两脚不能交叉。

（3）后滑步：方法同侧滑步，只是方向不同。

3. 后撤步

后撤步是指在移动过程中，前脚变为后脚的一种移动方法。

防守队员为了保持有利的防守位置，特别是当进攻队员从自己前脚外侧持球突破或摆脱时，常用后撤步，并和滑步相结合运用。

动作方法：如图2－2－4所示，开始时，两脚前后或左右开立，上体稍前倾，两腿微屈。后撤步时，移动脚（或前脚）前脚掌内侧蹬地，腰部同时协调用力，加上后脚蹬碾地面，前脚后撤，紧接滑步，后撤角度不宜过大，上体不能起伏。后撤步结束后，一定要保持正确的防守姿势。

图2－2－4

4. 攻击步

攻击步是防守时突然上步，逼近进攻队员，进行抢球、打球或破坏对手接球、传球、投篮等攻守行为的一种步法。

动作方法：做攻击步时，动作突然迅速，后脚要迅猛蹬地，前脚突然迅速向前跨出迫近对手。落地时，重心偏向前脚，前脚同侧手臂前伸做出干扰和抢截性防守动作。

5. 绕　步

绕步是为了抢占有利位置，阻挠对手接球或进行抢球、断球的一种移动步法。

绕步依据身体位置，分绕前步和绕后步。

（1）绕前步（右侧绕为例）：右脚向右斜前方出半步，左脚迅速提起紧靠右脚绕过对手，向左侧跨步或跃出，两臂根据防守需要做出相应的动作。

（2）绕后步：动作方法同绕前步，只是向后方跨步绕过，多用于恢复、调整位置进行防守。

五、移动技术的教学步骤与练习方法

（一）教学步骤

1. 移动技术的教学顺序是：基本站立姿势、起动、跑、急停、转身、跳、步法，应遵循先易后难、先攻后守的教学顺序进行。

2. 移动技术教学与练习步骤，应该建立先原地练习，让学生能体会移动技术的动作要领、动作方法、重点、难点，然后再结合慢跑中学习掌握正确的动作方法，在此基础上逐渐提高要求和速度。

3. 移动技术教学应遵循由单个动作到组合动作，逐渐增加练习的数量和强度，并逐渐变换练习条件的原则，同时在所有练习中要强调基本站立姿势的正确，重心的稳定和转移。

（二）练习方法

移动技术动作的练习方法可基本分为两大类：一类为单项动作练习方法，另一类为综合移动动作联系方法。在教学训练的实践中，教师、教练员应根据不同的目的、任务分别采用不同的训练方法与手段。

1. 跑类技术动作练习

跑的综合练习方法（图2－2－5）。队员看信号向前起动快跑，做急停（一步或两步），再起动变侧身跑，急停——后退跑——变向——变速跑。该练习要求掌握与运用不同的蹬地方法，不改变跑的方向、路线、速度以达到所需要的变化，练习中强调动作之间衔接要合理，加强身体重心的控制与移动。

2. 转身类动作练习

转身与滑步的综合练习方法（图2－2－6）。队员呈基本站立姿势，见信号后做转身，横滑步，到边线后，后转身，横滑步。

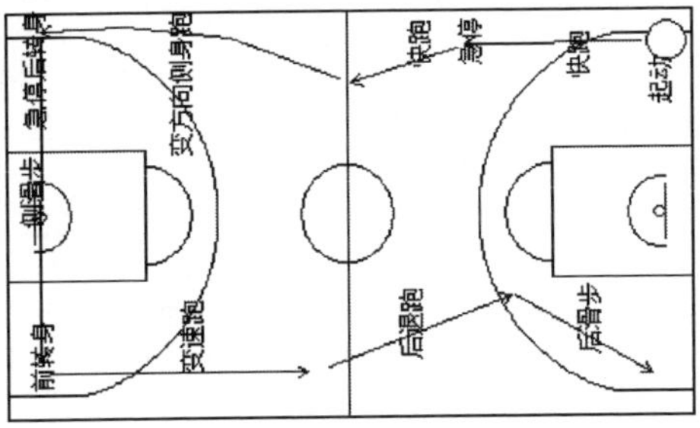

图2－2－5

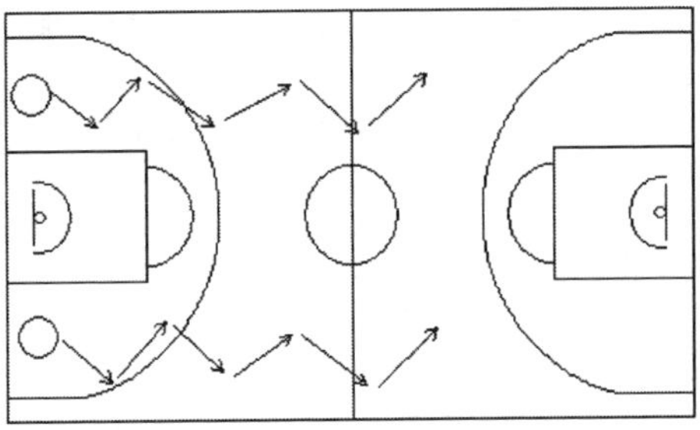
图2－2－6

3. 急停类动作练习

急停与起动练习方法（图2－2－7）。队员站在端线，听哨音后起动，再听哨音急停。反复练习，做到另一端线。

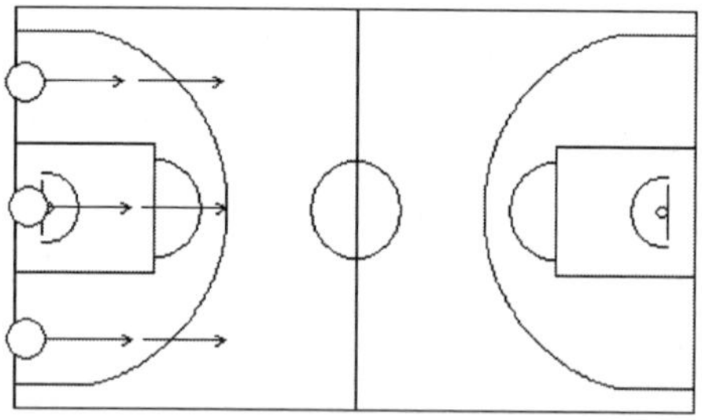

图2－2－7

4. 跨步类练习

队员站成两列，反复做后撤步和跨步练习（图2－2－6）。

5. 滑步类练习

队员站成两列，反复做后撤步和滑步练习（图2－2－6）。

6. 跳的综合练习方法

队员呈三路纵队，反复做上跳、侧跳和前跳练习（图2－2－7）。可做单脚和双脚交替练习。

六、移动技术教学中的易犯错误及纠正方法

移动技术教学中的易犯错误及纠正方法见表2－2－1。

表2－2－1　易犯错误及纠正方法

易犯错误	纠正方法
1. 基本站立姿势或起动前身体姿势重心偏高、步幅过大，不利于迅速蹬地。 2. 变向跑时前脚掌内侧不主动用力，腰胯动作未协调用力。 3. 侧身跑时上体转体不够，侧身时内倾不够，跑步时脚尖不是向前。 4. 急停时，身体重心过高，腰胯用力不够，没有用力蹬地和控制身体重心的动作。 5. 转身时，身体重心上下起伏，中枢脚未用前脚掌碾地和旋转。 6. 滑步时，两脚并步，形成跳动移动。 7. 撤步时后撤脚的角度过大，失去后撤抢位堵截作用。	1. 教师用正确的示范动作引导学生练习，并在练习中反复用语言提示。 2. 在教学中采用分解教学方法，由慢到快，由易到难的顺序使学生掌握规范的动作。 3. 跑的练习中反复强调前脚掌内侧用力的部位。 4. 强调两腿弯曲，降重心，采用限制高度的步法练习。

思考题

1. 简述移动技术的概念。
2. 移动技术包括哪些内容？
3. 移动技术的动作环节以及动作方法有哪些？
4. 简述移动技术的教学步骤与练习方法。
5. 简述移动技术教学中的易犯错误及其纠正方法。

第三节　传、接球技术

传、接球技术是篮球技术中的重要内容之一，熟练地接球和及时准确地传球能密切队员在进攻中的相互关系，并能为获得良好的进攻时机创造有利条件，所以传、接球技术是组织配合的纽带和桥梁。

一、传　球

传球是篮球比赛中进攻队员之间有目的转移球的方法，是进攻队员在场上相互联系和组织的纽带，是实现战术配合的具体手段。传球技术好坏将直接影响战术质量和比赛的胜负。准确巧妙地传球，能打乱对方的防御部署，创造更多、更好的投篮机会。

传球的技术动作是多种多样的，既有双手的，又有单手的。双手传球能控制动作的准确性，而单手传球则具有飞行速度快、动作敏捷灵活、隐蔽多变的特点。

（一）传球技术分类

传球的方较多，根据其动作的结构和传球的手法可分为单手传球和双手传球两大类（图 2－3－1）。

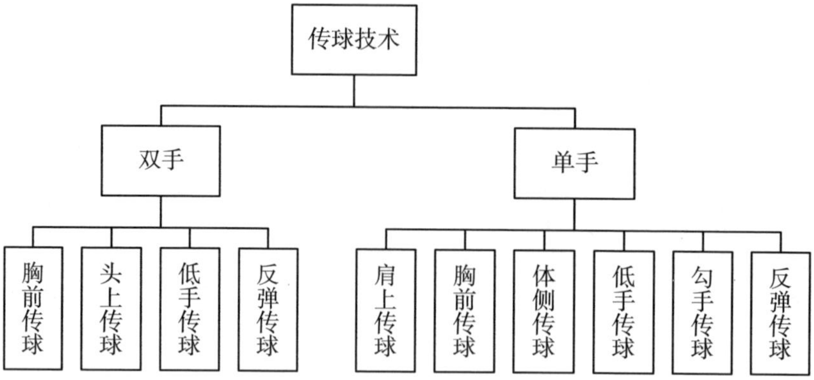

图2-3-1 传球技术分类

（二）传球技术分析

传球的技术由传球的动作方法、球的飞行路线和球传到的位置三者组成的。传球的动作方法是主要的，它决定球的飞行路线、飞行速度和落点的准确性。

1. 传球的动作方法

传球的动作方法由持球手法和传球动作组成。

（1）持球手法

持球手法分为单手持球和双手持球两种。

①单手持球方法：手指自然分开，用手掌外沿和指尖以上部位托球，手心空出。

②双手持球方法：双手手指自然张开，拇指相对成“八”字形，用指尖以上部位握球的两侧后方，手心空出。

（2）传球动作

传球动作是由全身协调用力，最后通过手腕，手指动作完成的。中、远距离的传球，主要靠前臂的伸、摆和手腕、手指的用力，而手腕、手指用力是传球中最主要的动作。

传球时，手腕、手指的翻转、前屈以及拨指的用力对球的飞行方向、速度、路线和传球到位有着控制作用。手腕、手指力量作用于球的正后方，则球的飞行方向是向前，而且是平直的；手腕、手指力量作用于球的后下方，则球的飞行方向是前上方，而且沿弧线飞行的；手腕、手指力量作用于球的后上方，则球向下方击地成折线弹出（反弹球）。在球即将离手的一刹那，用力越大，发力越快，即手腕翻转、前屈和手指用力拨球越急促，则作用力就越大，球飞行的速度就越快，反之球飞行的速度就慢。故巧妙地运用手腕、手指力量，是提高传球技巧的关键。

蹬地、腰腹和手臂用力与手腕、手指的协调配合可增加传球的力量，特别是前臂的伸、摆、甩、绕等各种不同的动作，可增加出球点，扩大出球面，提高传球的灵活性，从而增强传球的威力。

2. 球飞行的路线

球飞行的路线分直线、弧线和折线（反弹）3 种。比赛中，由于进攻队员站的位置、距离和移动的速度及意图等情况不同，所以选择的传球路线和球飞行的速度也有所不同，要在传球时正确、合理地选择球的飞行路线，使同伴能顺利地接到球。

3. 球传到的位置

依速度、意图，以及与防守队员的情况而定，将球传到远离防守人一侧的位置，与接球队员恰好相遇，人到球到，并且使接球队员接球后便于顺利地完成下一个进攻动作。

（三）传球技术的动作方法

1. 双手胸前传球

这是最基本、最常用的传球方法。这种传球迅速而有力，可在不同方向、不同距离中使用，而且便于与投篮、突破等动作结合运用。

动作方法：两手手指自然分开，拇指相对成“八”字形，两肘自然弯曲于体侧，将球置于胸前部位。身体呈基本姿势站立，眼睛注视传球目标。传球时，后脚蹬地，在身体重心前移的同时，前臂迅速向传球方向伸直，手腕翻转，拇指用力下压，食指、中指用力拨球并将球传出。出球后身体迅速调整呈基本站立姿势。传球的距离越近，前臂前伸的幅度越小。远距离的传球，则需要加大蹬地、伸臂和腰腹的全身协调用力，而且传球距离越远，蹬地、伸臂的动作幅度就越大（图 2－3－2）。

图 2－3－2

双手胸前传球可在原地和跑动中进行。跑动中双手胸前传、接球和接球是一个连贯动作。接传球时，手、脚动作必须协调配合。一般左（右）脚上前接球后，右（左）脚抬起，在落地前出球。手的动作过程是双手接球后迅速收臂后引，接着迅速伸前臂，翻腕出球。

技术动作关键：手臂前伸与手腕后屈的协调，伸臂与拨腕指的衔接。

应用提示：双手体前传球可以在原地和行进间做出正、侧、远、近、反弹和吊传等多种线路方式的传球，与其他技术动作也较容易组合，因此它是最常用的传球技术。

2. 双手头上传球

这种传球持球点高，便于与投篮结合，但与突破、运球以及其他隐蔽传球相结合时，却增加了动作幅度。这种传球多用于中、远距离，如抢篮板后的传球、外围队员的转移球，以及向内线队员高吊球时使用。

动作方法：双手举球于头上，两臂弯曲，持球手法与双手胸前传、接球相同。近距离传球时，前臂内旋，手臂前屈，拇指、食指和中指用力拨球，将球传出。传球距离较远时，脚蹬地，腰腹用力，前臂迅速前摆，手腕前屈，手指用力拨，将球传出（图2－3－3）。

跳起双手头上传球时，双手举球于头上，跳到最高点时，腰腹用力，两臂迅速前摆，手腕前屈，手指用力拨，将球传出。

技术动作关键：摆臂与拨腕指的衔接。

应用提示：该传球主要用于防守持球的队员较矮或防守距离稍远时向内侧中锋供球，也常见于被封阻时的跳传。该技术与其他技术动作较难组合应用。

图2－3－3

3. 低手传球

这是一种近距离的递交传球，多用于内线队员进行策应或外围队员交叉跑动时。

动作方法：双手或单手持球于腹前或侧腹，两脚左右或前后开立，屈膝。传球时，前臂外旋，手腕前屈，小指、无名指和中指用力拨球，将球传出（图 2－3－4）。

跑动中双手低手传球时，如是左脚上步出球，则将球持于腰部右侧。上步的同时，用前臂前伸、翻腕和手指拨球的协调而柔和的力量，将球传出。

技术动作关键：托球与拨腕出手的连贯。

应用提示：低手传球主要用于策应传球和近距离快速移动时传、接球。

图 2－3－4

4. 单手肩上传球

这是单手传球中一种最基本的方法。这种传球的力量大，飞行速度快，经常用于中、远距离的传球。

动作方法：以右手传球为例，双手持球于胸前，两脚平行开立。传球时，左脚向传球的方向迈开半步，同时将球引到右肩上方，肘关节外展，上臂与地面近似平行，手腕后仰，右手托球，左肩对着传球方向，重心落在右脚上，右脚蹬地，转体，前臂迅速向前挥，手腕前屈，通过食指、中指拨球，将球传出。球出手后，随着身体重心前移，右脚向前迈出半步，保持基本站立姿势（图 2－3－5）。

技术动作关键：展体挥臂和蹬腿与身体重心前移的协调连贯。

应用提示：单手肩上传球常用于获得篮球后的一传或长传快攻。初学者常是单手后摆球再从体侧向前挥臂，球的运行是向后再向前两个弧线轨迹，容易对球失去控制，难以把握出手时机。

图2－3－5

5. 单手胸前传球

这是近距离传球的一种方法。这种传球方法容易与其他技术动作结合运用。

动作方法：以右手传球为例，持球方法与双手胸前传球基本相同。传球时，上体稍右转，左手离开球，右手持球的侧后下方，伸臂，屈腕，拨指，最后通过手指拨动，将球传出（图2－3－6）。

技术动作关键：转臂伸臂同时，伸、拨连贯。

应用提示：单手胸前传球可向左、右、前拨腕传出。单手胸前传球可以在原地和行进间做出正、侧、远、近、反弹和吊传等多种方式的传球，与其他技术动作也较容易组合，因此它也是最常用的传球技术。

图2－3－6

6. 单手背后传球

动作方法：以右手传球为例，双手持球于胸前，侧对接球队员。传球时，左脚向前迈出一步，双手持球右摆，当球摆至身体右侧时，左手离开球，右手引球继续沿髋关节向后绕环，当前臂摆到背后时，右手腕向传球方向急促前屈，食指、中指用力拨球将球传出（图2－3－7）。

技术动作关键：摆臂与拨腕的时机。

应用提示：背后传球比较隐蔽，常能妙传助攻。背后传球常以反弹传球、突破分球、行进间传球的形式出现。

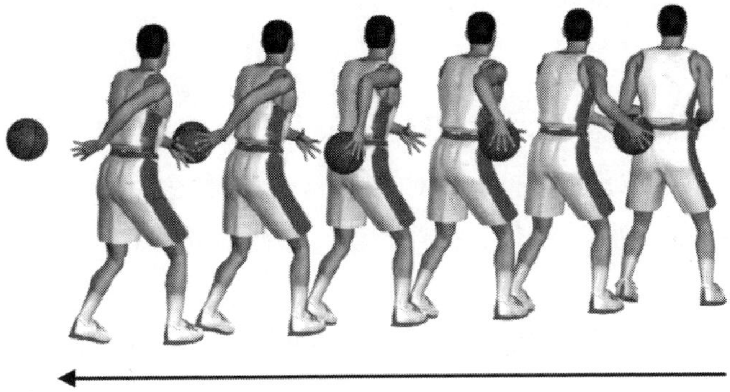

图2－3－7

7. 单手体侧传球

这是一种隐蔽的传球方法，常在外围队员传球给内线队员时运用。

动作方法：以右手传球为例，两脚开立，两脚微屈，双手持球于胸前。传球时，右手持球后引，经体侧向前做弧线摆动，手腕前屈，用食指、中指的力量拨球，将球传出（图2－3－8）。

图2－3－8

8. 勾手传球

这种方法出手点高，常在后场获得篮板球后转入进攻时，或在前场进攻区域内做回传球时使用。

动作方法：以右手传球为例，双手持球，左肩对着传球方向。传球时，左脚向前跨出并转体，右手持球，手臂沿体侧由下而上做弧线摆动，同时右膝抬起，当球摆至头的右侧上方时，手腕前屈，食指、中指用力拨球，将球传出，行进间勾手传球和跳起勾手的手法与原地相同。其与原地勾手传球的区别是在右脚向前跨步时接球，上左脚起跳，右腿屈膝向上抬起，跳到最高点时出手。

二、接　球

接球是获得球的重要技术。在比赛中获得球的途径主要有 3 种：一是接同伴传来的球；二是抢篮板球；三是抢、断对方的球。这 3 种途径都依靠接球技术。因此，能否牢稳地接住球，对于减少传、接球失误，弥补传球的不足，以及截获对方的球都是非常重要的。

接球分双手接球和单手接球两种，不论是哪一种，接球时眼睛都要注视球（对来球的方向、球的高度、球的旋转、球的速度和力量、球与自己的距离等都要准确地判断），肩部要放松，手臂要迎球伸出，手指自然分开。手指触球的同时屈肘，臂后引，缓冲来球的力量后，两手握球，保持身体平衡，以便做下一个动作。

（一）接球技术分类

接球技术分类见图 2－3－9。

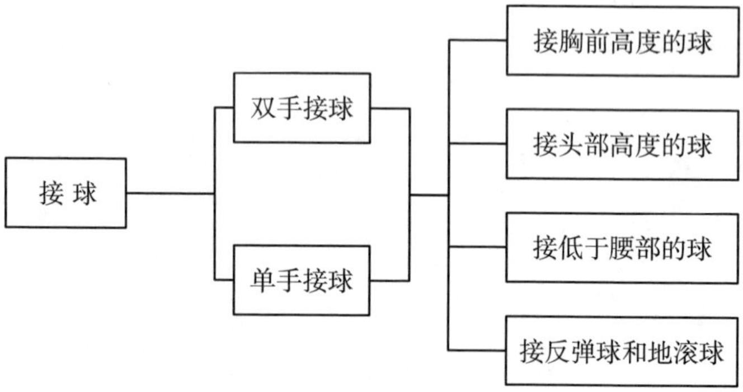

图 2－3－9　接球技术分类

（二）接球技术分析

接球可分双手接球和单手接球两种。根据来球路线和落点的不同，接球可分为接胸部高度的球、接头部高度的球、接低于腰部的球、接反弹球和地滚球等。各种接球都是由接球前准备、接球手法和接球后的姿势 3 个技术动作组成。无论何种接球，都要目视来球，观察判断来球的路线、力量、速度和落点。接球时，肩臂放松，手指分开，积极伸臂迎球。手指触球瞬间，手臂随球后引，缓冲来球力量，双手握球，身体护球，控制好身体平衡，避免球脱手，迅速和其他技术动作结合。

（三）接球技术动作方法

1. 双手接胸部高度的球

如图 2 –3 –10 所示，接球时，两眼注视来球，两臂伸出迎球，手指自然分开，两拇指呈“八”字形，手指向前上方，两手呈一个半圆形。当手指触球后，两臂随球方向后引缓冲来球的力量，两手握球于胸腹之间。保持身体平衡，做好传球、投篮或突破的准备。

2. 双手接头部高度的球

如图 2 –3 –10 所示，动作方法和双手接胸部高度的球相同，只是迎球时臂向前上方伸出。

3. 双手接低于腰部的球

动作方法：如图 2 –3 –11 所示，接球时两腿微屈，一条腿向来球方向迈出一步，上体前倾，眼睛注视来球，双手向前下方伸出迎球，五指自然分开，两小指呈“八”字形，手心向着来球方向。当手指触球后，两臂随球方向后引，两手握球于胸腹之间，保持身体站立姿势，以便转换或衔接其他进攻动作。

图 2 –3 –10

图 2 –3 –11

4. 双手接反弹（折线）球

动作方法：如图 2 –3 –11 所示，接球时，迎球跨步，上体前倾，眼睛注视来球，双手向前下方伸出迎球，五指自然分开。当手触球后，两手握球顺势将球移至胸腹间，保持身体站立姿势，以便转换或衔接其他进攻动作。

5. 双手接地滚球

动作方法：如图 2 –3 –11 所示，一般向来球方向迎出一步，身体下蹲，眼睛注视来球，两手向来球方向伸出，手心向前，手指朝下，触球后顺势将球握住，随即保持身体站立姿势，以便衔接其他进攻动作。

6. 单手接球

动作方法：以左手接球为例，左脚向来球方向迈出，两眼注视来球，接球时，手掌呈勺形，手指自然分开，迎着来球的方向伸去。当手触球时，手臂顺势将球向后下引，右手立即握住球。双手将球握于胸腹之间，保持基本持球姿势（图 2 －3 －12）。

图 2 －3 －12

三、传、接球技术的教学步骤与练习方法

（一）教学步骤

1. 传、接球教学应该先教持球动作，教学生如何接球，再教如何传球，然后传、接球应该结合起来进行教学，先教最基本的传、接球动作。

2. 传、接球教学应该先原地练习，让学生体会动作方法、重点、难点，规范传、接球手法，再进行移动中传、接球的练习，体会掌握移动当中传、接球时与步法的协调配合，最后进行在防守条件下的传、接球练习，提高传、接球的成功率，以提高在实战当中传、接球的运用能力。在教学过程中应重视传球动作的规范化，并重视接球动作的教学，以提高学生接球后衔接投篮、传球以及突破的能力。

（二）练习方法

1. 原地传、接球

（1）原地两人传、接球

如图 2 －3 －13 所示，两人对面站立，相距 3 ~5 米，做各种传、接球练习。距离由近至远，速度由慢到快，传直线、弧线和折线球。单双手等不同形式的传、接球。

（2）原地五角传、接球

如图 2－3－14 所示，5 人站成五角形，①传球给⑤，⑤传球给②，②传球给③，③传球给④，④传球给①，如此反复。开始时用 1 球，熟练后用 2 个球。

（3）三角移动传、接球

如图 2－3－15 所示，练习者按照逆时针方向，②传球给④，④传球给⑤，⑤传球给②，传球后到另一组队尾，依此重复练习。

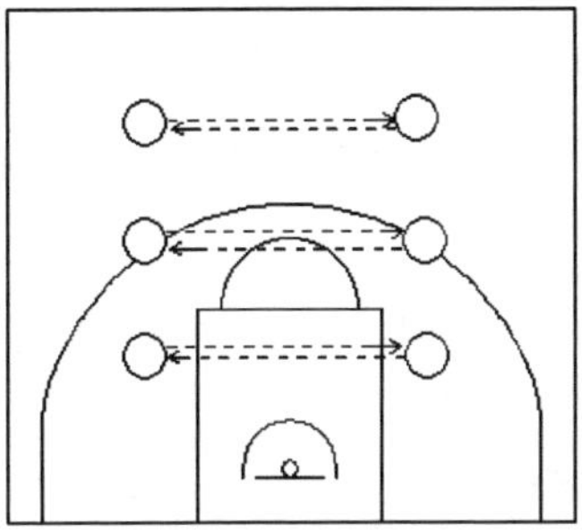

图 2－3－13

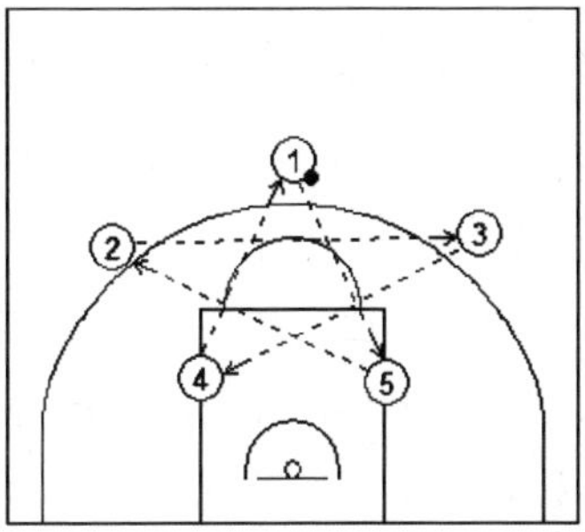

图 2－3－14

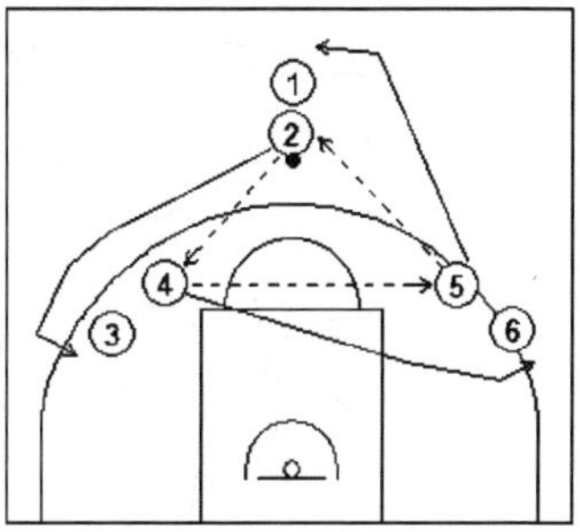

图 2－3－15

四、传、接球技术教学中的易犯错误及纠正方法

传、接球技术教学中的易犯错误及纠正方法见表 2－3－1。

表 2－3－1　易犯错误及纠正方法

易犯错误	纠正方法
1. 双手传球方向落点不好。主要原因是持球时手型不正确，全手掌持球，握球过紧，影响了手腕和手指的发力。	1. 从纠正持球动作开始，讲解、示范正确的持球手形和手法规格。
2 双手传球时两臂用力不一致，身体动作和传球动作不协调。原因是身体过分紧张，站立姿势不正确，以及有习惯性的强弱手之分。	2. 在教学中采用分解教学方法，按由慢到快、由易到难的顺序使学生掌握规范的动作。
3. 传球动作不连贯，将球推出。原因是把传球理解为持球翻腕和推球两个动作。	3. 着重徒手模仿练习，强调持球的正确性，反复练习。
4. 漏接球。原因是手形不正确，两拇指未形成“八”字。	4. 加强讲解示范，用徒手动作解决手型的定型。
5. 接球没有缓冲，动作僵硬不连贯。	5. 强调伸手迎球动作的练习。

五、传、接球技术在实践中的运用

（一）传球技术在实践中的运用

在比赛中，传球经常是在严密防守的情况下进行的，而有利的接球机会又往往是短暂的，持球队员为了不失时机地把球传给处于有利进攻位置的同伴，达到进攻的目的。传球时应注意以下几点。

1. 传球队员要全面观察场上情况。一般来说，在后场由防守转入进攻时，应先看前场，再看后场，首先争取长传快攻的机会；在阵地进攻时，应先看内线，再看外围队员，首先是争取内线的有利进攻机会。

2. 持球队员要准确判断，及时捕捉传球时机。当同伴摆脱对手，抢占有利的进攻位置瞬间，持球队员要及时地把球传给同伴，要做到人到球到。

3. 持球队员要根据同伴和防守队员的情况，选择合理的传球位置。一般是把球传给同伴远离防守一侧的位置上，使之既可以避免对手的抢断，又便于同伴接球后，顺利地衔接下一个进攻动作。

4. 持球队员要善于运用假动作迷惑对方，巧妙地利用时间差和位置差，抓住对手的防守空隙，摆脱防守的干扰，灵活运用各种传球方法，及时、准确地把球传给同伴。

5. 当持球队员错过良好的传球时机时，不要停球时间过长，应该在传球的移动中，继续组织进攻配合，耐心地寻找有利的传球时机。

（二）接球技术在实践中的运用

接球和传球是个有机整体，是进攻的纽带，准确判断传球方向，积极寻找合适的接球位置和手法，做好接球前的准备工作。

1. 接球前，思想要集中，两眼观察来球方向，准确判断传球方向，积极寻找合适的接球位置和手法，做好接球前的准备工作。

2. 接球时，要积极主动伸臂迎球，保持正确的接球手形。接球后要迅速屈臂缓冲，控制好身体平衡，保护好球。

3. 要善于运用身体、上肢和脚步动作，创造有利于接球的时间和空间，尽快摆脱防守，或挡住对手可能封断的路线，以保证球的安全。

4. 接球动作的结束即是其他技术动作的开始。接到球后，要迅速形成“三威胁”进攻姿势，有目的、有意识地展开进攻，增加进攻的主动性和攻击性。

思考题

1. 简述传、接球技术的概念、分类。
2. 传、接球技术包括哪些内容?
3. 简述双手胸前传球的动作方法。
4. 简述传、接球技术的教学步骤与练习方法。
5. 简述传、接球技术教学中的易犯错误及其纠正方法。
6. 简述传、接球技术如何在篮球运动实践中运用。

第四节 运球技术

一、运球简述

运球是有球队员在原地或移动中，用单手连续拍按或双手交替拍按由地面反弹起来的球的过程。运球不但是个人攻击的有力手段，而且是组织全队进攻战术配合的桥梁。有目的地运球以突破防守、发动进攻、调整位置、寻找有利时机进行传球和投篮，尤其是进攻紧逼人盯人防守的有力武器；盲目地运球会延误战机，造成被动。熟练的运球是运动员球性的体现，通过不断地练习，能促进队员球性的提高，从而增强控制、支配球的能力。

二、运球技术动作环节分析

运球动作由身体姿势、手臂动作、球的落点、手脚协调配合 4 个环节组成。

（一）身体姿势

运球时应保持两脚前后自然开立，两膝微屈，上体稍前倾，头抬起，眼睛平视。非运球手臂屈肘平抬，用以保护球。脚步动作的幅度和下肢各关节的曲度随运球速度和高度的不同而有所变化。

（二）手臂动作

运球主要靠手指、手腕动作对球的控制与支配，所以手指、手腕动作是运球技术的重要环节。

1. 手的动作

运球时，五指张开，用手指和指根以上部位及手掌的外缘触球，掌心不触球。

运球时以肩为轴，用大臂带动肘关节和小臂，最后通过手腕、手指用力向下按拍，并随球有一个短暂的伴随动作．当球从地面弹起时，用手由下向上迎接引领来球，并自然弯曲手臂，以缓冲球的反弹力量，控制球的反弹方向、高度和速度。

2. **按拍球的部位**

运球时，球从地面的反弹方向由按拍球的部位决定，按拍球的正上方，作用力与球的纵轴一致时，球就会原地向上弹起；按拍球的后侧上方，作用力与球的纵轴有一定的角度，球就会向前上方弹起。同样，按拍球的左或右侧上方时，球就会向右或左侧上方反弹。所以，根据不同的运球技术动作，按拍球的部位和作用力的大小也会有不同。而对运球中指、手动作的速度和幅度，则是调节运球力量的关键。

（三）球的落点

运球时应控制球的落点，使球完全保持在自己所能控制的范图内，以便随时利用自己的上体、手臂来保护球，而且也要便于技术运用。例如，运球向前推进无防守时，球的落点应控制在身体的侧前方，并根据推进速度保持适当距离，在对于紧逼防守时，应使球远离对手，采用侧对防守的运球方法，将球的落点控制在身体的侧后方，以便更好地保护球和及时抓住战机，改变运球方法突破防守。

（四）手脚协调配合

运球时要使移动速度和运球流畅程度协调一致，又要保持合理的动作节奏，能否保持脚步动作和手部动作协调一致，关键在于按拍球的部位、落点的选择和力量大小的运用，步法移动越快，拍按球的后下方力量越大，拍按球及反弹起来的力量越大。运球时，拍按球和脚步动作要保持一定的比例关系和节奏，直线运球，一般拍一次球跑两步。

三、运球技术分类

依据运球时球的反弹高度，可将运球分为高运球和低运球（以运球者的腰部高度为界限)，腰部以上为高运球，腰部以下为低运球；依据运球者的运动状态，又可以分为原地运球和行进间运球，进而又可分为变高度运球、变方向运球和变速度运球等；依据运球行进的路线和方向变化，可分为直线运球、曲线运球、变速运球、变向运球等；依据运球变向时，球与身体的位置关系，可分为体前变向（体前变向换手和体前变向不换手)、背后变向、转身运球（前转身、后转身）和胯下变向等(图 2 –4 –1)。

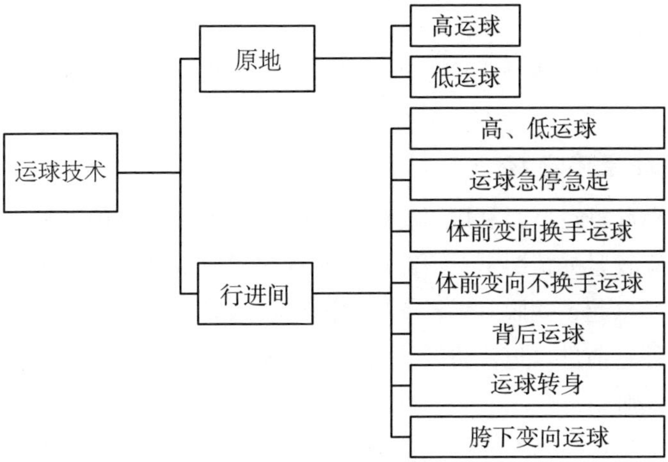

图 2-4-1

四、运球动作方法

（一）高运球

运球时，球反弹的高度在腰、胸之间叫高运球。它是在没有防守队员阻挠情况下，为了加快向前推进的速度或在进攻中调整进攻速度和攻击位置时，提高运球高度，加大反弹距离，与快速奔跑相结合，所采用的一种运球方法。

动作方法：膝微屈，上体稍前倾，目视前方，手按球的后半部，球落点在人的侧耳前方（根据速度快慢，决定运球距离远近），球的反弹高度在腰胸之间，手脚要协调配合，这种运球身体重心较高，便于观察场上情况。

动作要求：手拍按球的部位正确，手脚协调配合。

（二）低运球

如果运球接近防守队员或防守队员来抢球时，运球队员应改用低运球突破对手，用身体保护球，并善于运用假动作摆脱防守。

动作方法：两脚前后开立，两膝弯曲，上体稍前倾，抬头看前方，重心在前脚掌上，手放松，手掌与地面平行，五指自然分开。用手指和指根拍按球。手心空出，以腕关节为轴，做上下伸压动作，结合手指、手腕缓冲球向上反弹力量，以控制球的高度和落点，一般运球落点应为运球手同侧脚的外侧稍前。运球高度在膝关节以下，为了保护球，运球者应该使球、自己和防守者三者保持一条线，不运球的手臂要抬起。行进间低运球，向前时要拍球的后半部，向左变向时拍球的右半部，向右侧则反之。

动作要求：两膝迅速弯曲，降低重心，上体前倾；拍按球短促有力，手脚协调配合。

（三）运球急停急起

运球急停急起是运球时利用速度的突然变化来摆脱防守的一种方法。这种方法多用在对手防守较紧的情况下，不能用快速运球超越对手时，运用运球速度上的突然变化，急停、急起，摆脱对手，或原地静止状态运球，突然急起超越对手。在快速运球中突然停止前进，迫使防守队员被动减速停住，趁其重心不稳时，再突然加速起动运球，摆脱防守。

动作方法：运球急停要领与不持球急停相同。运球急停时，手拍按球的上方稍靠前，使球与地面成垂直反弹，用异侧臂和身体保护球。起动时，后脚前脚掌偏内侧用力蹬地，上体前倾，重心前移，同时拍按球的后上方，利用起动速度，超越对手。

动作要求：拍按球部位正确，停得稳，起得快。

（四）体前变向换手运球

体前变向换手运球是运球队员利用突然改变运球方向来突破防守的一种运球方法。这种方法多在对手堵截运球前进路线时运用。

动作方法（以从对手右侧突破为例）：当快速直线运球即将接近对手时，先向对方左侧运球，使对手误认为向其左边突破，当对手堵截左方或重心稍有移位时，运球队员立即向左侧变向，右手按球的右后上方，将球由自己的右侧运至左侧前方，同时右脚迅速向左前方跨出，脚落点在对手右脚侧面，脚尖向前，右脚跨步的同时上体向左转，用肩背挡住对手，然后换左手按球后上方，同时左脚用力蹬地、加速，超越对手（图 2 –4 –2）。

图 2 –4 –2

（五）体前变向不换手运球

体前变向不换手运球是运球队员利用不换手地向左或向右横向运球，改变球的方向、路线来突破防守的一种运球方法。

动作方法：将球从身体右（左）侧按拍向身体的中间位置，手随球移至体前，上体也随着向右（左）侧晃动，再将球拉回右（左）侧，左（右）脚向右（左）迅速跨出，侧身护球并用右（左）手运球，加速突破防守（图2－4－3）。

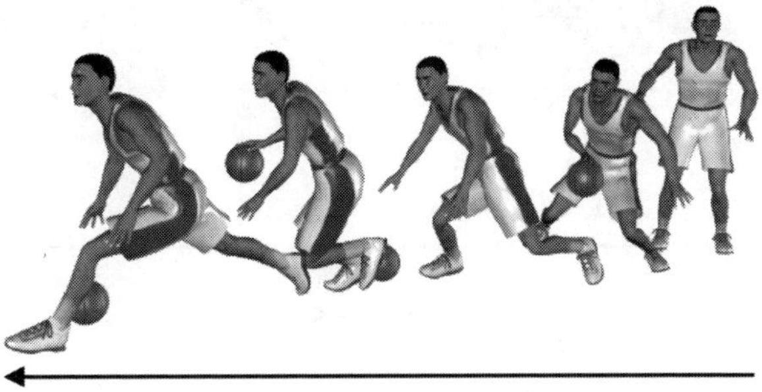

图2－4－3

技术动作关键：脚步动作必须和身体姿态结合，并与运球和节奏协调配合。

应用提示：体前变向运球主要应用在防守离得稍远和行进间。实践中也不可能一次变向动作就取得突破成功，常需组合应用。因此，变向跨步不要急于向前，急于向前上步再受阻会限制动作的变化。变向运球时要通过身体摆动后转动来完成，不能仅依赖手臂来完成，这不利于变向运球，也减小了技术动作的幅度。体前变向运球要注意动作的节奏变化。

（六）背后运球

背后运球主要运用在当对手堵截运球一侧，且距离较近，不适合运用体前变向运球时，所采用的突然改变方向来突破防守的一种运球方法。其特点是面对防守者，便于观察了解情况，使球从背后变向，能更好地保护球。

动作方法：当从右侧突破时，先向左侧方向运球，当对手重心向左侧移动时，突然用右手拉拍球的外侧，将球从背后向自己左侧前方按拍。右脚在前时，开始用手提拉球，左脚上步的同时，使球从身体后侧反弹至左侧前方，右脚迅速向左前方跨步，侧肩靠近对手右侧，以手臂、腿保护球，换左手运球，快速突破（图2－4－4）。

技术动作关键：脚步动作和身体姿态与运球协调配合。

应用提示：背后变向运球主要应用体前变向距离太近、后转身变向难以做到时。例如，在前进方向一侧的脚已上步，防守及时上前封堵，体前变向距离太近，后转身变向应轴心脚不对，不能完成时。背后变向运球时应注意手随球拉起，并保持包在球的离心力外侧上方，使球紧贴在手以便控制。

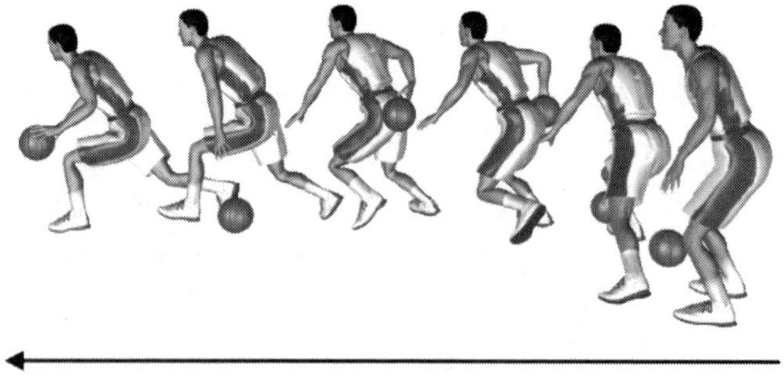

图2－4－4

（七）运球转身

运球转身是运球队员被防守堵截运球的一侧并且距离较近时，运用后转身改变运球方法，借以突破防守的一种方法。

动作方法（以右手运球为例）：运球转身时，侧对防守，左脚在前做中枢脚，将球控制在身体右侧，右手按球的右侧上方，随着后转身右脚置地后撤的同时，将球拉向身体后侧方落地反弹，即换左手运球，从对手的右侧突破（图2－4－5）。

技术动作关键：上步运球，球起转身，手包在球的离心力方向。脚步动作和身体姿态与运球协调配合。

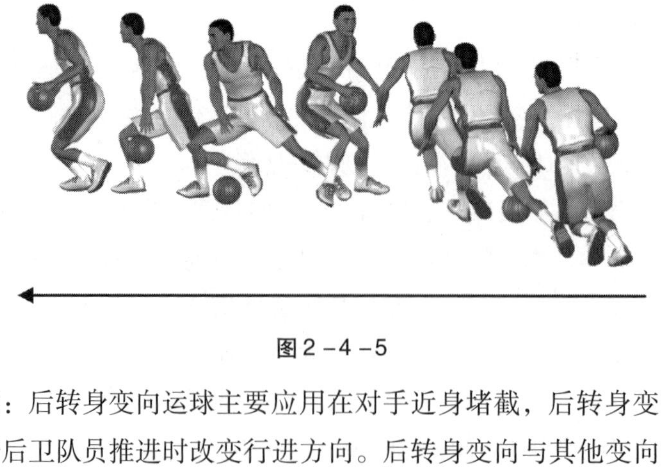

图2－4－5

应用提示：后转身变向运球主要应用在对手近身堵截，后转身变向运球技术单独应用常见于后卫队员推进时改变行进方向。后转身变向与其他变向组合应用，在其他变向突破受阻时突然后转身变向常可达到很好的效果。转身时应及早触球并随球拉起，球随身转，手包在球的离心方向，使球紧贴在手以便控制。

（八）胯下变向运球

动作方法（以右手运球为例）：第一步，右手运球在身体右侧，左脚向右前上步；第二步，右手胯下变向运球换手，左手控球，随球弹起，收身上提重心，两脚平行；第三步，右脚向左前上步突破或向右上步，左手再胯下运球（图2－4－6）。

图2－4－6

技术动作关键：脚步动作和身体姿态与运球协调配合。

应用提示：胯下变向运球主要应用在防守堵截后，转身变向距离太远，体前变向又距离太近时。也常见原地连续错步胯下运球迷惑对手，突然起动的运用。胯下运球，球的落点应稍偏后，便于快速上步接后转身，或接控球手应将球稍拉起，两脚收步成机动姿势，便于下一步与其他变向技术组合应用。

五、运球技术的教学步骤与练习方法

（一）教学步骤

1. 在运球教学中，应先教原地运球，然后教行进间的高、低运球，最后教运球急起急停、变速和变向运球。在运球学习中应注意对弱手的训练。在初步掌握运球动作的基础上，应注意培养队员屈膝、抬头、扩大视野和观察情况的良好习惯。

2. 运球技术教学应先教单个运球技术动作，再进行组合运球技术动作教学，并且在教学过程中，应告诉学生每一个运球技术动作的运用环境，使之在练习过程中有效地掌握动作方法。

3. 先进行无防守情况下的运球练习，再进行消极防守情况下的运球对抗练习，最后进行积极对抗下的运球练习，以提高学生的实践运用能力。

（二）练习方法

1. 运球的基本动作练习

每人持一球，队员根据教练员的信号做各种运球练习。

（1）垂直的高、低运球。

（2）左、右手交替做横运球。

（3）体前做前（推）、后（拉）运球。

（4）单手体前做向左、右运球。

（5）原地做三角形和正方形运球，体会运球时按、拍、推、拉、拨球的动作。

（6）原地背后左、右换手运球。

（7）原地胯下运球。

（8）原地前、后转身运球。

（9）原地身前、后胯下“8”字形运球。

要求：保持正确的身体姿势，抬头运球，手法要正确，并能左、右交替进行。运球高、低、快、慢幅度与节奏要有变化。

2. 快速运球折返跑练习

队员用右手快速运球到罚球线，然后转身回来到端线，再快速运球到中场线，转身回来到端线，再运球到底线，转身回来。

要求：往前用高运球方法，返回用低运球方法，目光看前方，余光看球。

3. 急停急起运球

如图 2－4－7 所示，听教师信号进行，当教师鸣哨，队员运球起动，再鸣哨，队员运球急停，原地运球，再听到鸣哨，队员起动。

要求：急停时做原地碎步跑，急起时迅速起动。注意体会停、起时手触球部位变化。

4. 全场运、传球投篮

如图 2－4－8 所示，队员运球中传球给教练员，接回传球后按图示路线快速运球，过中场后立即传球给另一位教练员，然后快速移动接教练员回传球运球上篮。抢篮板球以后相同的运、传球方式和路线返回。换下一组练习。

要求：各种衔接技术连贯、协调、转换快。传球准确，用外侧手运球，抬头观察。

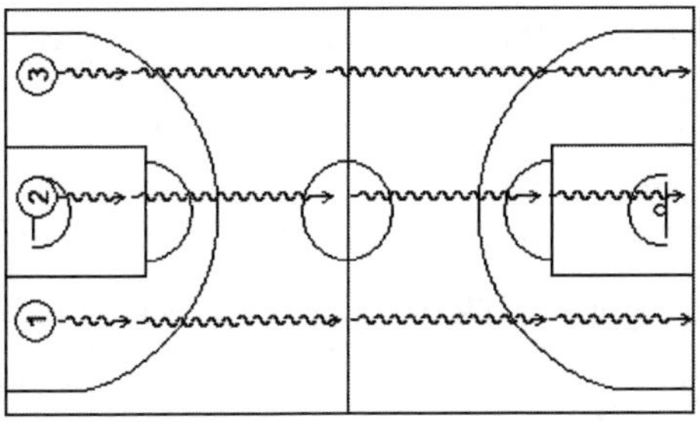

图2－4－7

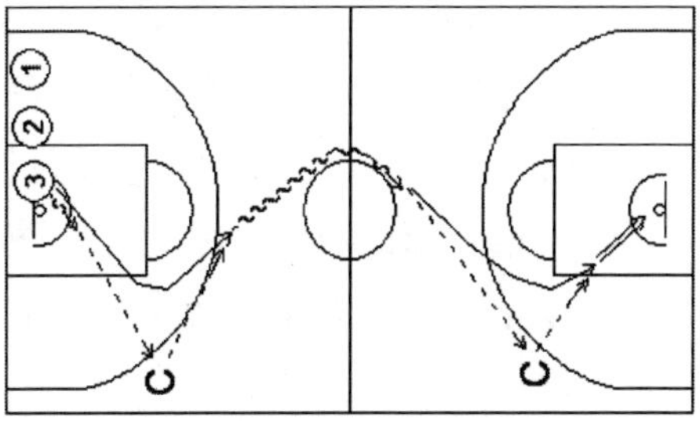

图2－4－8

六、运球技术教学中的易犯错误及纠正方法

运球技术教学中的易犯错误及纠正方法见表2－4－1。

表2－4－1　易犯错误及纠正方法

易犯错误	纠正方法
1. 掌心触球，原因是手形不正确，手没有主动迎接从地面反弹起来的球，随球上引缓冲不好，没有用第一指节触及球。	1. 讲清正确动作概念，做正确示范，帮助分析原因，多做手指手腕随球上引、柔和按拍的动作，对墙连续拍球，坐在凳子上拍球等。
2. 带球跑，原因是对带球跑的概念理解不清，或衔接其他动作时脚步动作不清楚，球运得太高。	2. 在运球教学时要根据规则进行，讲清概念，练习中严格要求，发现走步违例要及时纠正。
3. 两次运球，原因是手接触球的部位不正确，停止运球时没有接稳球，双手运球。	3. 根据规则讲清两次运球的概念，加强正误示范的对比，严格要求，及时纠正。
4. 原地或行进间运球低头看球，原因是控球不熟练，或降低重心时只弯腰不屈膝。	4. 要强调大胆运球，鼓励不看球，向前看，先在原地或慢速的行进间进行不看球的运球练习，提高控制球的能力。
5. 运球时脚踢球，原因是控球能力差，球的落点不好，注意力不集中。	5. 反复练习，提高控球能力，强调球的落点在前脚的外侧前方。

七、运球技术在实践中的运用

在比赛中，合理地运球可以创造有利的进攻机会，如盲目运球，则会延误战机。

（一）进攻队员要熟悉本队的战术，了解战术中的每一次进攻机会，便于掌握运球的时机。

（二）运球队员要扩大视野，全面观察场上的情况。当同伴被对方严密防守不能传球时，可以运球调整位置或通过运球寻找传球时机。

（三）运球时，要善于运球做假动作迷惑对手，灵活地运用各种运球技术，借以摆脱防守的阻挠，并把运球与传球、投篮动作结合起来。

（四）运球队员要准确地判断，及时地捕捉传球或投篮机会。当同伴摆脱防守，抢占有利的进攻位置时，运球队员要及时地将球传给同伴，在防守队员失去有利的防守位置时，运球队员要及时地运球投篮。

（五）在组织和发动快攻过程中，抢到防守篮板球时，防守队员积极封堵第一传，堵截接应队员，这时持球队员可用运球突破摆脱防守，然后迅速地将球传给接应队员或快下队员，在快速推进过程中，如快下队员被对方严密防守，可用运球快速推进或运球投篮。

（六）在组织阵地进攻中，当对方扩大防区时，可用运球压缩防守；当进攻位置不适合时，可用运球调整位置；当对方用紧逼防守时，可用运球突破，打乱对方的防守部署。

思考题

1. 简述运球技术的概念、分类。
2. 运球技术包括哪些内容？
3. 简述体前换手变向运球技术的动作方法。
4. 简述运球技术的教学步骤与练习方法。
5. 简述运球技术教学中的易犯错误及其纠正方法。
6. 简述运球技术如何在篮球运动实践中运用。

第五节　投篮技术

投篮是进攻队员将球投入对方篮筐所采用的各种专门动作的总称，是篮球运动的主要进攻技术，是得分的唯一手段。

投篮是将球抛掷入安置在篮板上并与地面平行、离地面 3.05 米高的篮圈之中。

一、投篮技术分析

由于投篮的出手点一般低于篮圈的高度（扣篮及特殊的投篮除外），而要将球投进篮圈之中，就必须有正确的持球方法、瞄篮点、全身的协调用力、合理的出手角度和出手速度，及规律性的旋转、适宜的飞行弧线和入篮角度。

（一）持球方法

正确的持球方法是掌握投篮技术的前提，也是合理运用投篮技术最基本、最重要的条件之一。

投篮时的持球应符合下列要求：使球尽可能在手中保持稳定，便于与其他攻击技术结合，有利于球出手时合理、准确地用力。

以单手投篮的持球法为例：手腕后仰，掌心向上，五指自然分开，指根及其以上部位（包括大、小拇指的指根以上部位）触球，空出手心，肘关节自然下垂，另一手扶球的侧上部，举球于同侧头或肩的前上方。从解剖学角度分析，持球时应适当增大手腕后仰角度，即持球或球出手引腕后仰时，手腕后仰角度越大，屈腕主动肌牵拉越长，则完成投篮的条件越好，它有助于出球时均匀发力和球出手后的飞行弧线。

手掌的正确托球方法，即五指自然张开，大、小拇指间的夹角约为 80 度，以扩大对球体的支撑面，指根及其以上部位都能触及球，球体的重力作用线近乎落在食指和中指的指根部位，这样不仅可以增强持球的稳定性，还有助于球出手时均匀、柔和地发力。

（二）瞄篮点

正确的瞄篮点能使运动员在瞬间目测出篮圈的精确方位和距离，从而决定相应的出手力、飞行弧线和落点。

投空心篮的篮点一般为篮圈前沿最近的一点，碰板投篮的瞄篮点在篮板的正面，根据投篮角度、距离、力量和飞行弧线的不同而有所区别，运动员要因势变化，善于根据情况随时调节碰板投篮的瞄篮点和出手力量。不论选择何种瞄篮点，投篮训练时运动员都应以既定的瞄篮点为参照，只有经过较长时间的反复体验，才能形成出手用力习惯，达到运用自如的效果。

（三）协调用力

投篮出手用力是指投篮时身体各部位综合、协调的用力过程，它是整个投篮动作的关键环节。

以原地单手投篮为例，力的聚合是从投篮准备姿势开始的，力量的起点源于投篮前的基本站法和身体平衡，由下肢蹬地发力，然后沿着投篮出手的方向伸展身体，特别是借助脊柱伸展的惯性促使下肢、躯干和上肢连贯、协调配合，将身体各部位肌肉的力量最后积聚于手臂、手腕和手指部位，以伸展手臂、手腕的前屈及手指的弹压动作将球投出。任何一种投篮方法，最后都是运用肩、肘、腕、指关节的活动来实现的。不同的投篮方法主要由肩、肘关节的活动和角度而定。

例如，单手头上投篮和单手肩上投篮的区别，主要是肩、肘关节的屈、伸角度不同；行进间单手高手投篮与低手投篮的差异，主要体现在肩关节的前屈和肘关节的内、外旋方向不同；而行进间的篮下背向反手投篮，则必须充分前屈肩关节和外旋前臂，上臂几乎同地面垂直。在球出手的一瞬间，手指最后作用于球体的力量大小、方向和作用位置等决定着球的出手角度、速度和旋转。

可见，伸臂举球，特别是手腕转、抖、屈和手指弹拨作用于球的力量是投篮发力的关键，是功能性动作。肩、肘关节在最后用力中主要是配合腕、指动作，它们的动作就其运动性质而言，应该是一个匀加速曲线运动。匀加速运动的特点是在间隔相等的时间里速度的增长是相等的，这就要求在伸臂和屈腕时不能分先后，更不应忽动忽停，而必须协调连贯、柔和、舒展，一次完成整个动作（突然改变投篮方向和方法除外）。

手指、手腕用力是最后作用于球体的环节，最后用力直接影响投篮效果。手指用力与手腕前屈动作是一个整体，手腕前屈是主动工作，手指用力是跟随手腕前屈的被动工作（因指关节几乎没有屈伸动作，故没有独立做机械功的条件）。

（四）出手角度与出手速度

出手角度是指投篮时球离手一瞬间球体重心飞行轨迹的切线与出手点、水平面所形成的夹角，它决定球在空中的飞行弧线和入篮角度的大小。

出手角度主要依靠手指最后作用于球体力的方向和作用点来调节。作用点（即出球点）的高低，可以看成是产生上下偏角的条件，用力方向则是主要依据。

如果出手点过低，出手角度就不可能大。只有在保证用力方向的前提下，保持合理的出手角度并与特定出手速度相配合，才能使球沿着理想的弧线飞行而落入篮圈。

（五）球的旋转

球的旋转是指投篮队员使球在空中飞行时产生的各种规律性旋转状态，球的不同旋转方向和速度主要取决于手指的最后用力动作。

一般来说，在中、远距离投篮时，都应使球向正后方向旋转。后旋球不仅能保持合适的飞行弧线，使球获得理想的入篮角度，而且在球触及篮板或篮圈后沿时也利于向下反弹落入篮圈。不同的旋转方向对各种篮下投篮也有帮助，尤其对失去角度的篮下投篮，不同旋转的碰板球往往能产生令人莫测的投篮效果。

（六）投篮弧线和入篮角度

投篮弧线是指球在空间飞行时形成的一条运动轨迹，亦称抛物线。弧线高低取决于投篮的出手角度和出手速度，投篮距离和出手高度也与弧线高低有紧密关系。不同的投篮弧线产生不同的入篮角度和入篮截面，因此，它对投篮命中率有直接影响。

人们常将投篮弧线分为高、中、低3种。实践证明：中等投篮弧线是最理想的，它的入篮角度适中，球与篮圈的径向间隙可达最大值，球心与篮心的偏差最小。中、远距离投篮一般应使球离手时上臂与身体的垂直线呈30度左右，弧线最高点在篮圈水平面上方1.2~2米为宜，但由于运动员的身高、投篮距离，投空心与碰板投篮的不同，及受防守干扰等原因，投篮弧线不可能是一种模式。

二、投篮技术分类

投篮的动作方法很多，按照握球的方法不同，可分为双手投篮和单手投篮两大类。进而可以依据投篮的关系，分为胸前、肩上、头上等各种动作方法；按投篮移动时的形式，可分为原地、行进间、跳起投篮等；依据投篮的距离，可分为近、中、远距离投篮；从投球入篮的形式，可分为碰板投篮和不碰板投篮等（图2－5－1）。

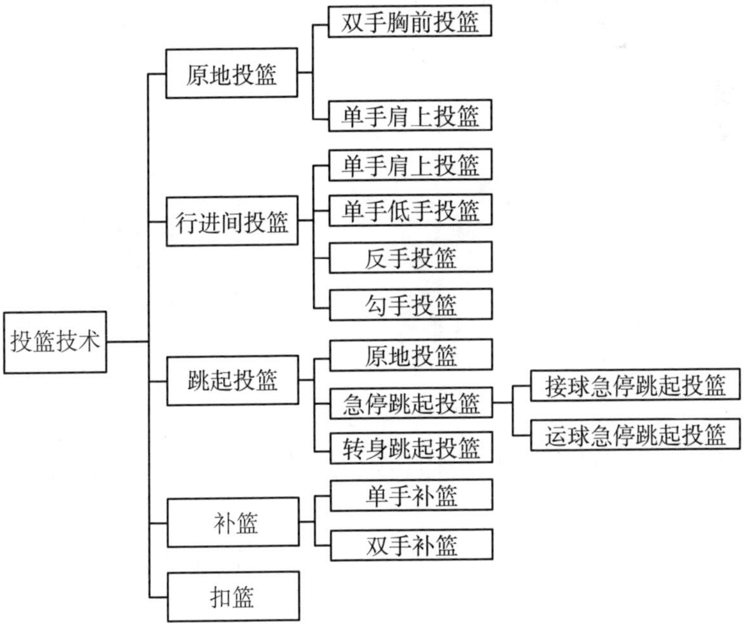

图2－5－1

三、投篮技术动作方法

（一）原地双手胸前投篮

动作方法：双手握球在胸部以上（高度在肩部附近），握球手法与双手胸前传球相同，肘关节自然下垂，上体稍前倾，两脚前后或左右站立，两膝微屈，重心落在两脚之间，目视投篮目标。投篮时，两脚前脚掌蹬地，腰腹伸展，同时手臂向前上方伸出，手臂即将伸直时手腕同时外翻，拇指向前压送，指端拨球，以拇指、食指、中指的力量将球投出，最后腿、腰、臂伸直。

（二）原地单手肩上投篮

动作方法（以右手为例）：右手五指自然分开（手心空出），指根以上部位触球，向后屈腕、屈肘持球于肩上耳部左右，肘内收，前臂与地面接近垂直，左手扶球的左侧，右脚稍前，左脚稍后，重心放在两脚之间，两膝微屈，目视投篮目标。投篮时，两脚前脚掌用力蹬地，伸展腰腹，抬肘，手臂上伸，即将伸直时，手腕用力前屈，手指拨球，球最后以中指和食指的指端投出。球出手后，腿、腰、臂自然伸直（图2－5－2）。

图2－5－2

技术动作关键：手臂伸与手腕拨的动作连贯协调。许多投篮技术问题发生在伸、拨衔接稍有脱节。

应用提示：比赛中原地投篮主要应用在罚球时。注意调整呼吸，放松心情。

（三）行进间上篮

动作方法（以右手为例）：右脚跨出一大步，在落地前按球，左脚紧接跨出，步幅稍小，不要减速，有力蹬地向前上方起跳，同时双手持球移至体右侧上举，左手离球，右手掌心向上托球，向球篮方向伸出，接着向上屈腕，食指、中指、无名指向上拨球投出（图2－5－3）。

图2－5－3

技术动作关键：举球与起跳的动作协调，摆臂举球应起到助跳作用。

应用提示：小跨左步起跳是为了加快起跳速度，将水平速度转换成向上的力，但要注意避免过分前冲。初练习时不要将注意力放在投篮上，当步伐协调连贯后，再强调出手方法便很容易掌握。行进间上篮熟练后应结合变向运球技术练习。行进间上篮常以扣篮、小勾手、反勾的方式完成投篮。

（四）原地跳起单手肩上投篮

原地跳起单手肩上投篮简称跳投，是跳起在空中完成投篮动作，具有突然性强、出手快、出手点高、不易防守的特点。

动作方法（以右手为例）：两手持球于胸前，两脚前后或左右自然站立，两腿微屈，重心在两脚之间。起跳时两腿迅速屈膝，前脚掌用力蹬地向上起跳，同时迅速举球于头侧上方（起跳和举球动作要协调一致），用右手托球，手腕后屈，左手扶球。当身体接近最高点时，左手离球，右臂伸向前上方，前臂即将伸直时，手腕用力前屈，食、中指拨球，通过指端将球投出，手臂向出球方向自然伸直。落地时屈膝缓冲，保持身体重心稳定（图2－5－4）。

技术动作关键：举球起跳动作连贯。伸臂、拨腕、指衔接协调。

应用提示：原地跳投主要应用在外围空位接球，接球后应做好起跳准备。对抗中的原地跳投常需利用时间差起跳，举球起跳动作多是非常规的，起跳后迅速调整投篮动作非常重要。

图2－5－4

（五）跳步急停跳投

动作方法：如图2－5－5所示，行进中收身跳起拿球，两脚稍前伸落地制动缓冲。起跳同时举球至头前的侧上方。在将达到最高点时，伸臂拨腕指连贯将球投出，球稍向后旋转。

图2－5－5

技术动作关键：收身跳停步与起跳投篮的衔接，好的衔接能起到助跳作用。举球同时起跳。

应用提示：跳步急停最大的优势是任意脚都可以做中枢脚，它的缺点是比赛中除了自己运球，向前接球跳步急停的机会较少。跳步急停投篮要注意起跳节奏，初学者易犯的错误是急于起跳，造成落地的重力与起跳抵消。在快速运球上篮时，采用跳步急停常可打乱追防的封盖。内线队员接球后中枢脚已确定，常采用一次运球接跳步急停，使自己可以有更多的脚步变化。跳步急停投篮也常见用扣篮或后仰的方式完成投篮。

（六）跨步急停跳投

动作方法：如图2－5－6所示，行进中进攻方向的内侧脚，大跨步稍斜撑拿球制动，或跃步前跨。后腿膝内扣并步转体。起跳同时举球至头前的侧上方。在将达到最高点时，伸臂、压腕、拨指连贯将球投出，球稍向后旋转。实际应用中，在进攻方向的内侧腿作为支撑腿时，可采用垫跳，脚分先后两拍着地。

图 2－5－6

技术动作关键：前跨支撑缓冲与转体并步的协调连贯。

应用提示：篮球比赛时，突破和跑位都是侧向或弧线的，跨步急停可以把急停和转体融为一体。因此，比赛中最常用的是跨步急停。跨步急停是脚分先后着地的两步急停技术。跨步急停投篮也常见用扣篮或后仰的方式完成投篮。

（七）转身跳投

动作方法：如图 2－5－7 所示，当以左脚为轴向左转身为前转身，以右脚为轴向右转身为后转身。后转身技术动作：右脚后撤或横跨步拿球，右腿为轴，右后转身，左脚并步下蹲，起跳同时举球至头前的侧上方，在将达到最高点时，伸臂、拨腕、指连贯将球投出。前转身技术动作与后转身技术动作的主要区别是左脚为轴，向左转身。

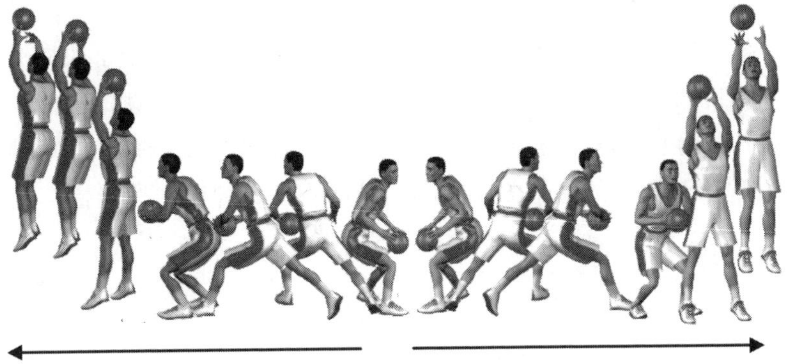

图 2－5－7

技术动作关键：跨步拿球转身的连贯衔接。

应用提示：后转身通常是向非中枢脚方向的转身，如非中枢脚直接跨步，中枢脚跟步转身是走步违例。后转身实际是经过中枢脚调换的转身。右后转身也常将左脚并步改成后撤步起跳后仰完成投篮。前转身则常采用勾手或小勾手方法完成投篮。

（八）一步上篮

动作方法：如图 2－5－8 所示，上右步运球，跨左步拿球并迅速上举起跳，腾空后左手离球侧前伸，右手托举球，在最高点时拨腕指出手。一步上篮的意义在于突然改变节奏，抢跳占领空间，造成防守封盖困难。

图 2－5－8

技术动作关键：加快上步踏跳节奏，抢跳。

应用提示：先持球上右交叉步运球，跨左步拿球起跳，再与突破技术结合练习。逐步过渡到变向运球突破和接球一步上篮。一步上篮常采用抛投、扣篮方式完成投篮。

（九）跨跳步投篮

动作方法：如图 2－5－9 所示，跨跳步投篮是篮球规则规定了两脚都不是中枢脚的条款后出现的技术动作。实际上它是行进间第二步双脚起跳的上篮。跨跳步的主要技术动作是跨步拿球接跳步停步，即跨步拿球后迅速收身跳起，双脚同时落地。起跳的同时举球至头前的侧上方，在跳到最高点时，伸臂、拨腕指，连贯地将球投出。

图 2－5－9

技术动作关键：跨、跳的动作衔接。

应用提示：跨跳步与跳停步区别，一个是跨步拿球跳步停，一个是跳起拿球双脚同时落地。跨跳步在高水平的篮球比赛中已被广泛运用，它有利于改变动作节奏和投篮方式，造成防守封盖困难，有利于身体接触与对抗。跨跳步投篮常以小勾手、扣篮、上篮的方式完成投篮。

（十）跳跨步上篮

动作方法：如图 2－5－10 所示，跳跨步上篮是跳步急停接跨步上篮，即在行进中或突破中收身跳起拿球，两脚同时落地，跨步起跳上篮。

图 2－5－10

技术动作关键：跳步急停步与跨步的衔接。

应用提示：跳步急停接跨步要快速连贯，开始练习可前跨步，逐步跨同侧步或交叉步。该技术主要运用在快攻中、防守追赶封盖时、中锋近距离的突破上篮。跳跨步上篮常采用跨交叉步小勾手的方式完成投篮。

（十一）垫跳步上篮

动作方法：如图 2－5－11 所示，垫跳步上篮原是一种保证左脚起跳、右手上篮的调整步伐，现已成为体前变向不换手突破时的抢突技术。右脚跳起拿球右脚落地，跨左步起跳，腾空后左手离球侧前伸，右手托举球，在最高点时拨腕指出手。垫跳步身体不可展开。

图 2－5－11

技术动作关键：收身垫跳与跨步的衔接。

应用提示：先持球上右同侧步运球接垫跳步拿球，再与突破技术结合练习。逐步过渡到体前变向运球接垫跳步上篮。垫跳步上篮常以扣篮、小勾手、反勾的方式完成投篮。

（十二）扣　篮

动作方法：如图 2－5－12 所示，扣篮是由上而下直接将球塞入篮筐的一种投篮出手方式。扣篮有单手、双手、正扣、侧扣、背扣等多种方式。

图 2－5－12

应用提示：无论你用什么步伐起跳，是单脚还是双脚跳，也不论是正面还是背面，只要你接近篮筐，有足够的高度，都可以用单手或双手完成扣篮得分。

（十三）补　篮

补篮是指当球没有投中，从篮圈上弹出时，进攻队员跳起在空中顺势再将球托入球篮的技术动作。

1. 双手补篮

动作方法：当球从篮圈上弹出时，及时起跳，同时两臂上举，两手在空中接触球，稍有缓冲停顿时间，利用手腕和手指的力量，将球投出。

2. 单手补篮

动作方法：（1）托球入篮，跳起后身体尽量伸展，争取在接近最高点时接触球，随后手腕后屈托球，利用身体在空中稍有停顿的一刹那，将球托入篮筐。（2）点球入篮，控制姿势与托球相同，只是手臂在空中接触球时没有缓冲，顺势用手腕、手指的力量将球点入球筐。

四、投篮技术的教学步骤与练习方法

（一）教学步骤

1. 投篮技术教学顺序应为：先学习原地投篮，然后学习行进间单手肩上投篮，单手低手投篮，再学习原地跳起投篮、急停跳起投篮和转身跳起投篮动作。

2. 投篮技术的教学与训练要重视建立正确的概念和形成正确的动力定理。在掌握正确动作的基础上逐渐加大练习的难度。

3. 投篮技术训练应把投篮与传球、接球、运球、突破、脚步动作、假动作和抢篮板球等技术结合进行，培养队员的应变能力。

4. 要重视投篮的心理训练，提高队员的心理素质水平，使队员能在一定的心理压力下提高投篮命中率。

5. 在正确掌握了投篮技术后，应加强在对抗情况下及战术配合中的投篮练习，以提高队员抗干扰能力及运用投篮技术能力。

（二）练习方法

1. 原地投篮练习

掌握正确的投篮方法，提高完成动作的协调性。

（1）近距离投篮

如图 2－5－13 所示，队员每人一球站在罚球线前半部的地方依次投篮，投完篮后自抢篮板球，排到队尾。

要求：按动作要领完成投篮。

（2）2 人面对投篮

如图 2－5－14 所示，将队员分成两个小组，相对立站，投球到对方的头上方。

要求：投篮手法正确，动作不变形。

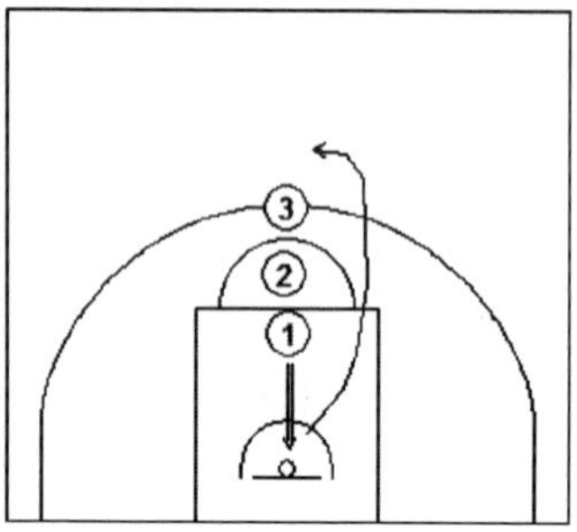

图 2－5－13

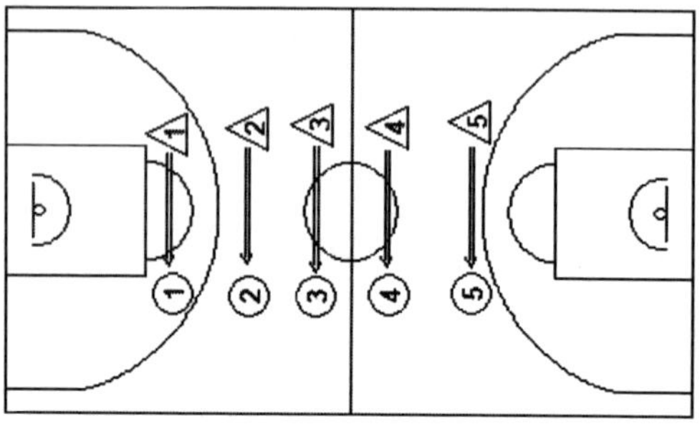

图 2－5－14

2. 半场运球上篮

队员从半场开始做慢速运球上篮练习（图 2－5－15）。

要求：运球中选好起跳点，拿球、起跳、举球要协调。

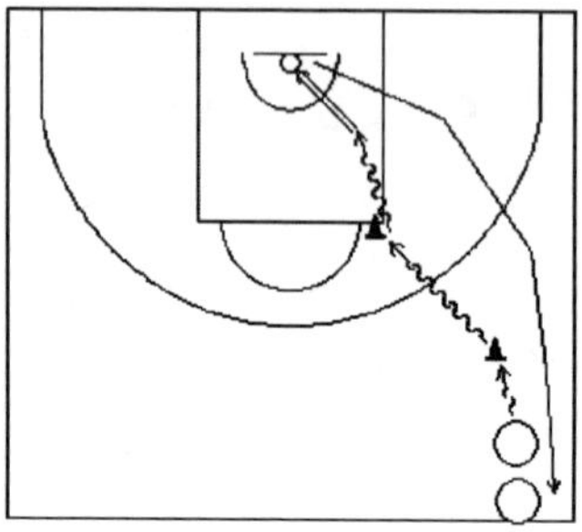

图 2－5－15

五、投篮技术教学中的易犯错误及纠正方法

投篮技术教学中的易犯错误及纠正方法见表 2－5－1。

表2-5-1　易犯错误及纠正方法

易犯错误	纠正方法
1. 起跳后身体重心不稳，失去平衡。 2. 起跳后髋关节弯曲，形成“后坐”和“挺腹”动作。 3. 起跳时，蹬地时间与举球、伸臂动作配合不协调。 4. 投球出手过晚，身体在空中下降时球才出手。	1. 通过讲解、分析单手投篮技术的难点和关键，通过不同的示范方位，使学生建立正确技术动作概念。 2. 通过诱导方法，教师统一口令，学生做原地起跳、空中维持身体平衡的练习。同时，可以将学生的起跳后身体重心不稳现象加以纠正。 3. 通过变换练习方法，减小蹬地力量，降低起跳高度，缩短投篮距离的方法学生距离球篮3米左右的位置，做起跳投篮，体会最高点的投球出手。纠正起跳后出手过晚和身体下降时出手形成“后坐”和“挺腹”动作。

六、投篮技术在实践中的运用

一般情况下，出现下列时机应果断投篮。

（一）在有效攻击区内持球摆脱对手后。

（二）在习惯投篮位置和有效区域内获球。

（三）防守者距自己较远，或注意力分散时。

（四）战术配合中出现预期的投篮时机。

（五）同伴处于抢篮板球的有利位置。

（六）特定的战术行动需要强行投篮时。

思考题

1. 简述投篮技术的概念、分类。
2. 投篮技术包括哪些内容？
3. 简述单手肩上投篮技术的动作方法。
4. 简述投篮技术的教学步骤与练习方法。
5. 简述投篮技术教学中的易犯错误及其纠正方法。
6. 简述投篮技术如何在篮球运动实践中运用。

第六节　持球突破技术

持球突破是持球队员运用脚步动作与运球技术相结合快速超越对手的一项攻击性很强的进攻技术。突破技术对防守者能造成强有力的攻击，在比赛中若能与投篮、突分、假动作等结合运用，可以创造出更多的个人和集体进攻的机会，还能有效地增强进攻的威力，打乱对方的防守阵脚，加重对方防守的负担，促使对方犯规次数增多，削弱防守的势力，是进攻直接得分助攻的重要手段。

因此，善于合理运用突破的队员，不但具有很强的攻击性，而且能够很好地完成战术的多样化、灵活性，它是体现、衡量一个队员或一个队攻击力强弱的重要标志。

一、持球突破技术环节分析

持球突破是一项攻击性很强的个人进攻技术。其技术结构主要由脚步动作、侧身探肩、推放球、加速摆脱等 4 个环节组成。

（一）脚步动作

脚步动作是持球突破技术的关键。在比赛中无球队员都是在接同伴的传球后，再运用持球突破技术进行进攻的。因此，无球进攻队员在接球时，要特别注意脚步动作。

接球时脚步动作有两种：一是跨步急停接球，二是跳步急停接球。跨步急停接球后只有先着地的脚可以做中枢脚；而跳步急停接球时，两只脚都可以做中枢脚。所以，要求无球进攻队员在接球时，最好用跳步急停接球。接球后，两脚正对篮筐，重心下降且前移。

突破时持球队员要根据规则精神，积极有力地向突破方向蹬出，跨出的第一步要大，以便占据有利的突破位置，但以不影响前进速度为宜。跨出的脚要落在紧靠防守队员的侧面，且身体紧贴对手，脚尖向着突破方向，使防守队员只能撤步或转身后重新占据防守位置。

（二）侧身探肩

侧身探肩是持球突破技术的主要环节。根据篮球规则中圆柱体原则，在跨步后利用合理侧身探肩动作，抢占有利位置，不仅有利于保护球，更有利于占据空间的有利位置，以及加速身体移动的速度。在侧身探肩时要敢于靠近防守队员，使防守队员不易做出下一个防守动作。

（三）推放球

在侧身探肩的同时，持球队员要用远离防守队员一侧的手推放球，球的落点一般在侧前方，球反弹的高度在腰膝之间，并用身体保护球，以防止球被防守队员打断。

（四）加速摆脱

加速摆脱是持球突破所要达到的最终目的。持球队员所做的上述所有动作都是为了摆脱防守队员，使防守队员处于不利的防守位置。因此，持球队员在完成上述动作后中枢脚要迅速用力蹬地加速前进并摆脱防守队员的防守。

二、持球突破动作方法

（一）交叉步持球突破（异侧步持球突破）

动作方法（以左脚为中枢脚，从防守者右侧突破为例）：准备姿势是两脚左右开立，两膝微屈，持球于胸前，突破前应先做瞄篮或其他假动作吸引防守队员，或利用向右虚晃动作，使防守者重心偏于自己左侧，突破人立即用右脚内侧迅速蹬地，向左前方迈出一大步，脚尖向前，落在对方右脚侧，同时上体左转向防守者右前方插肩，重心向前移。右手迅速将球交到左手放于左侧，在左脚离地前，用左手放球于迈出的前脚侧面，同时左脚全力蹬地，加速超越对方（图 2 –6 –1）。

技术动作关键：跨右交叉步同时左手拍球在身体左侧，上步与身体姿态的结合。

应用提示：右脚上步同时左手运球，球要拍在身体左侧。左肩必需前探，右臂前伸或肘稍外展在防守腰侧，紧贴防守对手，这样防守在后撤时能为你助把力。初学者常右手拍球在体前，没能将自己身体挡在防守者与球之间，也常见身体不敢前探，左转过大，将背部侧对前方。交叉步与同侧步持球突破常结合应用。

图 2 –6 –1

（二）顺步持球突破（同侧步持球突破）

动作方法（以左脚为中枢脚，从防守者左侧突破为例）：准备姿势同交叉步相同，同侧步突破假动作主要与投篮密切结合，突破前应先瞄篮。当防守者重心向前或上提时，突破人迅速用左脚内侧蹬地，右脚快速向右前方跨出一大步，脚落在防守者左脚侧面，同时上体右转，向防守者左前方插肩，在左脚离地前，用右手放球于右脚侧面，然后左脚全力蹬地前进，全速超越对手。右手运球时，左肩与背部起到护球和与对方对抗的作用（图 2 –6 –2）。

图 2 –6 –2

技术动作关键：跨右步同时右手拍球在身体右侧，上步与身体姿态的结合。

应用提示：初学持球突破常不敢贴身超越，而是喜欢躲着防守队员绕过，殊不知这为防守队员调整留下了余地。还有许多人突破开始虽没完全成功，但已给防守造成困难，只要再加速一步即可成功，却停止不前了。持球突破是须大胆练习的一项技术，只要获得几次成功，就能找到感觉，增强信心。同侧步与交叉步持球突破常结合应用。

（三）前转身持球突破

动作方法：如图 2 –6 –3 所示，背对进攻方向，以左脚中枢脚为例。右脚向右跨步，身体右晃重心落在右脚上。右脚蹬回重心落在左脚，以左脚为轴左转身，右脚向右前方上步，球放在身体右侧，左肩前探，右手运球加速向前。

图 2 –6 –3

技术动作关键：转身与身体前探结合，脚步动作、身体姿态与运球协调配合。

应用提示：前转身持球突破要求转身跨步时身体前探超越防守队员。注意与交叉步持球突破技术结合。

（四）后转身持球突破

动作方法：如图2－6－4所示，背对进攻方向，以左脚中枢脚为例。左晃重心落在左脚上，左脚蹬回，右脚后撤跨，同时身体后靠右转，右肩前探，拍球在身体左侧。左手控球，左脚上步加速向前。

图2－6－4

技术动作关键：右脚后撤跨步与转身时身体后靠与前探结合，脚步动作、身体姿态与运球协调配合。

应用提示：转身与后撤跨步时身体转、靠、前探结合。也常见转身后手臂前伸，直接把球放在防守者身体侧后方，加速超越防守对手。注意后侧跨步时拍球，左脚抬起时球已离手。

三、持球突破技术的教学步骤与练习方法

（一）教学步骤

1. 教学的顺序是先教交叉步突破，接着教同侧步突破。

2. 持球突破技术应与投篮和传球技术结合起来训练，提高组合运用技术的能力。

3. 教学训练中注意技术动作规范，要教会学生两脚均能作中枢脚，并能合理运用。

4. 要提高运用突破技术的意识，善于正确判断和掌握各种突破时机。

5. 持球突破是与对手有接触的攻击性技术，要培养学生具有勇敢顽强的作风和敢打敢拼的精神。

（二）练习方法

1. 原地蹬地、转体、探肩、迈步的徒手练习

学生呈体操队形。根据教师信号做交叉步及同侧步的蹬、转、探、迈的徒手动作（图2－6－5）。

要求：跨出的第一步要大，要有转探动作。

2. 完整动作练习

学生呈两列队形站立，每人一球。根据教师信号做持球交叉步和同侧步的蹬、转、探、拍、运球，前进二三步停球，再向另一侧做突破动作的练习（图2－6－6）。

要求：蹬、转、探、拍、蹬各环节正确连贯协调，中枢脚不要移动。

3. 接球突破练习

队员一路纵队向两侧45度移动接球，做持球突破练习（图2－6－7）。

要求：突破动作正确，衔接要连贯。

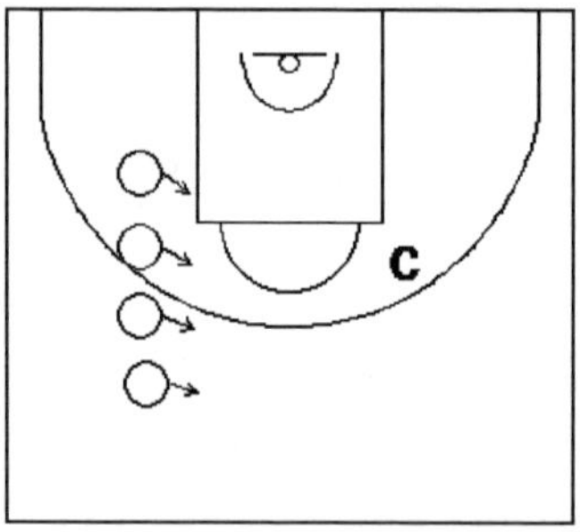

图2－6－5

图2－6－6

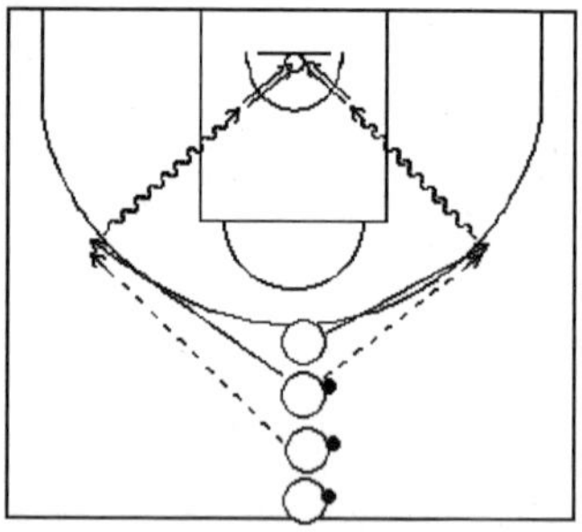

图2－6－7

四、持球突破技术教学中的易犯错误及纠正方法

持球突破技术教学中的易犯错误及纠正方法见表2－6－1。

表2－6－1 易犯错误及纠正方法

易犯错误	纠正方法
1. 中枢脚移动，造成带球跑违例。 2. 蹬跨无力，身体重心过高，远离防守。 3. 推按球落点不对，保护球不好。	1. 从理论上剖析中枢脚不稳的原因；以一脚为轴，持球做跨步、撤步、转身的练习，反复体会中枢脚的含义，在慢速中进行蹬跨、转体探肩、推按球练习。 2. 多做原地持球向左、右跨步练习，强调蹬地、转髋、移重心。 3. 讲清突破路线和推按球的位置，强调转体压肩动作，可适当做分解练习。

五、运用持球突破技术时应注意的问题

（一）持球突破技术要与各种假动作相结合

假动作，即为了使某一动作顺利进行，而用于引开对方注意力的动作。所以假动作要逼真，运用要合理，运用时要考虑到自己所处的位置，与防守队员之间的距离及对方的防守特点等。

如在前场的有效攻击区内形成一对一时，可采用各种假动作，在防守队员侧移、前扑或上跳的一瞬间，迅速从防守队员出现漏洞的一侧突破对手。

做假动作时，进攻队员要眼看球篮和防守自己的队员，利用上体的晃动、脚步的动作来迷惑防守队员，并且要做到真假结合。

（二）持球突破技术要与投篮、传球相结合

各种技术运用的终极目的就是投篮得分，所以只要进攻队员在有效的进攻区域内做投篮动作，防守队员就会相应地做出防守动作。而当某一队员具有较准确的中、远距离投篮能力时，与投篮技术相结合的突破技术才能得到更好的发挥。

同样，如果队员具有良好的持球突破技术，那么防守队员就不敢轻易靠近，这时准确的投篮就可以得到充分发挥。防守队员防投篮时，又可果断地运用持球突破，所以说持球突破为投篮创造了机会。相反，准确的投篮又使持球突破有了用武之地。

持球突破技术与传球相结合，主要是利用传球的假动作吸引防守队员身体重心移动而进行突破，或在突破的过程中传球为同伴创造投篮机会。

（三）要注意观察防守队员的补防、协防及篮下的攻防情况

如果防守队员补防、协防或关门防守就会给进攻带来不必要的损失。当篮下区域人员较少时，运用持球突破容易成功。当篮下人员密集时，运用持球突破则不易成功，而且还有可能造成失误或犯规。

思考题

1. 简述持球突破技术的概念、分类。
2. 持球突破技术包括哪些内容？
3. 简述交叉步持球突破技术的动作方法。
4. 简述持球突破技术的教学步骤与练习方法。
5. 简述持球突破技术教学中的易犯错误及其纠正方法。
6. 简述运用持球突破技术时应注意的问题。

第七节　防守技术

防守技术是防守队员为阻挠和破坏对手的进攻，合理运用脚步移动和手臂动作，积极抢占有利位置，以达到争夺控制球权为目的所采用的各种专门动作的总称。

防守是一项综合的技术动作，主要包括防守无球队员和防守持球队员（图 2－7－1）。

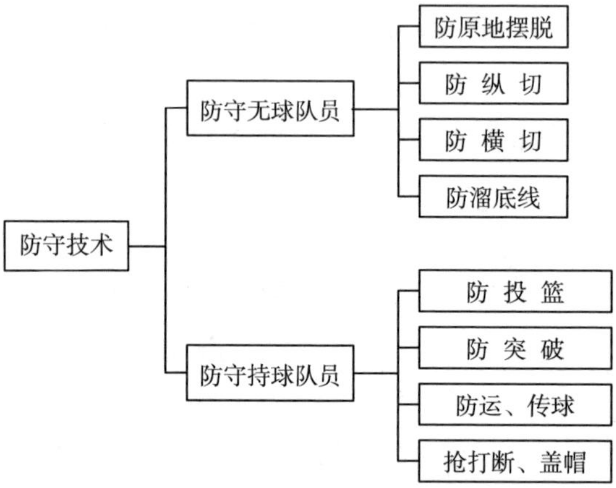

图 2－7－1　防守技术分类图

一、防守分析

防守技术是由脚步动作、手臂动作结合对手与球篮的位置、距离等因素构成。

脚步动作是防守者在防守时采用的移动步法，是个人防守技术的基础。防守者运用脚步动作，抢占有利的位置与手臂动作配合干扰对方传、接球，封盖投篮和抢、打、断球，最大限度地破坏对方进攻，以达到争夺球权的目的。

防守对手有两种：防守无球队员和防守持球队员。

（一）防守无球队员

在比赛中，防守队员绝大部分时间（占全部防守时间的 70%～80%）是防守无球队员，无球队员在比赛中的跑位、穿插、掩护等行为，给防守造成了很大的威胁。防守无球队员的主要任务是尽可能不让对手在有效攻击区内接球，或使对手勉强接球后处于无法衔接下一个攻击动作的被动状态。

1. 防守无球队员的基本要求

（1）坚持防守的攻击性和破坏性，防守中要精神高度集中，士气高昂，在规则允许的情况下尽可能使防守动作凶猛有力。

（2）防守队员必须随时抢占“人球兼顾”的有利位置，要做到“内紧外松，近球紧，远球松，松紧结合”。

（3）防止对手在有效攻击区和切向篮下接球。阻截对手的移动接球路线，迫使对手接到球后难以衔接下一个进攻动作。

（4）要及时果断地进行协防配合，帮助同伴防守对方威胁最大的或持球进攻的队员，要随时补防、夹击和换防。

2. 防守无球队员的动作方法

防守无球队员的防守方法包括防守位置、防守姿势、防守脚步。

（1）防守位置

防守时，位置选择非常重要。正确合理地占据有利位置，是防守主动的重要条件。防守队员要根据对手、球篮和球的位置与距离，以及对手的身高、速度、进攻特点、战术需要和防守队员自身防守能力来选择防守的位置和距离。为了做到人球兼顾，应与球和对手保持一定的角度和距离。站位于对手与球篮之间偏向球一侧的位置上。

防守的距离要视对手与持球人距离而定。根据球在场上的位置，可将球场分为强侧和弱侧。球所在的一侧为强侧，远离球的一侧为弱侧（图2－7－2）。

强侧防守无球队员的位置选择，应站在对手与篮筐之间，偏向球一侧。离球近则近，离球远则远。对手与持球队员之间没有进攻队员，防守时要能达到干扰对方之间传递球，形成球、对手与防守者之间的三角形关系。

弱侧防守无球队员的位置选择，应站在与对手相对远的位置，靠近篮筐。

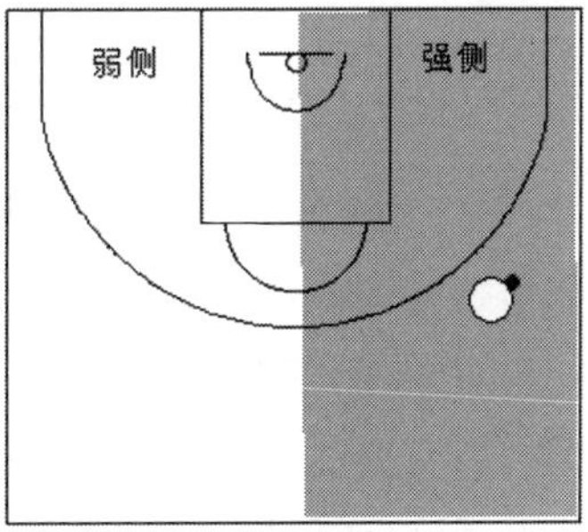

图2－7－2

（2）防守姿势

如图2－7－3所示，正确的防守姿势能保证扩大控制面积和及时向不同方向移动。选择防守姿势与对手和球的距离远近有关。

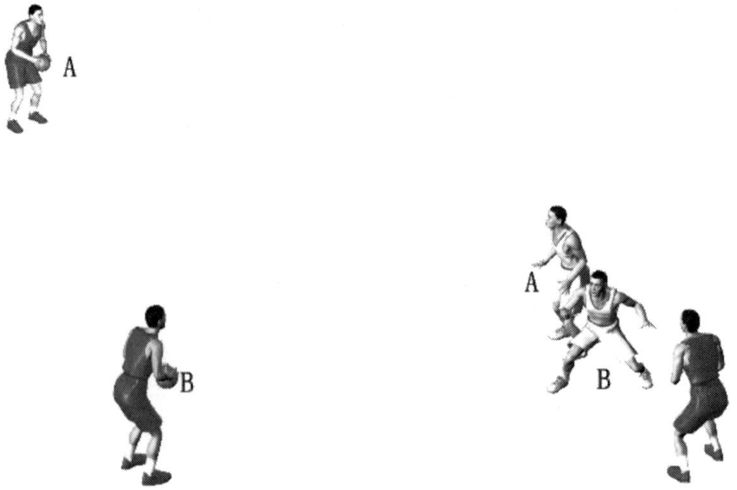

图2－7－3

强侧（有球侧）防守方法：防守距离球较近的对手时，经常采用面向对手侧向球的斜前站立姿势。靠近球侧的脚在前，屈膝，重心在两脚之间，便于随时起动，堵截对手摆脱移动的接球路线。伸右侧手臂，拇指朝下，掌心向球，封锁传球路线，干扰对手接球。特殊情况下，为了不让对手接球，在弱侧防守时也采用这种防守姿势。

弱侧（无球侧）防守方法：防守距离球较远的对手时，为了便于人球兼顾和协防，经常采用面向球，侧向对手的站立姿势。两脚开立，两腿稍屈，两臂伸于体侧，掌心向着球的方向。密切观察球、人的动向，并随着球或人的移动而不时通过滑步调整自己的防守位置。

（3）防守脚步

如图2－7－4所示，防守时防守队员要根据球和人的移动，合理地运用上步、撤步、滑步、交叉步、碎步和快跑等脚步动作，并配合身体动作抢占据有利防守位置，堵截其摆脱移动路线。在与对手发生对抗时，重心下降，双脚用力扒地，两腿弯曲，扩大站位面积，上体保持适宜紧张度，在发生身体接触瞬间提前发力，主动对抗。合理使用手臂动作干扰对手视线，扩大防守空间，保持身体平衡，快速移动，抢占有利位置。有效的防守必须靠灵活的脚步动作，而迅速、及时的移动，需要有一个正确的预备姿势——防守基本站立姿势。

防守位置、姿势与脚步动作三者有着密切的内在联系。不同位置、不同姿势、不同动作的有机结合、运用与变化，构成了完整的防守。

滑步

后撤步

图2－7－4

3. 防守无球队员的技术运用

（1）防纵切接球

如图2－7－5所示，进攻队员①传球给②，防守队员△1及时偏向球侧错位防守，当①向篮下纵切要球时，△1应抢前移动，合理运用身体堵截纵切路线，同时伸出左臂封锁接球，迫使对手向远离方向移动。如图2－7－6所示，②持球，△1贴近进攻队员①并错位防守，当①向上摆脱做要球假动作纵切（亦称反跑）时，△1应迅速下滑，面向贴近对手①，同时转头伸左臂封锁接球。此时，也可以撤前脚后转身，面向持球队员，伸右臂封锁接球，接球利用左手或身体接触对手。

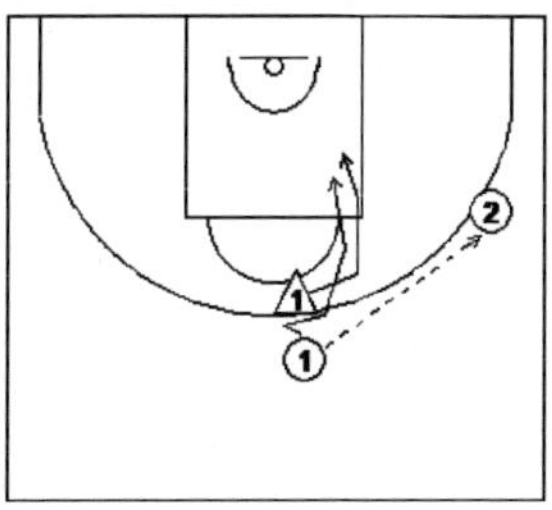

图2－7－5

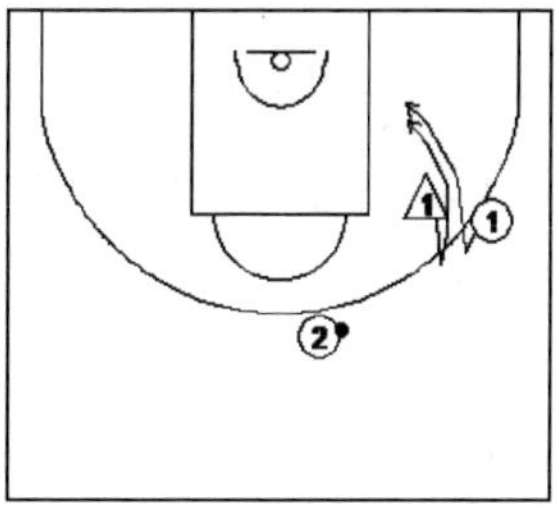

图2－7－6

（2）防横切接球

如图 2－7－7 所示，②持球，①横切要球时，△1上右脚，合理运用身体堵截，同时伸右臂封锁接球，不让其从自己身前横切要球。这时如果①变向沿底线横切时，△1应面向球，贴近对手，迅速撤左脚，滑步，同时转头，伸左臂封锁接球，不让其在限制区内接球，迫使其向场角移动。当①直接从底线横切（亦称溜底线）时，如图 2－7－8 所示，△1开始面向球滑步移动，卡堵对手，以身体某部位接触对手，跟随其移动，同时伸右臂封锁接球。待对手移过纵轴线进入强侧时，△1迅速上左脚前转身贴近对手，伸左臂封锁接球，将对手逼向场角。

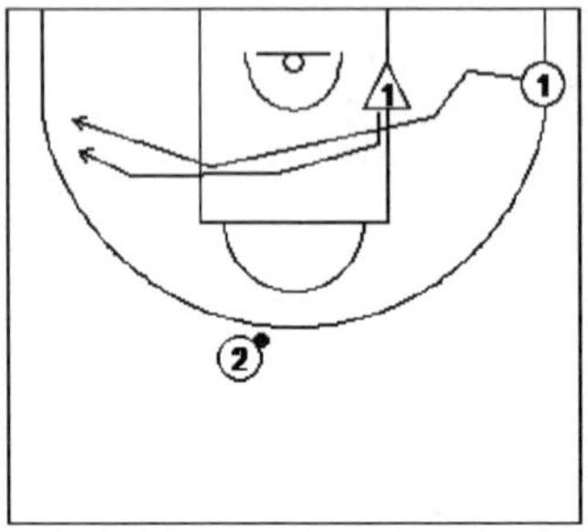

图 2－7－7

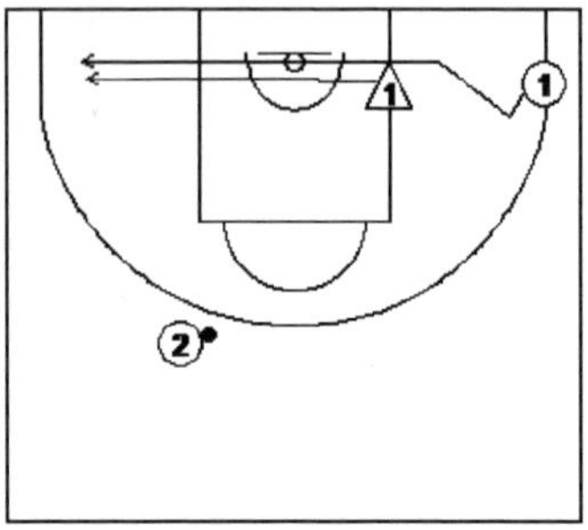

图 2－7－8

（二）防守持球队员

篮球比赛中持球队员的进攻对防守的威胁最大，因为只有持球队员才有得分的机会，或传球给无球队员创造得分机会。所以防守持球队员的主要任务是要尽力干扰对手的投篮、传球，堵截其运球突破，封堵其助攻传球，并积极抢断球，以达到获得控制球权的目的。

1. 防守持球队员的基本要求

（1）当对手接球时，要及时抢占对手与篮之间的位置，保持在能够干扰对方的距离。

（2）要观察判断对手的进攻意图，合理地运用防投、防突和防传等技术，不要轻易被对方的假动作所迷惑。

（3）要及时发现对手的进攻技术特点，采取有针对性和攻击性的防守策略和行动。

（4）对手运球时，要迫使其停球。当对手停球后，立即上前封堵，阻止其投篮和助攻传球。

2. 防守持球队员的动作方法

（1）防守位置

当进攻队员接球的一瞬间，防守队员应及时站位于对手与球篮之间，保持适当的距离，并用正确的防守姿势，积极移动，阻截和干扰对手进攻。有时防守的位置要根据所防对手的特点和本队战术的需要作适当的调整，以能控制对手为原则。如进攻队员投篮较准而运球突破技术较差，应大胆靠近投篮队员，封盖其投篮。如进攻队员运球突破技术强，又习惯于向右侧突破，防守队员应距离对手稍远些，并站在其向右侧突破的路线上，如进攻队员不习惯于左手运球，防守队员在移动过程中应尽量迫使其用左手运球，以便制造进攻队员的机会。

（2）基本步法

防守持球队员的步法，要根据进攻队员在场上的位置、距离球篮的远近、持球队员的特点等选用。一般采用的步法有平步和斜步两种。不管采用何种步法，都要以灵活的脚步动作作为基础，抢占有利的防守位置，争取防守的主动权。

①平步步法。如图 2－7－9 所示，两脚平行开立。这种步法的优点是防守面积大，便于左右移动，防对方突破较有利。

图 2－7－9

②斜步步法。如图 2－7－10 所示，两脚前后开立。这种步法便于前后移动，对防投篮较为有利。

图 2－7－10

3. 防守持球队员的技术运用

（1）防运球

在一般情况下，为了不让对手运球超越自己，防守队员应与对手保持两臂左右的距离，两臂侧下张，两腿弯曲，在积极移动中保持正确的防守姿势，准确判断，随时准备抢、打球。如果要使防守具有攻击性，也可以采用贴近对手的平步防守，以扩大阻击面，增加对手做动作的难度。

防守持球队员要根据对手的特点和本队的策略，需要采用不同的防守方法和策略，如为了达到一定的战术目的，可采用放弃一侧，即堵中放边的策略，诱使对方向边线运球，然后迫使其停止运球，造成夹击防守。

（2）防突破

防突破的位置和距离选择，应根据持球的对手离球篮的远近和对手的特点而定。对手距球篮远，又善于突破时，防守队员应以防突破为主，选占持球队员与球篮之间贴近对手的位置，做好防守姿势。如持球队员由投篮变为向防守队员左侧突破时，防守队员的前脚应迅速用前脚掌内侧用力蹬地，撤步并迅速向左侧斜后方滑步，阻截其突破路线，如进攻队员变投篮向防守队员右侧突破（交叉步突破）时，防守队员应迅速蹬地向右侧斜后方做后撤步，并伴随对手做横滑步，阻截其突破路线，使其被迫改变动作方式和动作方向。

（3）防投篮

防对手中距离投篮时，应站在对手与球篮之间贴近对手的位置上，两脚前后斜站，屈膝直腰，前脚同侧，手伸向对手瞄篮的球，并积极挥动，干扰和影响其投篮，重心略偏前脚，并稍微提踵，脚下要不停地前后碎步移动。另一臂侧张，以防其传球和保持身体平衡，以便随时变换防守动作。

如果防守队员距离对手较远时，应在他接到球的同时，迅速移动到适当距离的位置上。如果进攻队员已接到球，而防守队员的距离较远时，防守队员就应积极挥摆前伸的手，同时积极移动脚步，逐渐接近对手，防止其接球后立即投篮。防守队员向前移动时切忌步幅太猛和过大，以免失去身体重心，使投篮队员获得突破的机会。如果投篮队员进行投篮时，或防守队员上步不及时，应随对手的出球动作，迅速顺势起跳，单臂上伸封盖，影响其投篮的方向和出手的角度。

（4）防传球

持球队员离篮较远时，主要的传球意图是向中锋供球和转移球。因此，要了解和掌握进攻队的规律，从而采取有效措施，控制其进攻性的传球。离篮较近时，主要防其突然地传（分）球，应注意对手眼神和假动作，往往是眼向上看，球向下传，眼向右看，球向左传等。防守队员要精神集中，要见球行事，随球动而采取打、封、阻动作，打球时以肘关节为轴，前臂上下、左右迅速屈伸。必要时配合脚的动作，用抢、打、断球破坏其传球。抢、打、断球时要判断准确，动作突然、快速、准确，注意保持好身体平衡，避免被对手摆脱或造成犯规。

二、防守对手的教学建议与练习方法

（一）教学建议

1. 在防守训练中，首先要树立“积极防御”的指导思想，培养积极主动的攻击性防守意识和不怕苦、不怕累、勇猛顽强、勇于拼搏的防守作风，要克服重攻轻守思想。

2. 教学训练顺序要先教单个技术，再教组合技术；先在消极对抗情况下练习，后在积极对抗的情况下练习；防守技术要结合防守战术配合进行训练。

3. 要特别重视加强从防无球到防有球，从防有球到防无球，从防强侧到防弱侧，从防弱侧到防强侧的转化训练。

4. 在半场对抗练习中，应要求防守持球队员尽可能贴近对手，给对手制造压力，积极配合抢、打、断球技术，增强防守攻击能力。

（二）练习方法

1. 选择防守位置练习

如图 2－7－11 所示，进攻队员在外围传球，可做摆脱接球动作，但不能穿插、掩护。防守队员根据球的位置做相应选位，积极防守摆脱接球，反复练习数次后，攻守交换。

要求：根据球的转移随时调整防守位置，始终做到人球兼顾，保持正确防守姿势，强侧区要靠近对手，弱侧区要远离对手。

图 2－7－11

2. 防守摆脱接球和空切

如图 2－7－12 所示，①摆脱接球结合纵切，△1防守时，面对对手，侧对球，右手伸向传球路线封锁接球，防守①摆脱接球的同时控制其切入。

要求：人球兼顾，以人为主。

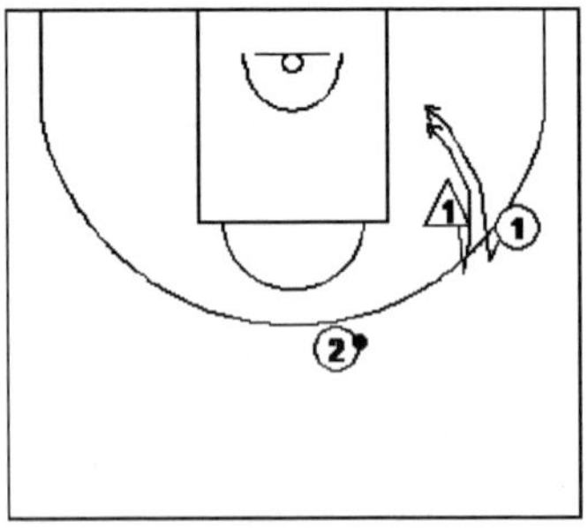

图 2－7－12

3. 防守纵切、横切练习

如图 2－7－13 所示，①传球给③后进行空切，△1应及时向球侧调整防守位置，进行堵截。

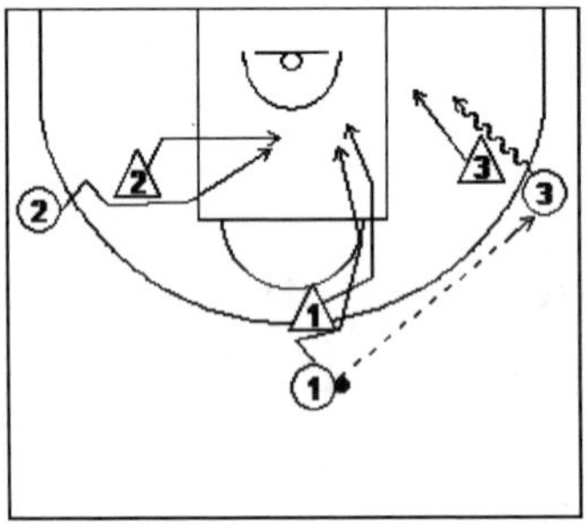

图 2－7－13

4. 防内线

如图 2－7－14 所示，中锋队员④上提接球，△4队员尽量抢前防守，切断④的接球路线。当④下移时，△4继续卡其移动路线和接球路线。

要求：防中锋时要近靠对手，用身体封挡对手移动路线，阻止对手接球。

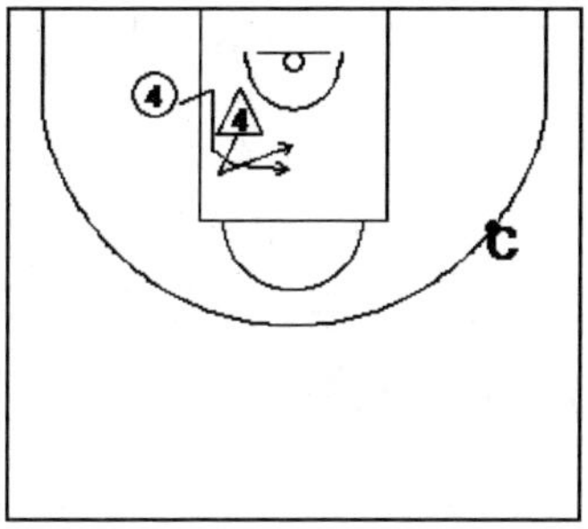

图2－7－14

思考题

1. 简述防守技术分类。
2. 简述防守持球队员技术的基本要求、动作方法、技术运用。
3. 简述防守技术的教学步骤与练习方法。

第八节　抢球、打球、断球、盖帽技术

抢球、打球、断球、盖帽是攻击性很强的防守技术，是积极防守的基础，同时，也是顽强作风的体现。大胆、果断、准确地运用抢球、打球和断球技术，不仅可以破坏对方的进攻，而且可以鼓舞本队的士气，创造有利快攻反击的战机。

一、抢球、打球、断球、盖帽技术分析

抢球、打球、断球、盖帽是由准确的判断、快速的移动、合理的身体动作及迅速回位组成。

（一）准确的判断

准确的判断就是正确地了解球的位置、球的移动路线，以及球的速度和球将要到达的位置，了解对方的配合、意图及习惯动作，然后不失时机地、准确地出击。

（二）快速的移动

在判断的基础上，行动要快速，起动要突然。不管抢球、打球或断球，突然性

很重要。突然跃出，接近对手，才能使对方措手不及。

（三）合理的身体动作

在进行抢球、打球、断球和盖帽时，手臂的伸、拉、挡、截，手腕和手指的拍击、点拨、扭转、封盖等动作要迅速果断，动作幅度不要太大。身体姿势正确，用力不要过猛，要控制身体平衡，以免犯规。

（四）迅速回位

抢球、打球、断球、盖帽不成功时，要以最快的速度恢复正确的防守姿势和重新选位。

二、抢球、打球、断球、盖帽技术动作方法

（一）抢　球

抢球是从进攻队员手中夺取球。抢球时，首先要判断好时机，在持球队员注意力分散或没有保护好球而使球暴露比较明显时，迅速接近对手，以快速、敏捷、有力的动作，把球抢夺过来。抢球时手部的动作方法有以下两种。

1. 拉　抢

防守队员看准对手的持球空隙部位，迅速用两手抓住球后突然猛拉，将球抢夺过来。

2. 转　抢

防守队员抓住球的同时，可以利用转体动作，把球抢过来。如果抢球不成功时，应力争与对手造成“争球”。抢球的主要时机有：当对方刚接到球时；当对方持球转身时；当对手跳起接球下落时；当对方运球停止时；当持球队员只注意他的队员，而忽略其他防守队员时。

（二）打　球

打球就是打落对方手中的球。当进攻队员持球、运球和行进间投篮时，防守队员快速地移动，接近对手，掌握好时机，根据对手持球位置，采用向上、向下或向侧打球。打球时，动作不可过大，用力不要过猛。

1. 打持球队员手中的球

当对手持球时，注意力分散，防守队员迅速上步打球。持球队员持球部位较高，一般采用由下而上的方法打球。打球时，掌心向上，用手指和指根击球的下部。如持球较低，则多采用由上而下的方法打球。打球时，掌心向下，用手指和手掌外侧

击球的上部。

2. 打运球队员的球

以右手运球为例，当运球队员向前推进时，防守队员用侧后滑步移动，用右手臂堵住运球队员左面，防止他向自己的右侧变向运球，左手臂干扰运球。当球刚从地面弹起，尚未接触运球队员的手时，及时用手以短促的手指、手腕和前臂的力量从侧面将球打出，并及时上前抢球。

如运球队员从防守队员右侧突破时，防守队员可以左脚为轴立即前转身，右脚跨出一大步，在运球队员的背后用手指、手腕和向前伸臂的抄打动作击球的后侧部，将球打出。

3. 打行进间投篮队员手中的球

进攻队员运球上篮时，防守队员要随之移动。当运球队员跨出第一步接球时，就要靠近他，当他跨出第二步起跳举球时，迅速移动到他的左侧稍前方，用手从他的胸部向下将球打落。

在打球过程中，防守队员的脚步应随投篮队员移动，保持适当的距离，这样才能掌握打球的时机以及取得有利的打球位置。

（三）断　球

断球是截获对方传、接球的方法。根据传球方向和断球队员所处的位置，一般分为横断球、纵断球和封断球 3 种。

1. 横断球

横断球是从接球队员的侧面跃出截获球的动作。断球时，屈膝，身体重心下降，判断来球的方向和高度。当球刚由传球队员手中传出的一刹那，迅速起动，用单脚或双脚蹬地跃出，身体伸展，两臂前伸，将球截获。

2. 纵断球

纵断球是从接球队员身后或侧后跃出截获球的动作。当防守队员从接球队员的右侧向前断球时，右脚先向右侧前方跨出半步，然后侧身跨左脚绕到接球队员的前方，左脚或双脚用力蹬地向前跃出，身体伸展，两臂前伸，将球截获。

3. 封断球

封断球是在封堵持球队员传球时截获球的动作。当持球队员暴露了自己的传球意图或传球动作较大，防守者可在对方球出手的一刹那，伸臂封盖或将球截获。

（四）盖　帽

防守队员将进攻队员刚投出的球或处于上升阶段的球打掉，称为盖帽。盖帽前，要根据进攻队员的投篮动作及其身高和弹跳等特点，迅速接近他，选择好恰当的位置和距离，准确地判断他出手的时间，及时跳起，手臂高举。当对方球出手时，将球拍出或打掉。对于行进投篮的盖帽，可以保持较远的距离，从球将要经过的路线进行拦截。打球时，动作不可过大，用力不可过猛。

三、抢球、打球、断球、盖帽的教学建议与练习方法

（一）教学建议

1. 教学顺序是先教抢球，然后再教打球、断球和盖帽。

2. 抢球、打球、断球、盖帽的技术比较复杂，教学训练中要循序渐进，首先掌握正确动作，然后由慢到快，由单一技术到综合技术和配合技术，由消极对抗到积极对抗练习，并在比赛中大胆运用。

3. 抢球、打球、断球、盖帽的技术训练要与顽强拼搏的训练结合起来。

4. 比赛中，抢球、打球、断球的成功，为快速反击创造有利条件，在教学训练中，要结合全场紧逼和快攻战术进行练习。

5. 在教学训练中，要强调动作的规范，掌握运用时机，一旦发现错误，及时采取有力措施，加以纠正，以免形成错误动作定型。

（二）练习方法

1. 抢球练习

（1）体会持球者摆动球时的拍球时间

3 人 2 组，2 人相距 1 米，中间 2 人持球向两侧摆动，两侧无球队员根据球的部位，及时抢球。然后持球队员逐步改做转身跨步和摆脱护球动作，另外 2 名队员伺机抢球。完成一定次数后，攻守轮换练习。

（2）抢接球队员手中的球

4 人 1 组，2 名进攻队员互相传、接球，另 2 名进行防守。当进攻队员接球刹那，防守队员立即上步抢球，不成功时，立刻后撤保持正确的防守位置和姿势，练习一段时间后，攻守交换练习（图 2－8－1）。

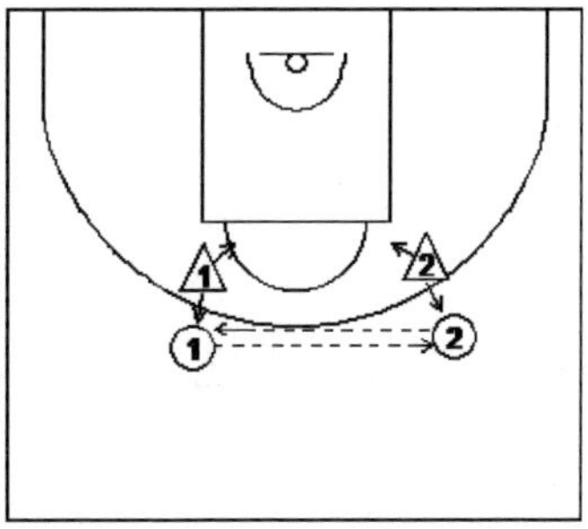

图 2－8－1

2. 打球练习

（1）接球时的打球

2 人 1 组，相距 1.5 米，面相对。持球人把球传给另一队员后，立即上步打球。2 人轮流打球练习。

要求：上步快，手脚协调配合，打球动作要短促有力。

（2）正面打运球队员的球

在半场或全场一攻一守练习中，防守队员紧紧跟随运球队员，当球刚从地面弹起的时候，突然打球。2 人轮流攻守练习。

3. 断球练习

（1）断球的反应练习

4 人 1 组，3 攻 1 守。防守队员站在限制区中间，①可把球任意传给②、③，△1要快速向侧面跃出断球，如未断到球，迅速后撤，保持正确的防守位置和姿势，继续防守（图 2－8－2）。

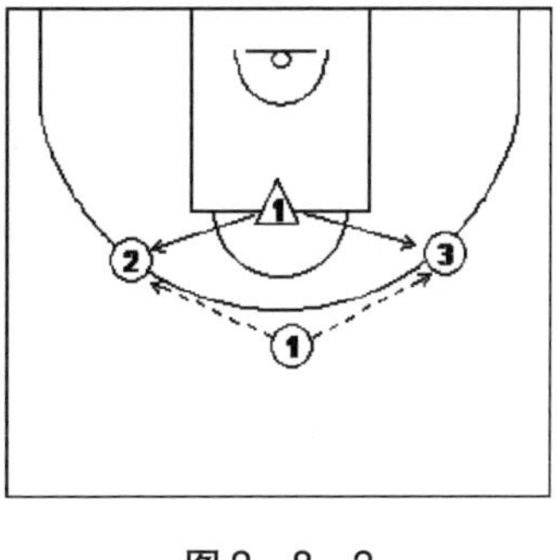

图 2－8－2

（2）断球游戏

5人1组，3攻2守。攻方3人站成三角形，互相传球，守方2人站在三角形内练习断球。攻守交换轮流练习（图2-8-3）。

要求：防守者紧逼有球人，另一防守者站在另外2名进攻队员中间，准备断球。另外，球在手中停留不得超过2秒，否则违例。

这个游戏也可以7人1组，4攻3守。4个进攻队员站成方形，互相传球，3个防守队员站在里面练习断球。要求：同前。

4. 盖帽练习

（1）盖帽的反应练习

2人1组练习，进攻队员做投篮动作。当球离手的一刹那，防守队员迅速跳起封盖对方的球。

（2）补防盖帽练习

2人1组。①进攻，△1防守，①突破上篮，防守的△2要立即补防盖帽。攻防交换，如此连续进行练习（图2-8-4）。

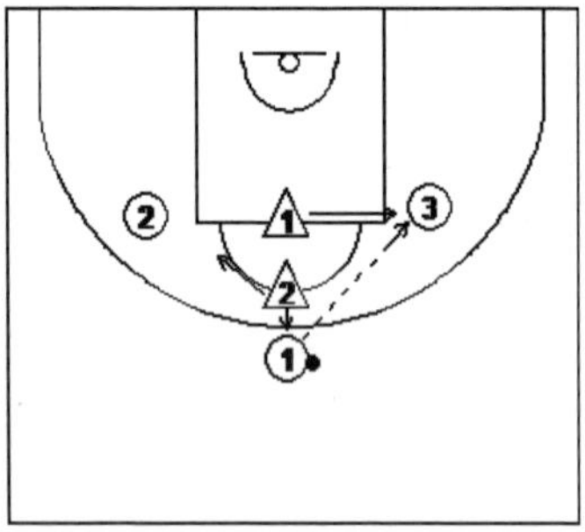

图2-8-3

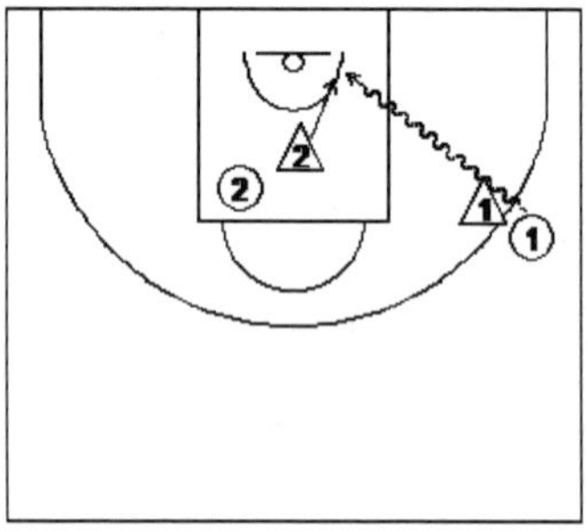

图2-8-4

思考题

1. 简述抢球、打球、断球、盖帽技术分析。
2. 简述断球的基本要求动作方法。
3. 简述抢球、打球、断球、盖帽的教学步骤与练习方法。

第九节　抢篮板球

篮球比赛中，队员投篮未中抢从篮板或篮圈反弹回的球，统称为抢篮板球。进攻队员争抢本队投篮未中的球称为抢进攻篮板球。防守队员争抢对方未投中的球称为抢防守篮板球。争夺篮板球是获得控制球权的重要来源之一。如进攻篮板球占优势，既可增加进攻次数和篮下直接得分机会，还能增强投篮队员的信心，同时减少对手反击快攻的机会。如防守篮板球占优势，不仅能为发动快攻创造机会，还能增加进攻队员投篮的心理压力。因此，一个球队抢篮板球掌握得好坏，对比赛的胜负起着至关重要的作用。

一、抢篮板球技术动作分析

抢篮板球技术分为抢进攻篮板球和抢防守篮板球 2 种。它们均是由判断与抢占位置、起跳动作、空中抢球动作和获得球后动作组成。

（一）判断与抢占位置

准确判断投篮后球的反弹方向、距离、落点是抢篮板球的首要任务。球的反弹有一定的规律，一般情况下，篮板球的反弹规律是投篮距离与球反弹距离成正比，投篮距离远则反弹距离远；反之，投篮距离近，反弹距离近。再者，投篮出手弧度与反弹距离也有关，弧线高，反弹近。另外，不同的投篮角度，球的反弹方向也不同。从两侧左 15 度或右 15 度角投篮时，球反弹方向是在球篮另一侧 15 度区域或反弹回来。从两侧 45 度区域投篮未中时，球反弹方向是在球篮另一侧正中。从 65 度区域投篮不中时，球反弹方向落点区域是在限制区两侧和罚球线内。在 0 度角投篮时，一般球的反弹方向是在篮圈另一侧底线地区或反弹回同侧地区，根据统计，大多数的反弹球落在 5 米左右半径内。

掌握这些规律有利于队员的准确判断。在准确判断的基础上，应力争抢占对手与球篮间的有利位置，力争把对手挡在身后。

（二）起跳动作

起跳动作是获得高度的关键。起跳分为单脚起跳和双脚起跳，一般情况下，运用单、双脚起跳是根据球落的方向和个人的习惯。为了能更好地控制篮板球，应学会结合各种箭步、上步、散步、跨步和转身等步法来调整起跳技术动作。

双脚起跳时，身体应保持正确的起跳姿势，两腿微屈，重心降低，上体稍前倾，两臂屈肘于体侧，身体重心置于两脚之间。注意观察和判断球的反弹方向与落点，及时起跳。起跳时两腿用力蹬地，提腰，两臂上摆，同时手臂向上伸展，腰腹协调用力，充分伸展身体，并控制好身体平衡。

单脚起跳应在判断球的落点后，向球的落点迈出，用力单脚跳起，手伸向球的方向。

（三）空中抢球动作

根据运动员触球的方式，篮板球动作可分为双手抢篮板球和单手抢篮板球。

1. 双手抢篮板球

双手抢篮板球的触及球高点不及单手，但控制球比较牢固，更便于保护球和结合其他动作，尤其是抢防守篮板球时，运用双手抢篮球更有利。

跳起腾空后，腰腹肌用力控制身体平衡，身体充分伸展，两臂用力伸向球的方向，以提高制高点和扩大占据空间；当身体和手达到最高点时，双手指端触球的一刹那，双手用力握球，腰腹用力，迅速屈臂将球拉置胸腹部位，同时双肘外展，保护好球。高大队员抢到球后，为避免被对手掏掉，可以双手将球举在头上保护好球。

2. 单手抢篮板球

单手抢篮板球动作分为单手抢球和单手点拨球两种。

（1）单手抢球

优点是触球点高，抢球空间大，抢球速度快，灵活性好；不足之处是不如双手握球牢固。

起跳后身体在空中充分伸展，达到最高点时，用近球侧手臂尽量向球伸展，指端触球迅速屈指，屈腕，屈肘收臂，将球拉下，另一手尽快扶握置球于胸腹部位，同时双腿弯曲，保持身体平衡，以便结合其他技术动作。单手抢篮板球时，触球及收臂拉球要连续，速度快而有力，注意保护好球。

（2）单手点拨球

点拨球是遇高大队员或身体距球较远不易获得球时，运用点拨球的方法将球点拨给同伴或便于自己截获球的位置。其优点是触球点高，缩短了传球时间，有利于发动快攻；缺点是准确性较差。

在接触球的一瞬间，用指端点拨球的侧方或侧下方。在点拨球时应力争做到落点准确，拨球力量适中，便于同伴接球及自己便于跳起抢球。

（四）获得球后动作

抢获球落地后，应紧紧握牢，两脚分开，前脚掌先着地，两膝屈，保持身体平衡，两肘外展保护好球。若遇防守时，则将球置于防守人远侧，并利用肩背式转身跨步，不断移动球的位置，防止对方将球打掉，高大队员在得球后，可将球置于头上，这样更易于传球或护球。

当进攻抢到篮板球后，应尽可能在空中将球补投进，如果没有投篮机会，要迅速将球传给同伴，重新组织进攻。防守队员抢到篮板球后，力争在空中将球传给同伴，完成发动快攻第一传，若空中不能直接传，落地后应迅速传出，或运球突破后及时传给同伴。

二、抢篮板球技术运用

（一）抢进攻篮板球

如图 2 –9 –1 所示，进攻队员抢篮板球一般是处于防守队员的外侧，需要移动和摆脱对手，因此，抢进攻篮板球时要突出一个“冲”字。

图 2 –9 –1

1. 处于篮下或内线队员抢进攻篮板球

当同伴或自己投篮时，靠近篮下的队员要及时判断球反弹出的方向，同时以虚晃动作绕跨，绕到对手的身前或身侧前方，利用跨步或助跑起跳，跳到最高点进行补篮或抢篮板球。

2. 处于外围位置的队员抢篮板球

当同伴投篮，进攻队员面向球篮时，首先要观察对手动向，判断球的反弹方向、速度和落点后，突然起动冲向球反弹方向进行补篮或抢篮板球。以从防守人身后左侧冲抢为例，进攻队员面向球篮时，右脚向右侧跨步，佯装从右侧去抢篮板球，随后以右脚为支撑脚，左脚向左跨出一小步，重心移至左脚，同时右脚立即向前跨步绕到防守人前面，挤靠防守人，跳起抢篮板球或补篮。

（二）抢防守篮板球

如图2－9－2所示，防守队员抢篮板球要突出一个“挡”字，利用自己占据篮下或内侧位置挡抢篮板球。

图2－9－2

1. 处于篮下防守时

进攻队员投篮时，根据对手移动情况和位置，运用上步、撤步和转身等动作把进攻队员挡在身后，并抢占有利位置。在篮下抢位挡人时，一般采用后转身挡人，降低重心，两臂外展，抢占空间面积，保持最有利的起跳姿势。

2. 防外围队员抢篮板球时

当进攻队员投篮，防守队员面向对手时，首先要观察判断对手动向，采用合理动作利用转身阻止对手向篮下移动，并抢占有利于自己的位置。起跳抢球时，在两臂上摆的同时，两脚前脚掌用力蹬地，身体和手臂尽力向球的方向伸展，达到最高点时，用单手、双手或单手点拨球的方法抢球。最好在空中将球传给同伴，完成发动快攻。第一传若不行，落地时应侧对前场，观察情况，迅速传球发动快攻或运球突破摆脱防守及时将球传给同伴。

（三）抢篮板球时的配合与战术组织

有组织地利用集体配合将个人行动和集体配合结合起来，更能发挥集体抢篮板球的优势。因此，抢篮板球不仅是个人技术动作，而且是战术的组成部分。在抢进攻篮板球时，位于限制区两侧和罚球线3个区域的队员应组成三角形冲抢篮板球阵势，每名队员都要明确自己的目的、任务、攻击点，以及了解同伴投篮特点及时冲抢，养成左投右抢、右投左抢、外投里抢、里投外抢和自投自抢的意识。“挡抢”

防守篮板球时，内线队员在篮下形成三角包围圈，分工要具体明确，把善于抢进攻篮板球的队员挡在外面，让同伴去抢篮板球；还可利用人盯人抢位、挡人，切断所有对手向篮下冲抢篮板球的路线，然后抢篮板球。

三、抢篮板球技术的教学建议与练习方法

（一）教学建议

1. 首先要使学生明确抢篮板球的重要性，在进行抢篮板球技术训练中要培养学生勇猛顽强的战斗作风和积极拼抢意识，养成“每投必抢”的习惯。

2. 学习抢篮板球技术程序：在了解技术动作要领和动作方法的基础上，先练习原地起跳抢球，再练习移动、抢位、挡人，再练习起跳抢篮板球的完整技术，最后在比赛或有对抗情况下进行抢球练习。

3. 要在掌握投篮不中时球的反弹、落点规律的基础上，提高抢进攻篮板球时的“冲抢”意识和抢防守篮板球时的“挡抢”意识。

4. 进行抢进攻篮板球练习时要同投篮、补篮技术相结合，抢防守篮板球训练时要同快攻一传和快攻接应技术相结合，将抢篮板球技术与攻守战术相结合训练。

5. 注意加强身体素质训练，特别是弹跳能力训练，为在激烈对抗中争夺篮板球打好基础。

（二）练习方法

1. 模仿抢球练习

队员原地模仿抢球动作。

2. 起跳—空中抢球练习

（1）原地做单、双脚起跳，用单手、双手抢篮板球模仿动作。

（2）结合上步、跨步、滑步等脚步动作，做单、双脚起跳抢篮板球模仿动作。

要求：跳起有力，顺序正确，身体充分伸展，抢球动作迅速有力，获球落地稳。

（3）每人1球，站在篮下自己向篮板上抛球后，立即起跳，连续在空中托球碰板。

要求：双手和左右单手都要练。托球时，必须跳到最高点触球身体腾空后，要充分伸展。

3. 抢进攻篮板球练习（一）

如图2－9－3所示，⑥为投篮队员，④和⑤为抢进攻篮板球队员。⑥投篮，④

和⑤补篮，直至补进为止。如果球落在地板上，任意队员抢球投篮，⑥不断变化投篮位置，④和⑤投中篮后，将球传给⑥再进行下一次练习。

要求：当⑥投篮出手后，应判断好球的反弹方向并及时起跳，高大队员要补扣，矮个队员补篮时应以碰板为宜。

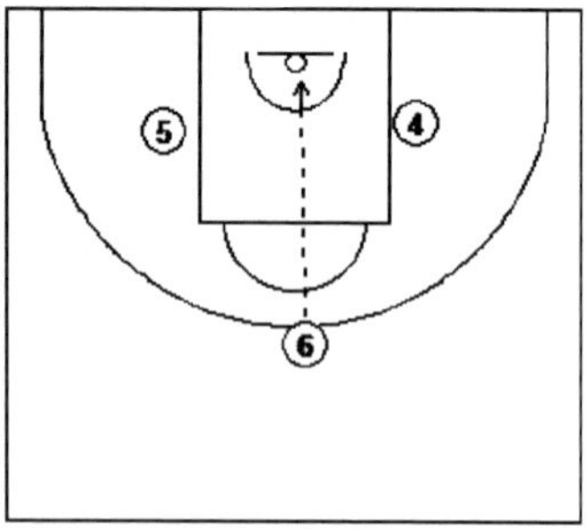

图 2－9－3

4. **抢进攻篮板球练习（二）**

2 人 1 组 1 球，练习时，一人投篮，另一人站在中距离位置冲抢篮板球，抢到球后直接投篮，练习若干次后交换。

要求：积极冲抢，高大队员应直接补篮或补扣篮。

5. **攻防抢篮板球练习（一）**

如图 2－9－4 所示，防守队员△4立即以两脚平行、面向进攻④站立，当教练员将球投向篮板后，2 人争夺篮板球，进攻队员④冲抢防守队员△4，利用身体抢堵进攻者向篮下移动的路线。

要求：在面对面挡人时，做顶、挡动作。

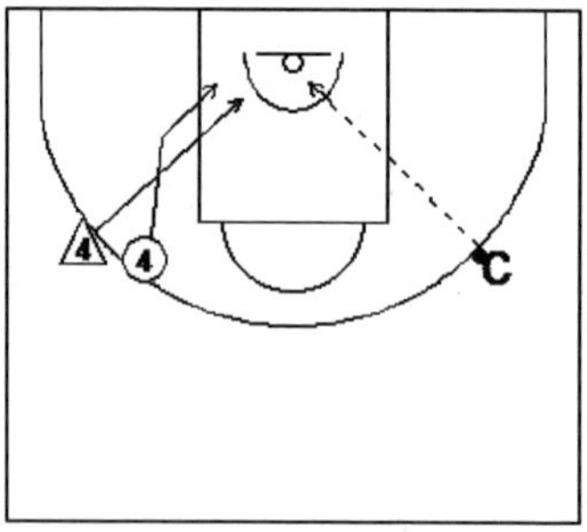

图 2－9－4

6. **攻防抢篮板球练习（二）**

教练员在罚球线附近投篮，队员分成进攻和防守 2 组，双方争夺篮板球，进攻队员抢到球后继续进攻，投中后球传给教练员，再组织进攻。防守队员抢到球后传给教练员。进攻5次后交换。

要求：进攻队员1人投篮后，另1人要在观察的基础上积极移动摆脱防守，进行冲抢球。进攻的队员要占据不同的有利位置，不要站在同一侧。

7. 篮板球—快攻练习

进攻队员从中线开始进攻，在罚球线附近投篮，进攻队员抢到篮板球可继续进攻，防守队员抢到球则发动快攻，到中线后返回进攻。

要求：防守队员在限制区内防守，进攻队员从中线到限制区时急停跳投。

思考题

1. 简述抢篮板球技术分析。
2. 简述抢篮板球的教学步骤与练习方法。

第三章　篮球战术

第一节　篮球战术基础配合

战术基本配合是两三人之间有目的、有组织的、协同作战的配合方法。它包括进攻和防守两部分，是组成全队攻守战术配合的基础，是运用技术的基本组织形式，是培养队伍篮球意识的重要手段。

一、进攻基础配合

进攻基础配合是指两三名进攻队员为了创造进攻机会，合理运用技术而组成的合作方法。

（一）配合方法

进攻基础配合包括传切配合、突分配合、掩护配合和策应配合。

1. 传切配合

传切配合是持球队员利用传球和切入技术超越防守，并接同伴的回传球进行投篮的一种配合。

【示例一】如图 3－1－1 所示，①传球给②后，立刻摆脱对手向篮下切入，接同伴②的回传球投篮。

【示例二】如图 3－1－2 所示，④传球给⑤后，迅速摆脱对手向腹地横切，接同伴⑤的回传球投篮。

【示例三】如图 3－1－3 所示，④传球给⑤时，⑥乘防守队员不备，突然横切或从底线切向篮下，接⑤的传球或吊球投篮或扣篮。

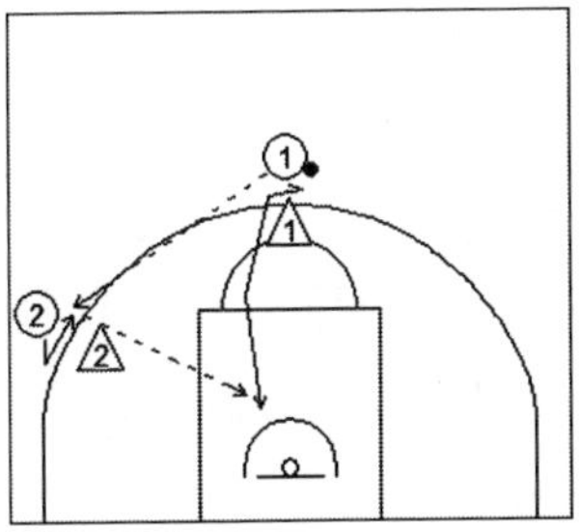

图 3－1－1

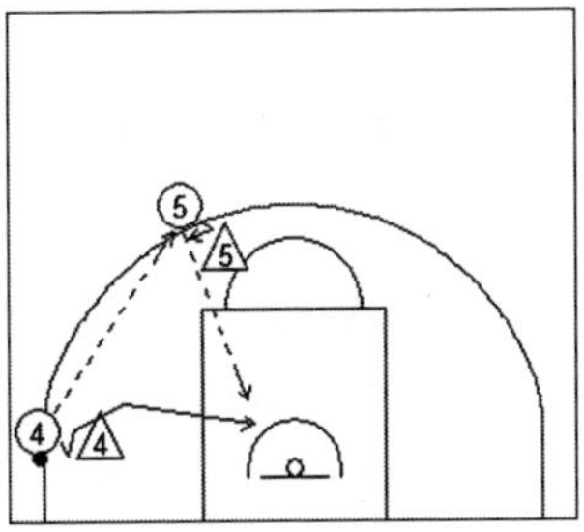

图 3－1－2

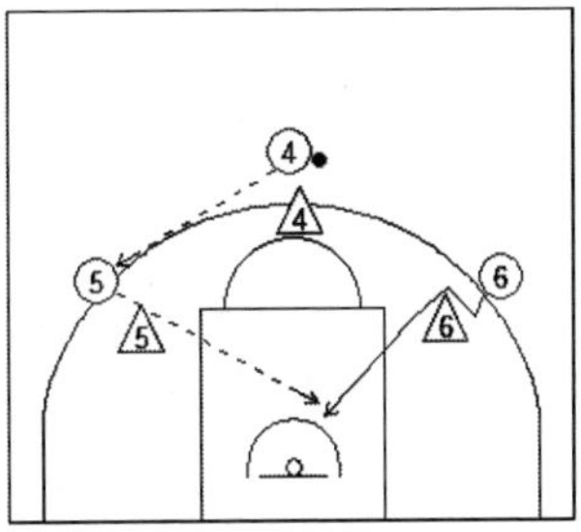

图 3－1－3

【配合要点】

（1）切入队员要根据情况掌握切入时机，假动作与速度结合，快速摆脱防守，切入篮下，并注意准备接球。

（2）传球队员要利用瞄篮、突破、运球或假动作吸引、牵制对手，当切入队员摆脱对手处于有利位置时，及时准确地将球传给同伴。

2. 突分配合

突分配合是进攻队员运用运球技术，突破对手后，遇对方其他队员补防时，主动或应变性地传球给同伴的方法。

【示例一】如图 3－1－4 所示，①持球突破上篮，△2防守封盖，使①由上篮变传球，将球传给②，②投篮。

【示例二】如图 3－1－5 所示，②持球从底线突破△2，②遇到△1补防时，及时传球给纵插到有利位置的①投篮。

【配合要点】

（1）队员突破动作要突然、快速和有力，降低重心，侧肩护球。突破中随时观察场上攻守队员行动和位置的变化，既要做好投篮的准备，又要及时、准确地传球给摆脱后处于空位的同伴。

（2）其他进攻队员要把握时机，及时摆脱对手，迅速抢占有利位置接球进攻。

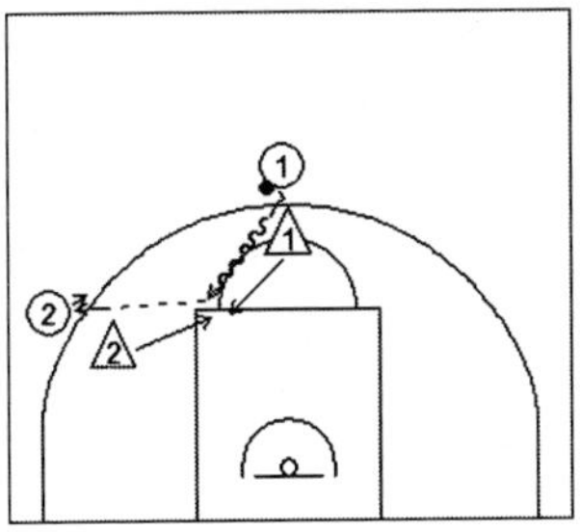

图 3－1－4

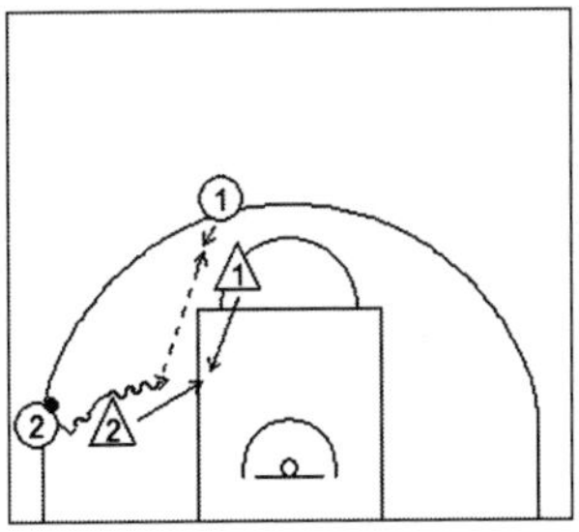

图 3－1－5

3. 掩护配合

掩护配合是指进攻队员之间合理运用身体挡住防守同伴的对手的移动路线，使同伴借以摆脱防守的一种配合方法。

掩护配合有多种形式和方法，根据掩护者做掩护时站位的不同，分为前掩护、侧掩护和后掩护3种形式。根据掩护者的移动路线、方法和变化，分为反掩护、双掩护、运球掩护、定位掩护、行进同掩护和连续掩护等。从掩护的应用范围来讲，有球队员为无球队员做掩护、无球队员为有球队员做掩护和无球队员之间的掩护配合。

【示例一】侧掩护是比赛中最为常用的掩护配合之一，是掩护队员站在同伴的防守者的侧面，用身体挡住防守者的移动路线，使同伴借机摆脱防守者接球进行攻击。如图3－1－6所示，①传球给②后，即向相反方向跑动给③做掩护，当①跑到③侧面掩护到位时，③摆脱防守切入篮下接②的传球投篮。

【示例二】如图3－1－7所示，②跑到①的侧面做掩护，①做投篮或突破的假动作，吸引△1的防守，当②掩护到位时，①突然持球起动从△1的左侧突破投篮或分球。②掩护后迅速后转身移动到有利位置去接球或抢篮板球。

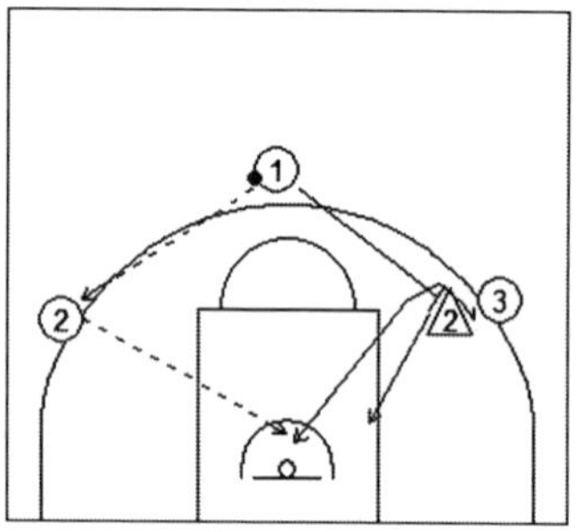

图3－1－6

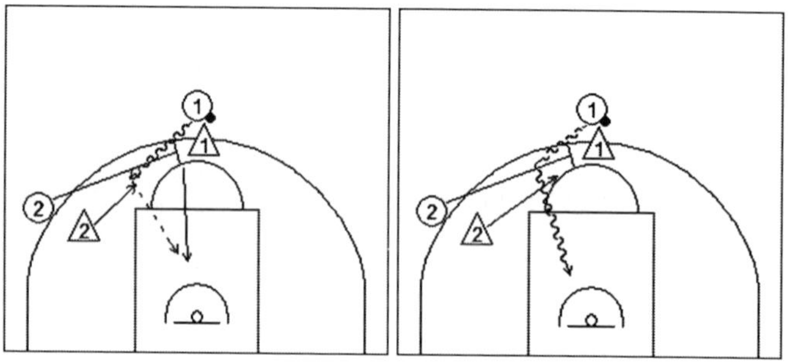

图3－1－7

【示例三】前（后）（图3－1－8）掩护是掩护队员站在同伴防守者的前（后）面，用身体挡住防守者向前（后）移动路线，使同伴借机摆脱防守移动到有利位置或接球进行攻击。后掩护⑤跑到△3的后面给③做后掩护，③利用掩护向篮下切入，接①传来的球投篮或做其他攻击行动。前掩护，⑥跑到△5身前给⑤做前掩护，⑤做向内切人假动作吸引△5的防守，当⑥掩护到位时突然向外拉出，接④的传球投篮。

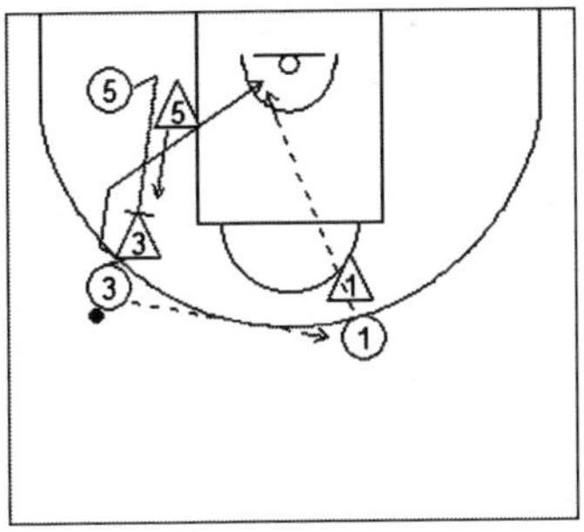

后掩护

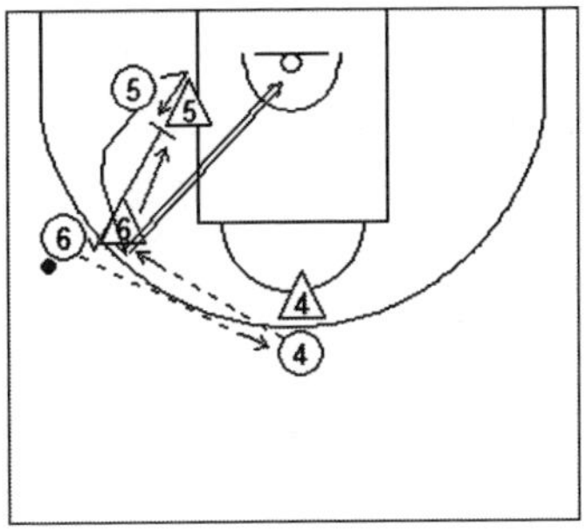

前掩护

图 3－1－8

4. **策应配合**

策应配合是进攻队员背对或侧对球篮接球后，以他作枢纽，与同伴空切相配合或造成各种进攻机会而形成的一种里应外合的方法。

策应配合根据策应的位置可分为内策应与外策应（也称低策应和高策应）。

内策应区域是在限制区两侧的位置，如图 3－1－9 所示，一般是由内线队员或具有内线攻击能力的高大队员与前锋形成的配合。

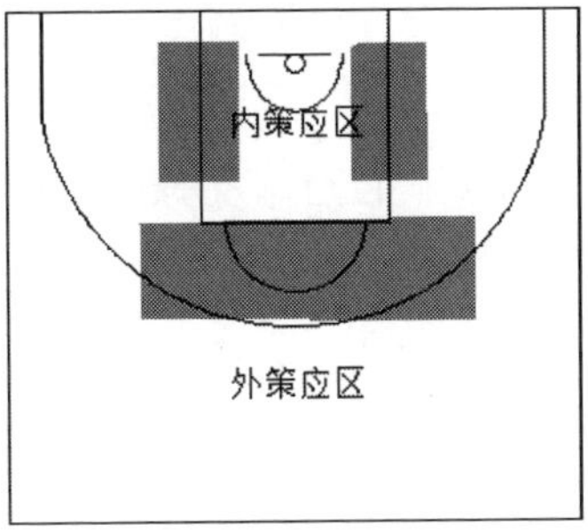

图 3－1－9

外策应区域是在罚球线外附近的范围，一般是由具有内线攻击能力的二中锋或高大前锋为策应队员与外围队员形成的配合。

【示例一】内策应是内线队员位于内策应区域抢占有利位置接球，与空切或外线同伴形成的配合方法。如图 3－1－10 所示，⑤获球后，另一侧的⑥突然插入对侧的策应区接⑤的传球，⑤向下移动，佯作接⑥的回传球投篮。⑥利用假动作吸引对手，并观察同伴战术意图和行动，发现另一侧的④迅速摆脱空切，及时隐蔽将球传给④投篮。

【示例二】外策应是中锋或高大前锋抢占罚球线附近区域，获得球后随时观察场上情况，及时将球传给最有利进攻的同伴，或把握自己的进攻时机。形成内、外、真、假的配合方法。如图 3 – 1 – 11 所示，⑤持球或运球，当④突然上提到罚球线附近并抢占到有利位置时，将球传给④，⑥迅速摆脱空切到腹地，④及时隐蔽地将球传给⑥投篮。

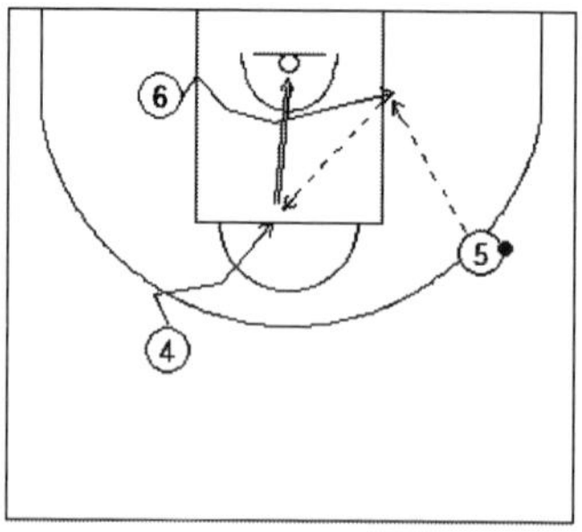

图 3 – 1 – 10

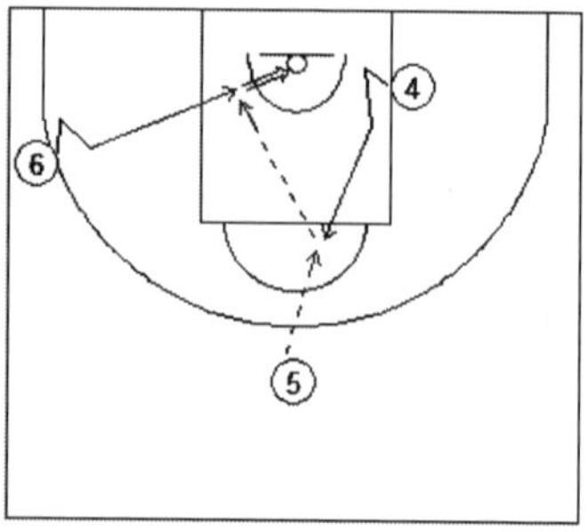

图 3 – 1 – 11

【配合要点】

（1）策应队员应积极抢占有利位置，接球时两脚开立，用身体和躯干将对手挡在背后，两手持球于胸前，两肘外展，注意保护好球。

（2）接球后，随时观察场上情况，判断好主攻与助攻的时机，处理好内外结合的关系。

（3）在策应时要用转身、跨步、假动作及时调整策应的方向和位置，以便协助同伴摆脱防守，增加策应的变化与成功率。

（4）配合队员要根据策应者的位置，及时将球传给策应者远离防守人的一侧，做到人到球到。然后设法摆脱防守，切入或绕出接球进攻。

（二）进攻基础配合的教学步骤与练习方法

1. 教学步骤

（1）进攻基础配合的教学顺序为：先教传切配合，再教突分配合，后教掩护配合，最后教策应配合。

（2）掩护配合的教学顺序为：先教无球队员之间的掩护，再教无球与有球队员之间的掩护；先教原地掩护，后教行进间掩护。

（3）传切配合先教纵切，再教横切；策应配合先教 2 人配合，再教 3 人配合。

（4）教进攻基础配合时，应遵循战术教学的步骤，首先通过讲解与示范，使学生建立战术配合的完整概念，再通过练习掌握配合的人球移动路线、配合时间等配合方法。在此基础上进一步学习配合的变化，以及在对抗与比赛情况下提高配合的运用能力。

（5）在教学中应重视对学生配合意识的培养，注意配合的节奏与变化，不断提高学生的应变能力。

2. 练习方法

（1）传切配合练习

如图 3－1－12 所示，全队分成 3 组，①和②组每人持球，①传球给③后，向左侧做摆脱假动作，随后迅速从右侧切入接②的传球投篮，②传球给①之后，做摆脱假动作，随后迅速横切接③的传球投篮。按顺时针方向换位，依次进行练习。

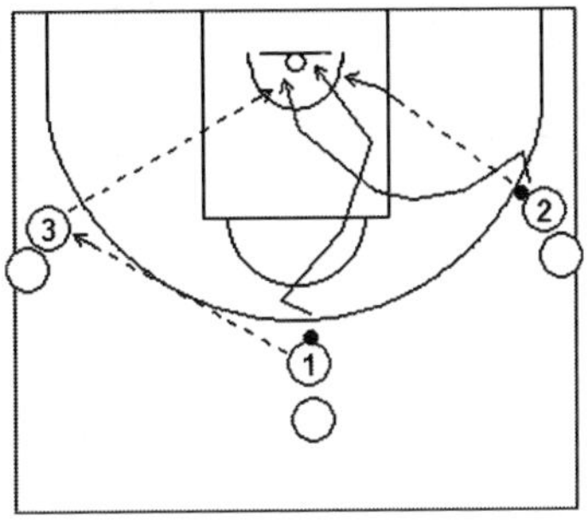

图 3－1－12

（2）突分配合练习

【练习一】无防守的连续突分练习，可让练习者从左侧或右侧变换不同的角度突破。要求接球人一定要在移动中接球并迅速衔接下一技术动作。

【练习二】如图 3－1－13 所示，①运球向篮下突破，此时④和③及时跑到有利的进攻位置，接①的球投篮，或做其他进攻配合。

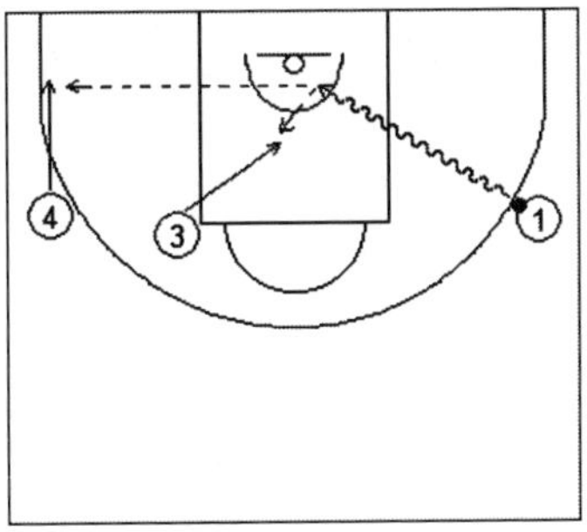

图 3－1－13

（3）掩护配合练习

【练习一】如图 3－1－14 所示，无球队员之间连续的掩护配合，重点提高掩护配合的方法路线以及掩护姿势的标准性。

【练习二】3 人之间的反掩护配合。如图 3－1－15 所示，②传球给③，向相反方向跑动给①做侧掩护，③接球后做“三威胁”动作吸引防守队员，①借助②的掩护摆脱防守切入篮下接③的传球投篮。②掩护后转身跟进拼抢篮板球。依此循环练习。

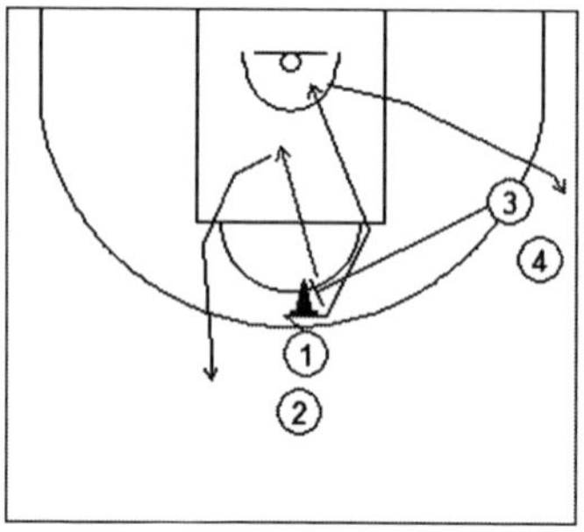

图 3－1－14

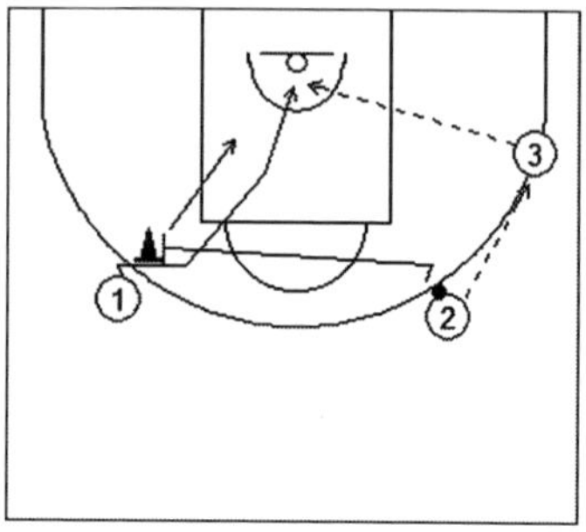

图 3－1－15

（4）策应配合练习

中锋插上策应配合。如图 3－1－16 所示，2 人 1 组，④摆脱上提至罚球线，②传球给④，④接球后先保护好球，做前转身后转身佯装进攻，②传球后摆脱切入篮下，然后拉出到右侧队尾，④传球后到弧顶队尾，依次进行练习。练习一定次数后可以结合投篮进行练习。

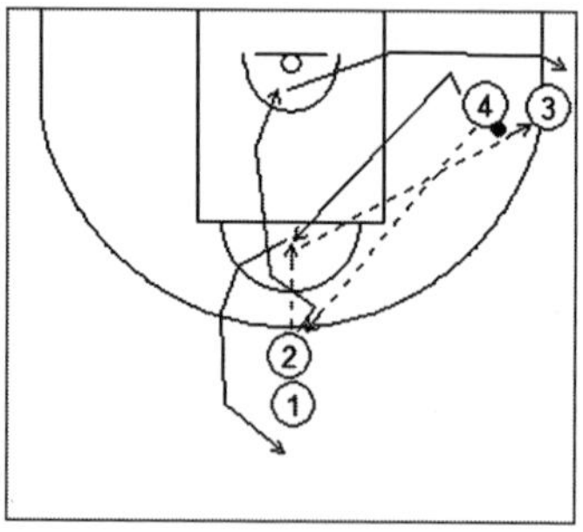

图 3－1－16

二、防守基础配合

防守基础配合是指两三名防守队员之间为了破坏对方进攻配合，或同伴防守出现困难时，及时相互协作的方法。熟练掌握和灵活运用防守基础配合，对提高队员整体防守战术水平、配合能力和战术意识有极其重要的作用。

（一）配合方法

防守基础配合包括挤过配合、穿过配合、绕过配合、交换防守、“关门”配合、夹击配合和补防配合。

1. 挤过配合

挤过配合是破坏掩护配合的积极有效方法之一。防守者在掩护队员临近自己时，要积极向前跨出一步，贴近自己的防守对手，从掩护者前面挤过去，继续防住自己的对手。防守掩护队员的同伴要及时呼应，并配合行动，以备补防。

【示例】如图 3－1－17 所示，①传球给②后给③做掩护，△3在①靠近自己的一刹那，迅速抢前一步贴近③，并从①和③中间挤抢过去继续防守③。

【配合要点】挤过时要贴近对手，向前侧抢步要及时，动作要突然，防守掩护的队员要及时提醒。

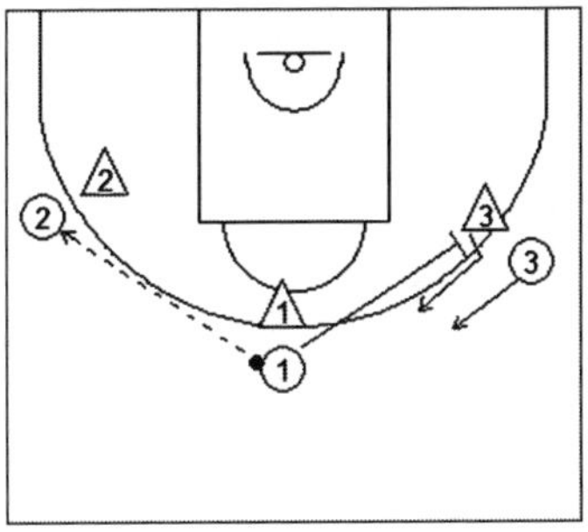

图 3－1－17

2. 穿过配合

穿过配合是破坏掩护配合及时防住自己对手的一种配合。当进攻队员进行掩护时，防守做掩护的队员要及时提醒同伴并主动后撤一步，让同伴及时从自己和掩护队员之间穿过，以便继续防住各自的对手。一般在掩护配合无投篮威胁时采用。

【示例】如图 3－1－18 所示，②传球给①后去给④做掩护。△2要及时提醒同伴，当②掩护到位前一刹那△4主动后撤一步，从②和△2中间穿过去，继续防守④。

【配合要点】防守掩护的队员要及时提醒同伴并主动撤步，让出一步使同伴通过并迅速调整防守位置和距离。

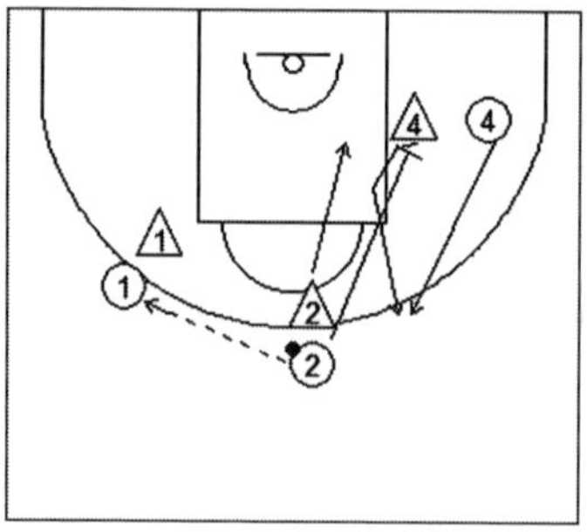

图 3 –1 –18

3. 绕过配合

绕过配合是破坏对方掩护配合及时防守自己对手的一种配合，当进攻队员进行掩护时，防守做掩护的队员主动贴近对手，让同伴从自己的身后绕过，继续防住各自的对手。

【示例】如图 3 –1 –19 所示，③传球给①并给他掩护，①传球给②后利用③的掩护向篮下切入。△1从③和△3的身后绕过继续防守①。

【配合要点】运用绕过时，防守掩护者要及时提醒同伴并贴近自己的对手，绕过队员要及时调整位置和距离，继续防守对手。

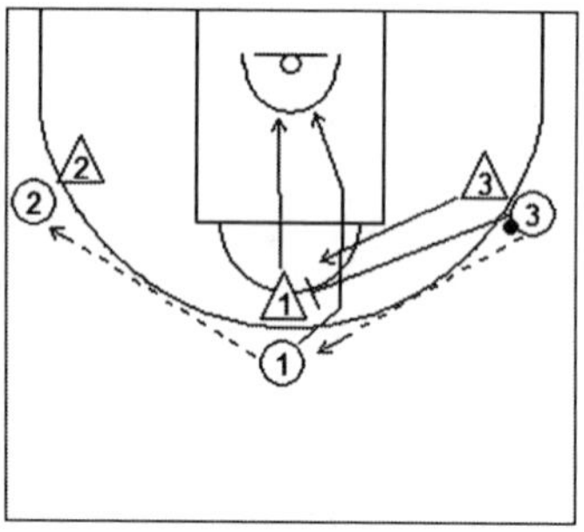

图 3 –1 –19

4. 交换防守配合

交换防守配合是为了破坏进攻队员的掩护配合。当进攻队员进行掩护时，两名防守队员之间及时地交换自己所防守对手的一种配合方法。

【示例】如图 3 –1 –20 所示，②去给①做掩护，△2要主动给同伴发出换人的信号，及时堵截①向篮下突破的路线。此时△1应及时调整自己的防守位置，防止②向篮下空切。

【配合要点】运用交换配合时，防守掩护者要及时提醒同伴，两名防守队员要到位后才及时换防，以免防守漏人。

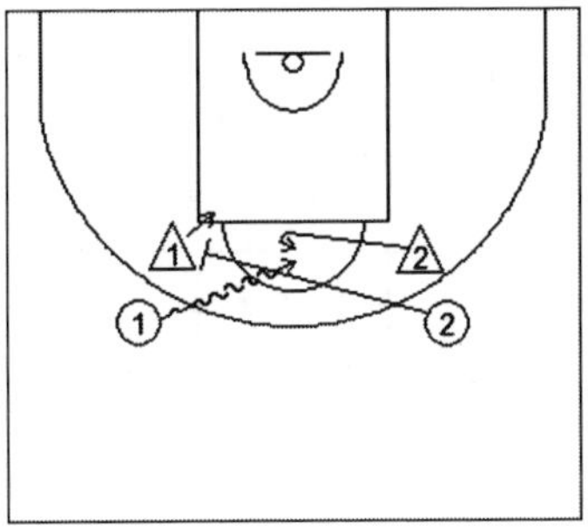

图 3－1－20

5. “关门”配合

“关门”配合是指两名防守队员靠拢，协同防守突破的配合方法。

【示例】如图 3－1－21 所示，当①向右侧突破时，△1和△2进行“关门”；向左突破时，△1和△3进行“关门”。

【配合要点】“关门”时，防守队员应积极堵截突破路线，临近突破一侧的防守者要及时向同伴靠拢进行“关门”，不给突破者留有空隙。

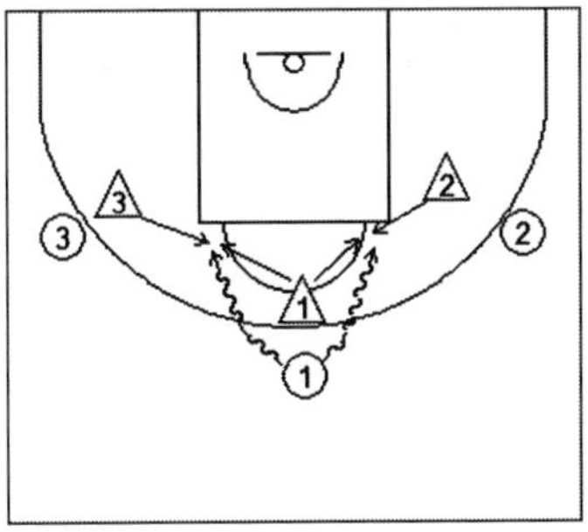

图 3－1－21

6. 夹击配合

夹击配合是指两名防守队员有目的地同时采取突然行动，积极防守持球者的一种配合方法。夹击配合是一种攻击性和破坏性极强的防守配合，它能有效地控制持球队员的活动，给对手心理上造成巨大的压力，造成对方失误和创造抢断球机会。

【示例】如图 3－1－22 所示，②从底线突破，△2封堵底线，迫使②停球，△1同时迅速向底线跑去与△2协同夹击②，封堵其传球路线，迫使其违例或失误。

【配合要点】

（1）运用夹击时，要选择好夹击的位置和时机，当对方在边角和中线角附近埋头运球或停球时应果断出击。

（2）在两名夹击队员进行夹击时，其他防守队员要及时调整防守位置，做好断球、补防的准备，及时抢断掉可能传出的球，或补防因夹击而失掉的防守者。

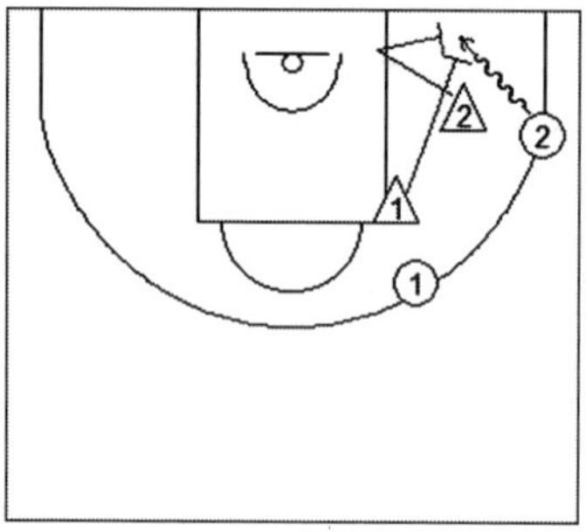

图 3－1－22

7. 补防配合

补防配合是指防守队员在同伴漏防时，立即放弃自己的对手，去补防威胁最大的进攻者，而漏人的防守队员应及时换防的一种协同防守方法。

【示例】如图 3－1－23 所示，①传球给②后，突然摆脱△1的防守直插篮下，此时，△4放弃对④的防守而补防①，△1去补防④。

【配合要点】补防时，要随时观察本队防守情况，补防意识要强，一旦出现漏防，邻近队员要果断补防，漏防队员及时调整防守。补防后，要及时调整防守位置，注意保持人、球兼顾的位置。

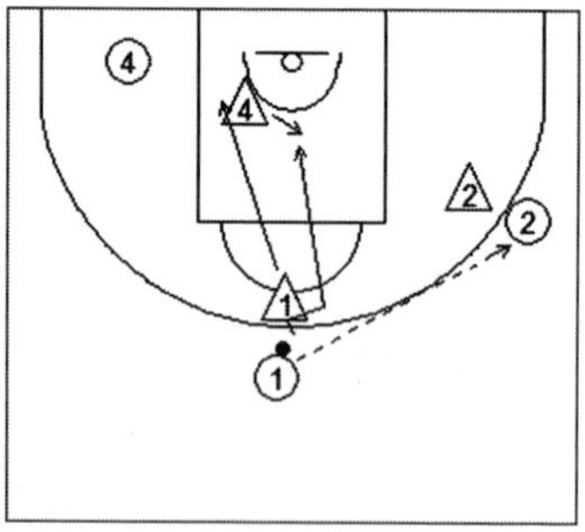

图 3－1－23

（二）防守基础配合的教学步骤与练习方法

1. 教学步骤

（1）防守基础配合的教学与训练，应先从抢过防守开始教，而后教补防配合、夹击配合、“关门”配合，最后教交换、穿过、绕过配合。

（2）在防守基础配合的教学与训练中要严格要求，在提高个人防守能力的基础上掌握防守基础配合的方法。注意配合中位置的选择与调整，时间要合理及时。

（3）在练习防守技术与基础配合时，要与进攻技术和基础配合结合，由固定到变化，由消极到积极，由局部到全部，由个体到整体，逐步提高防守基础配合的运用能力，并将不同的防守基础配合结合起来进行练习，提高队员的意识和应变能力。

2. 练习方法

（1）挤过配合、绕过配合、穿过配合、交换配合练习

二对二练习，根据教师的要求练习挤过配合、穿过配合、绕过配合和交换配合。如图3－1－24 所示，①给②做掩护，当①接近△2时，②同时移动的瞬间，△2要及时向前抢跨一步贴近②，并从①与②之间侧身抢过继续防守②。依此方法进行挤过配合、穿过配合、绕过配合、假换防配合和交换防守配合的练习。

（2）“关门”配合练习方法

如图 3－1－25 所示，3 人在外围相互传球，寻找机会突破，防守队员除了要防住自己的对手外，还要协助邻近同伴进行“关门”，不让对方突破到篮下。当进攻者突破不成，把球传出时，“关门”的队员应快速分开去防自己的对手。

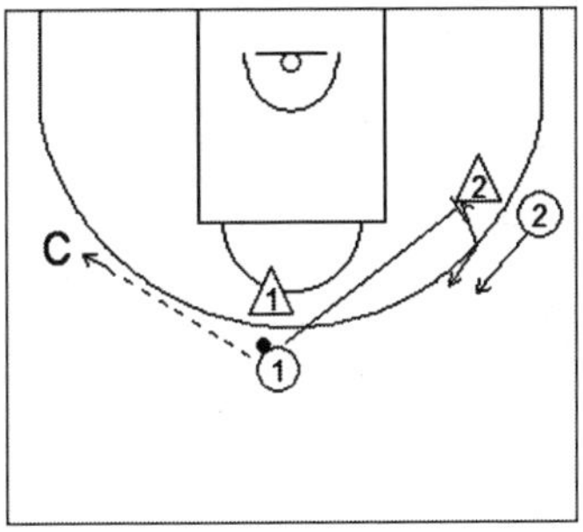

图 3－1－24

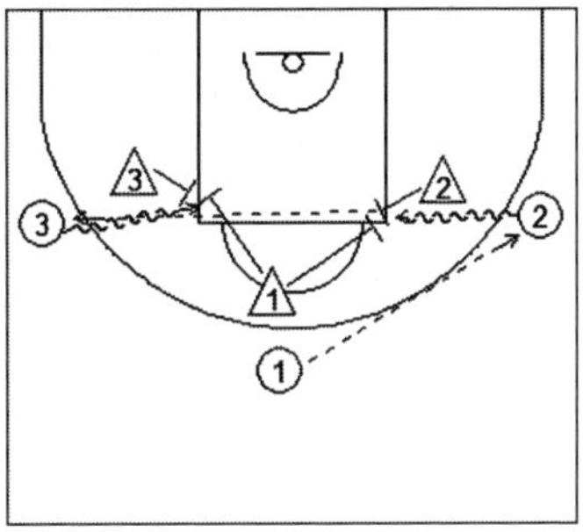

图 3－1－25

（3）夹击与补防配合方法

【练习一】夹击与补防配合。如图 3－1－26 所示，②传球给③，③接球后沿边线向底线运球，△3抢先堵其从底线突破的路线。同时△2有意向△3靠拢，一旦③停

球，△2迅速果断与△3夹击③，△1向右侧后方移动补防②，并准备断③传给②的球。

【练习二】如图 3－1－27 所示，③沿边线运球推进，△3在③的侧前半步防守，控制其运球行进的速度和方向。当③运球刚刚过中场时，△7及时而迅速地上去迫使③停球并与△3一起夹击③。2 组可以同时练习，队员按逆时针换位进行练习。

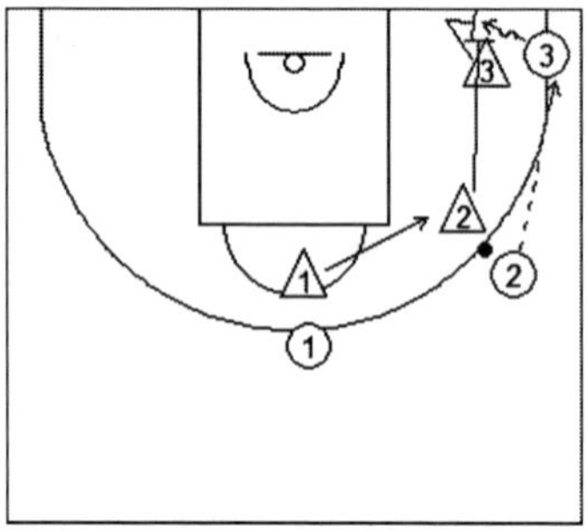

图 3－1－26

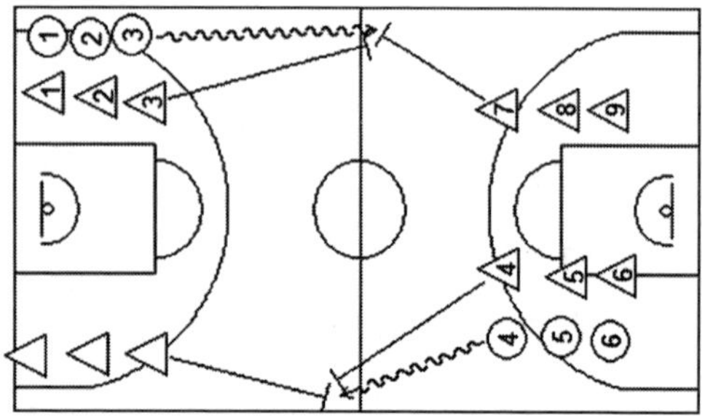

图 3－1－27

思考题

1. 简述篮球战术概念与的分类。
2. 简述篮球战术基础配合的内容？
3. 简述传切配合的要点以及练习方法。
4. 简述挤过配合、绕过配合、穿过配合、交换配合的要求以及练习方法。
5. 试述防守基础配合教学步骤，举例解析练习方法。

第二节　快攻与防守快攻

一、快　攻

快攻是由防守转入进攻时，进攻队以最快的速度，力争在对方立足未稳之际，合理、果断地进行攻击的一种进攻战术。

由于现代篮球技战术的发展和运动员素质的提高，参与反击快攻的人员增多，促进了快攻形式与内容的发展。比赛中快攻的速度明显加快，形式在不断地变化，成功率越来越高，更加显示了它在比赛中的重要作用，是篮球进攻战术中最锐利的武器和反击得分手段。篮球运动规则的变化和篮球运动本身的规律决定了快攻和快速风格必定是篮球运动的发展方向。

快攻体现了现代篮球运动中智勇结合、积极主动、快速灵活的基本特征。它对运动员的积极主动、勇猛顽强作风的培养将起到积极的促进作用。

以快攻战术为训练手段，是发展运动员跑、跳、耐力等体能素质的有效方法之一。

（一）快攻的结构和类型

1. 快攻的结构

组成快攻的基本构架是由发动与接应、推进和结束 3 个阶段所组成。

（1）发动与接应阶段

根据篮球比赛攻守相互转换规律，发动快攻应是在跳球后获球、抢球、断球、抢得防守篮板球时和掷端线界外球等多种时机下进行。跳球后发动快攻，有 2 种情况：一是跳球给站在前场的队员直接攻击；二是跳球给其他队员，由其他队员传球或运球组织发动快攻。抢、断球快攻也是如此，如果抢到或断到球的队员，处于前沿，则可直接进行攻击，如果处于全队的后阵，则通过传球或运球突破，转入快攻。抢防守篮板球和掷端线界外球快攻相对比较复杂，一般需要一传和接应，但也可以由抢篮板球的队员直接突破运球向前推进。当防守抢得篮板球时，全队要迅速分散，控球的队员要根据场上情况，迅速、及时、准确地进行第一传。一般来说，先是长传快攻，再与接应队员配合，接应队员应迅速摆脱防守，及时选择有利位置接应一传准备推进。

快攻的接应分固定接应和机动接应两种。固定接应又包括固定地区固定队员接应、固定地区不固定队员接应、固定队员不固定地区接应等形式。机动接应是防守队抢到篮板球后，根据对方的具体情况，将球传给最有利发动与接应组织快攻的同伴。这种接应不易被对方发现，机动灵活，更能争取时间。

（2）推进阶段

推进阶段是快攻战术中承前启后的衔接阶段，是指快攻发动与接应后，至快攻结束前中场配合的阶段。在推进过程中，全队队形要快速有层次地散开，5 名队员要保持前后、左右的纵深队形，以便快速顺利地完成推进任务。

推进的形式有传球推进、运球推进、传球与运球结合推进等形式。

传球推进是队员间运用快速传球向前场推进。这种推进的特点是速度快，行进间传球的技术要求高。推进过程中队员间要保持纵深队形，无球队员要积极摆脱防守，并随时准备接球。有球队员要判断准确，传球及时，尽量斜传球，避免横传球。

运球推进是指接应队员接球后立即快速向前场运球突破。运球推进中要随时观察场上情况，及时将球传给快下的同伴，以免影响快攻的速度。

传球与运球结合推进是根据场上情况，及时快速向前场推进，机动性较大。在推进过程中能传不运，不能传要立即快速运球突破，以保持推进速度。

（3）结束阶段

结束阶段是快攻的最后攻击阶段，也是快攻成败的关键。要求持球队员判断准确、传球或投篮及时果断。其他无球队员对防守的意图加以预测和判断，并及时选择进攻点，伺机接球投篮，积极冲抢篮板球或补篮。

2. 快攻的类型

快攻的形式有长传快攻、短传快攻（结合运球推进）和运球突破快攻 3 种。

（1）长传快攻

队员在后场获球后，立即把球长传给迅速摆脱对手的前场快下队员的一种偷袭快攻。此时，无论是抢篮板球的队员或接应队员应由远及近地观察场上的情况，当发现同伴处于有利位置时，及时将球传给同伴。如图 3－2－1 所示，此战术是建立在准确的长传技术和快速奔跑、强行突破上篮或中、远距离跳投等技术的基础之上。由于长传快攻只有战术的发动阶段和结束阶段，因而进攻时间短、速度快、配合简单，是一种成功率较高的快攻战术形式。

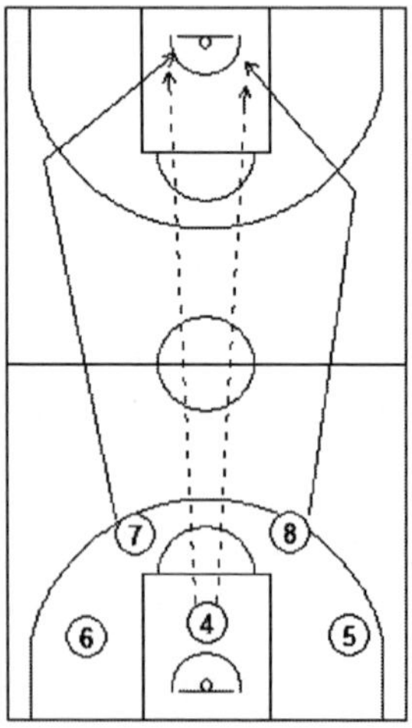

图 3－2－1

（2）短传与运球结合快攻

防守队获球后，立即以快速的短距离传球的方式，直逼对方篮下进攻的一种快攻形式。如图3－2－2所示，这种快攻具有灵活、机动、多变的优点，参与配合的人数较多，容易造成以多打少的局面。它也经常与运球突破结合运用。

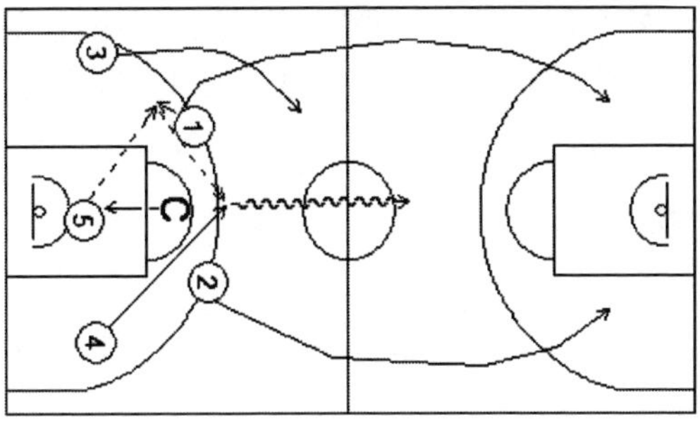

图3－2－2

（3）运球突破快攻

防守队员获球后，利用运球技术超越防守，自己投篮得分或传球给比自己投篮机会更好的同伴进行攻击的方法。这种方法的特点是抓住战机，减少环节，加快进攻速度，主要是个人攻击或给跟进者投篮（图3－2－3）。

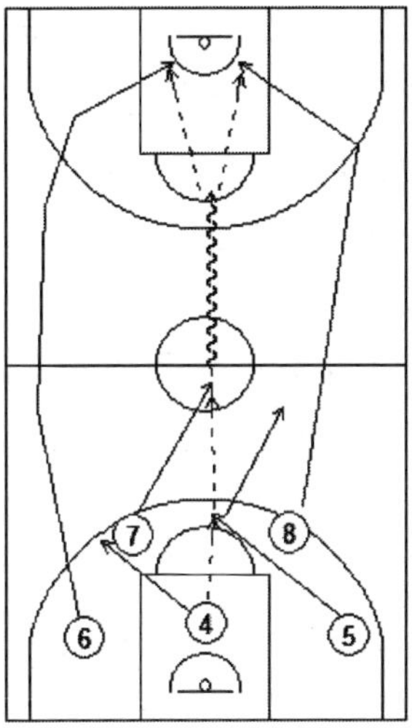

图3－2－3

（二）快攻战术运用

1. 快攻战术成功的关键在于获球转攻的瞬间队形分散要快，快下纵深层次清晰合理，一传和接应要快，推进速度要快。能传不运，不能传要立即运球突破，以保持推进速度。最后快攻结束投篮要稳和准。

2. 接应点要尽量靠近中线，接球位置一般在罚球线延长线向前两侧空位的区域。

3. 球在中路推进时要与两侧队员形成反三角形，两侧在前，中路在后，其他跟进队员应在“反三角形”之间移动跑位。持球队员根据场上情况，及时、准确地将球传给快下队员或运球突破。

4. 快结束时要采用行进间投篮、中远距离跳投、“一传一扣”“一投一补”等多种手段。

5. 快攻受阻时，其他队员要及时跟进接应，在快速移动中将快攻与衔接阶段和阵地进攻有机地结合起来。

（三）快攻战术的教学建议与练习方法

1. 教学建议

（1）快攻是进攻战术教学的主要内容，一般安排在攻、防战术基础配合之后进行。在攻的结束阶段学习快攻的推进和全队配合。

（2）教学中应先教长传快攻，再教短传和与运球相结合的快攻；先教快攻的发动与接应，再教快攻的结束阶段，最后学习快攻的推进和全队配合。

（3）快攻战术教学应先在固定形式下练习快攻的基本方法，逐步过渡到机动情况下练习，先从无防守过渡到消极防守，直至积极防守进行练习。

（4）快攻教学以抢后场篮板球发动进攻、短传与运球结合的推进、以多打少的结束阶段为教学训练的重点。

（5）在教学中要及时提醒全队队形分散和队员跑位，中路推进分球和突破坚决、果断、不误时机，反复进行结束阶段抓三攻二和二攻一等配合，以提高队员的接应能力。

2. 练习方法

（1）长传快攻练习方法。如图 3－2－4 所示，⑧接球上篮，②跟进抢篮板球，右侧的③沿边线快下接②的长传球上篮，③上篮后⑥跟进抢篮板球，⑦快下接⑥的长传球上篮。②传球后到④的后边，③上篮后到⑤的后边，依次进行练习。练习一定次数后可以改变方向，也可以由一个球加到两个球进行练习。

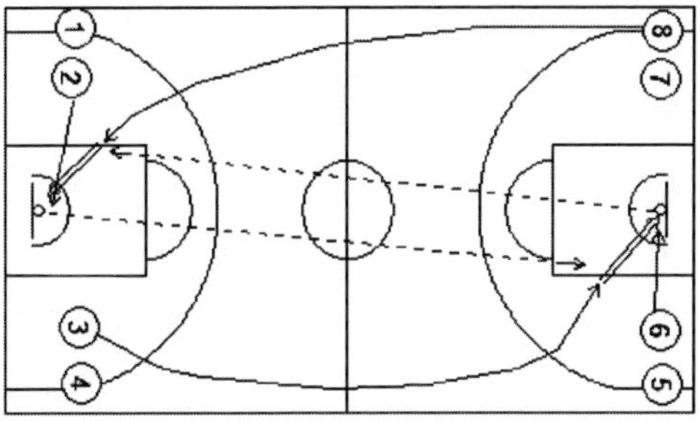

图 3－2－4

（2）3 人 1 组，提高短传快攻的能力。如图 3－2－5 所示，①自抛篮板球，③右侧接应，①传球给③后沿中路快速跟进，③再回传球给①，②在左侧快下，①传球给②后，①中路继续跟进，②再回传①，①传球给②或③投篮，依次连续进行练习。

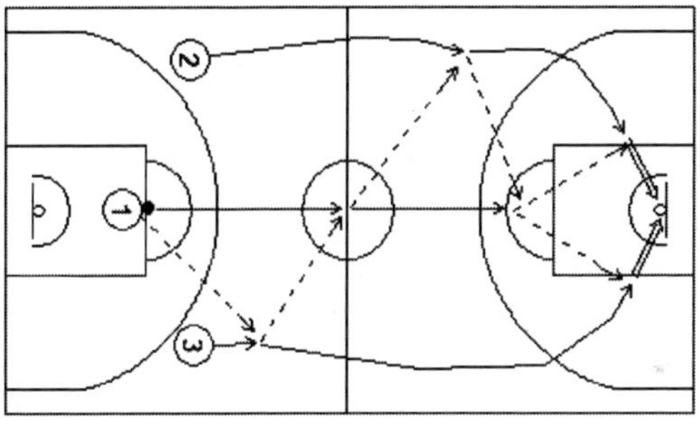

图 3－2－5

（3）全场二攻一练习方法。如图 3－2－6 所示，2 人 1 组，①、②相互传球快速向前场推进，△1防守。①、②根据△1的防守落位，选择运球突破快攻或通过传球获得进攻机会，△1抢防守篮板球后与△2快速发动快攻。依次进行往返练习。

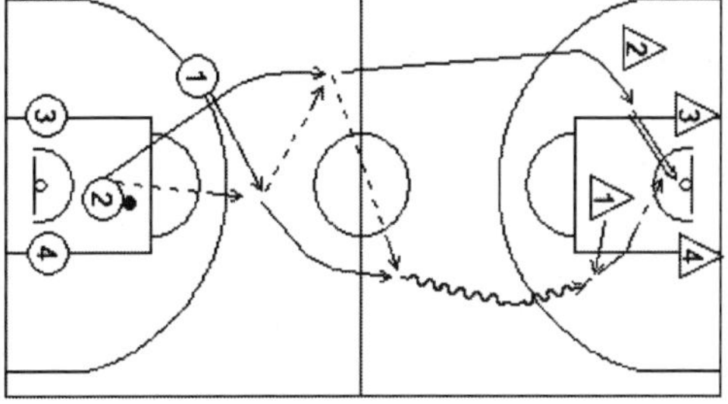

图 3－2－6

（4）全场三攻二练习方法。如图 3－2－7 所示，3 人 1 组，中路队员传球给边路接应队员，中路接应队员快速运球推进，②和③沿边路快下，△1和△2防守，进攻队员根据防守队员的防守落位选择进攻方式，△1和△2放手后抢篮板球与△3发动快攻，依次进行往返练习。

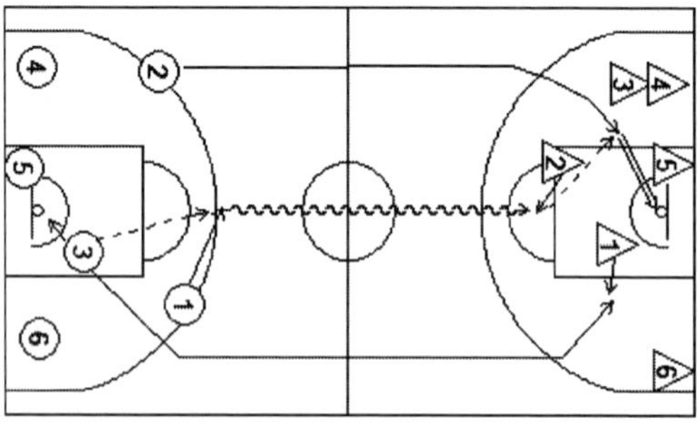

图 3－2－7

（5）二攻一练习方法。如图 3－2－8 所示，②运用运球突破吸引△1迎上防守，给同伴①创造了良好的进攻机会。若△1假迎上真撤步防守时，②可直接投篮。

（6）三攻二练习方法（防守平行站位）。如图 3－2－9 所示，①运球向 2 个防守者之间突破，其中有一防守者堵截，就将球传给那一侧的同伴。

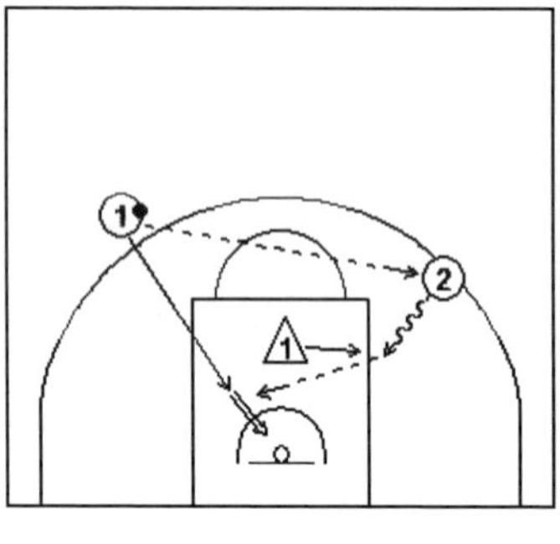

图 3－2－8

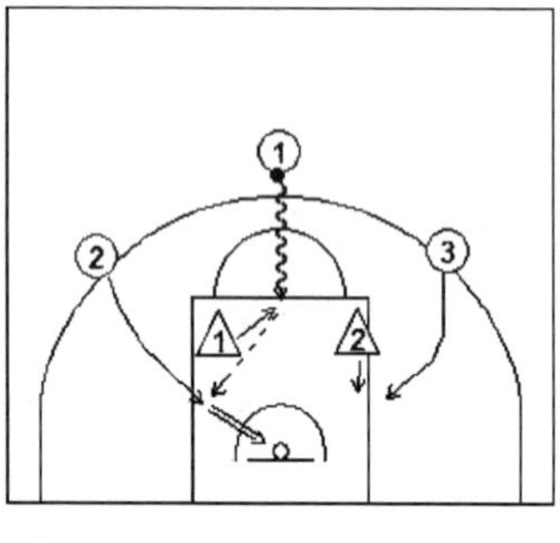

图 3－2－9

二、防守快攻

防守快攻是指比赛中由攻转守的瞬间及时组织防守阵形，积极组织力量阻止和破坏对方发动快攻的防守战术。防守快攻战术是一个有机的整体，必须根据快攻攻势的展开，有针对性地去防守，力求延缓对方进攻的速度，打乱进攻的节奏，推迟攻击时间，有利于迅速组织阵地防守。

（一）防守快攻的方法

1. 提高投篮命中率，拼抢前场篮板

现代篮球比赛中，由守转攻通过抢后场篮板球后发动快攻的概率最大。进攻队员提高投篮命中率能够有效减少抢篮板球次数。同时运用抢占有利位置、挤、堵、顶人的方法，减少对手参加抢篮板球的人数，积极拼抢、冲抢前场篮板球增加二次进攻的机会是制约对方发动进攻的有效方法。

2. 积极封堵第一传

快速转换防守时积极封堵和堵截第一传与接应是防守快攻的关键环节。当对手获得篮板球或抢断球的瞬间，就近防守的队员立即迎前封堵一传，干扰传球视野、角度，延误一传速度。一旦对手采用运球突破方法推进时，应用紧逼的方法堵中防边，为同伴协防、夹击创造有利条件，给本队退守和组织全队防守争取时间。

3. 堵截接应点和接应人

当对方采用固定接应时，应抢占对方的接应点，截断接应队员与第一传的联系，有效地控制固定接应人插上接应的意图与行动，让其在较低的位置接应，同时密切注意对方的第二接应人和接应点，从而破坏和延误对方快攻的发动和推进速度。

4. 合理地防守快下队员

由于快攻跑动路线的均衡性和层次性的特点，防守快攻除对控球队员进行干扰和阻截外，对沿边快下的队员要盯防。以防接球为主，破坏接球与下一技术动作运用的衔接能力。对跟进队员的防守视场上变化快速退守，帮助协防。

5. 提高以少防多的能力

提高一防二、二防三的能力，重点防篮下。应根据进攻队员与篮筐的距离、位置、角度、技术能力及配合方式等情况，及时判断，采用相应的防守技术和防守配合。如防守真、假动作结合，封盖与打断结合，堵与抢结合，以及攻防、补防等配合延迟对手进攻时间和干扰破坏其投篮，为同伴回防赢得时间。

一防二、二防二时，应充分根据对方的进攻位置，边防边退。选择有利的防守位置，迫使对方心理紧张，运球失误，投篮不准。

二防三，两名防守队员积极移动，互相配合，内外兼顾，左右照应。两名防守队员中一名队员侧重对付有球队员，另一名队员注意选择合理位置，做到既能控制篮下，又能同时兼顾两名无球队员的行动，看准时机，果断进行抢、断球，争取转守为攻。

防守快攻战术的二防三配合有 3 种方法。

（1）2 人平行站位防守

这种防守队形适用于对付两侧边线突破能力较强的队员，但中路防守较弱。如图 3 -2 -10 所示，△1防守①运球突破，△2兼顾②和③的行动，随球的转移，积极防守有球队员。

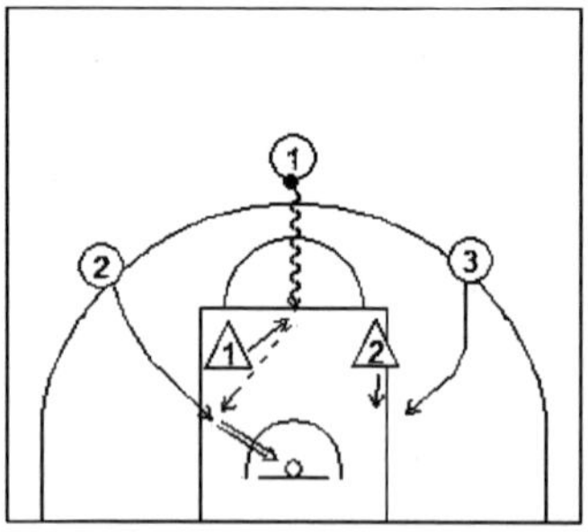

图 3 -2 -10

（2）两人重叠站位防守

这种防守队形可有效地阻止对方中路突破，但移动补防距离较长。如图 3 -2 -11 所示，当①中路推进时，②和③沿边线快下，△1上前堵截中路，△2在后兼顾②和③的行动。当①将球传给③时，△2则立即前去防③，△1后撤控制篮下并兼顾②和①。

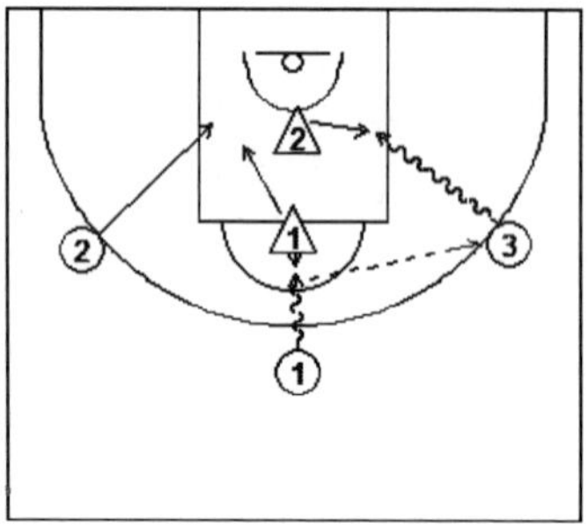

图 3 -2 -11

（3）两人斜站位防守

这种防守队形的特点是既可阻止中路突破，又可缩短移动补位的距离。如图3 -2 -12 所示，当①运球推进时，△1上前防守①的突破，△2选择有利位置兼防②和③。

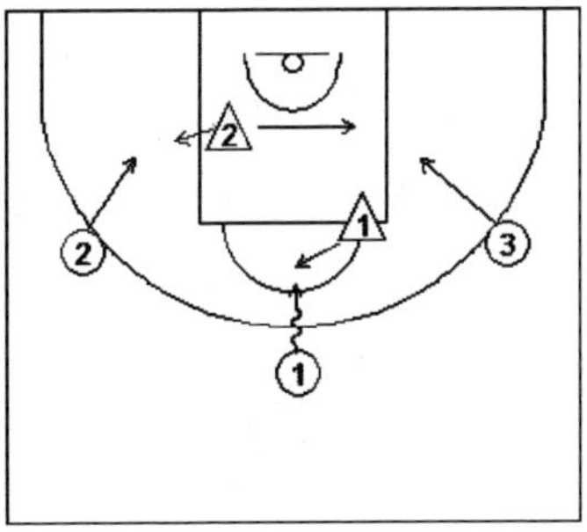

图 3－2－12

（二）防守快攻的运用

防守快攻是防守战术的重要组成部分，是指由攻转守的瞬间有组织地、及时主动地阻止和破坏对方快攻的防守战术。失去球权后，围绕着封一传、堵截接应队员、干扰传球、阻止运球、追防快下队员，力求延缓对方的进攻速度，延误进攻时间，打乱进攻节奏，降低对方快攻成功率，并迅速落位组织阵地防守。

1. 全队战术设计必须贯彻攻守平衡的原则。在阵地进攻时，要明确队员攻守的任务，以便失去控球权时迅速退守。

2. 在了解对方固定接应队员的情况下，有准备地布置本队防守能力较强的队员，积极堵截对方接应队员，抢占其习惯的接应点，破坏一传接应。

3. 在快速防守的基础上，设置两名较为灵活的队员，进行中场堵截，干扰、延误对方的推进速度。

4. 运动员要具有积极拼搏的精神，当对方形成快攻时应快速追防，迅速转入阵地防守。

5. 要随机变换防守战术。例如，在失去控球权后，立即采取前场紧逼防守，破坏对方发动快攻，控制对方的进攻速度，退回后场后进行半场人盯人防守或区域联防。

（三）防守快攻的教学建议与练习方法

1. 教学建议

（1）防守快攻的教学应安排在学习快攻以后，把两者有机地结合起来，这不仅有助于培养快攻与防守快攻的战术意识，而且能互相促进和提高，使教学更具有实战意义。

（2）具体安排上应先学习堵截第二传和接应队员，然后学习以少防多，最后综合进行防守快攻的教学。

2. 练习方法

（1）三对三堵截快攻的发动与接应。如图 3－2－13 所示，教练员将球抛向篮板，当③控制篮板球时，△3上前挥臂封堵③的第一传和防其突破，①和②均为接应队员，△1立即堵截①的接应，△2堵截②的接应，并伺机抢断球。

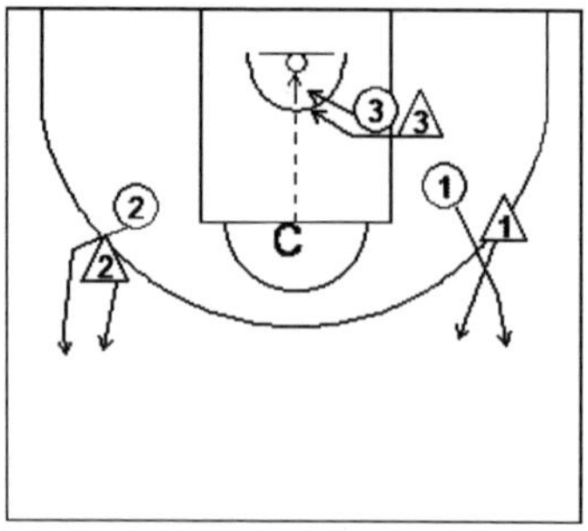

图 3－2－13

（2）三对三夹击第一传和接应。如图 3－2－14 所示，教练员将球抛向篮板，③抢到篮板球时，离③最近△3立即封堵第一传和堵截运球突破，这时△2大胆地放弃快下的②，与△3协同夹击一传的③。

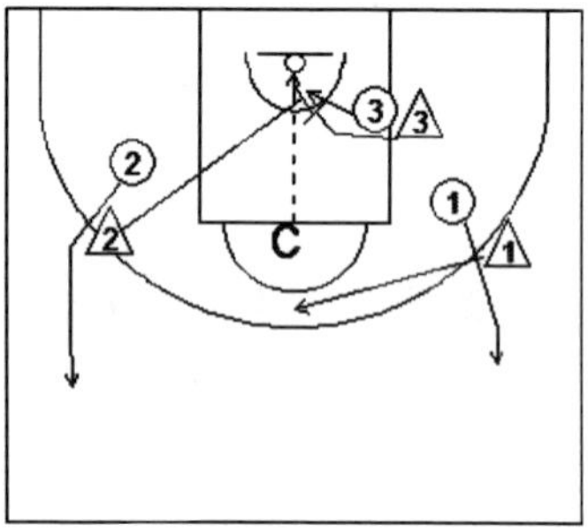

图 3－2－14

（3）全场连续二攻一、一防二练习方法。如图 3－2－15 所示，2 人 1 组，①、②相互传球快速向前场推进，△1防守，①、②根据△1的防守落位，选择运球突破快攻或通过传球获得进攻机会，△1抢防守篮板球后与△2快速发动快攻。依次进行往返练习。

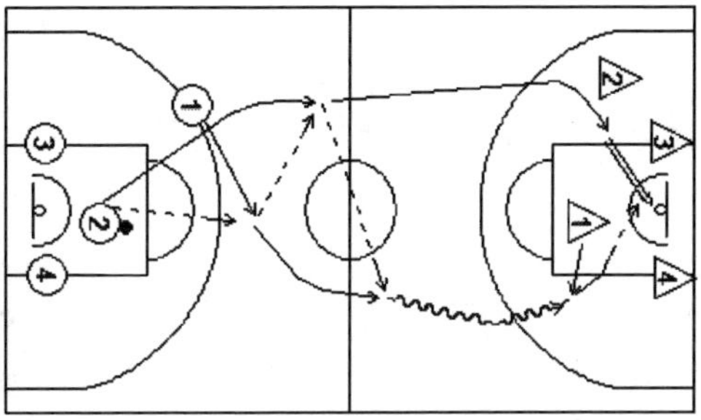

图 3－2－15

（4）全场三攻二、二防三（平行站位、斜线站位、重叠站位）练习方法。如图 3－2－16 所示，3 人 1 组，中路队员传球给边路接应队员，中路接应队员快速运球推进，②和③沿边路快下，△1和△2防守，进攻队员根据防守队员的防守落位选择进攻方式。△1和△2放手后抢篮板球与△3发动快攻，依次进行往返练习。

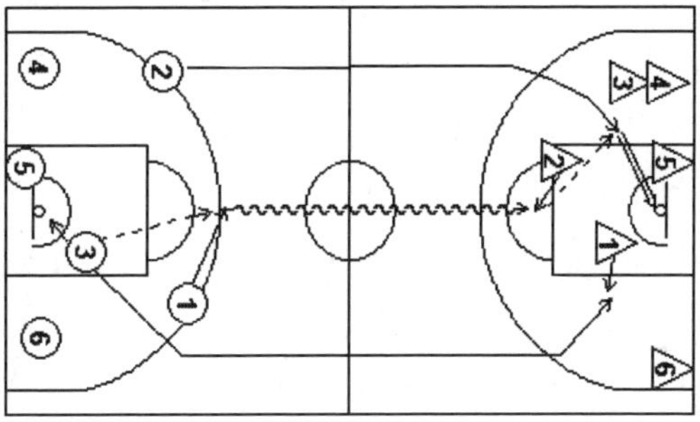

图 3－2－16

思考题

1. 简述快攻战术的概念、组织形式以及运用时机。
2. 简述防守快攻的方法和原则。
3. 试述防守快攻的教学建议，举例解析防守快攻练习方法。

第三节 半场人盯人防守与进攻半场人盯人防守

半场人盯人防守战术与进攻半场人盯人防守战术，是篮球比赛中运用最广泛的防守与进攻战术。半场人盯人防守战术是在每名防守队员分别防守一名进攻队员的基础上相互协作的一种全队防守战术，而进攻半场人盯人防守战术是运用传切、掩护、策应及突分等基础配合组成的进攻战术。

一、半场人盯人防守

（一）半场人盯人防守的基本要求

1. 防守队应根据双方队员的身高、位置和技术水平合理地进行防守分工，并使其尽量与对手的力量相当。

2. 由进攻转入防守时，要迅速退回后场，找到自己的对手，在控制住自己对手的基础上，积极抢球、断球、夹击和补防。

3. 防守有球队员要逼近对手，主动攻击球，积极封盖投篮，干扰传球，堵截运球，并伺机抢球，迫使对手处于被动局面。

4. 防守无球队员要根据对手、球和球篮的距离选择人球兼顾的位置。防守离球近的队员时要贴近防守，切断对方的传球路线，不让对手接球；防守离球远的队员时要缩小防守，在控制住自己对手的基础上，协助同伴防守。

（二）半场人盯人防守战术的方法

根据防守区域的大小，半场人盯人可以分为半场扩大人盯人防守和半场缩小人盯人防守 2 种。

1. 半场扩大人盯人的防守方法

这种防守方法控制区域比较大，一般距篮筐 8 ~ 9 米，因此，这种防守用来对付中远投较准但突破和控制球能力较差的队是比较有效的。防守的重点任务是阻挠和破坏对方外围的传、运配合，封锁外围的投篮，要紧紧盯住有球的队员和距球近的队员，对离球远的队员则可以稍放松，以利于协同防守。一般要做到“三人紧，两人松”或“四人紧，一人松”。

（1）球在正面时的防守方法。如图 3 – 3 – 1 所示，当②持球时，△2要近身防守，△4△5△1也要紧逼对手，阻断对手接球的路线。△3可适当地缩回，准备协助同伴防守。

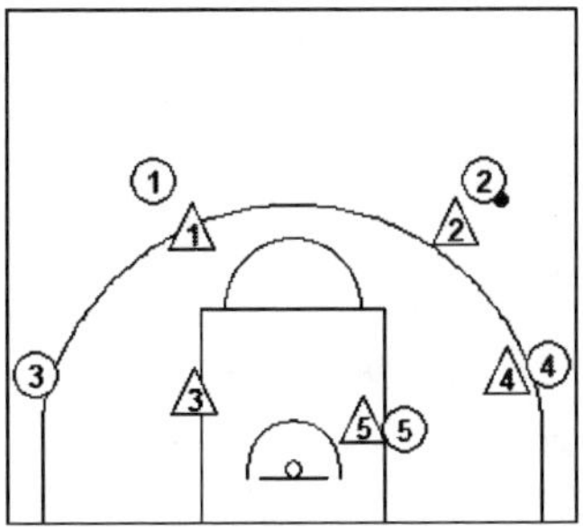

图 3－3－1

（2）球在 45 度角时的防守方法。如图 3－3－2 所示，当②传球给③后，△3要紧看住③，不让他投篮或从容地传球，并严防他从底线突破。△4防离球远的④可以稍缩回一些，但要防止④插向篮下。为了不让⑤接到球，应当果断地绕前防守。

（3）球在边角停止时夹击的防守方法。如图 3－3－3 所示，当球在③手中已运过球停止时，防守队员应有组织地上去夹击、抢断，迫使③传球失误或 5 秒违例。△1见球在③手中已运球停止时，要果断、迅速地向③滑动，与△3夹击③。△2要及时补防①，△5和△4要及时调整位置，伺机断球。

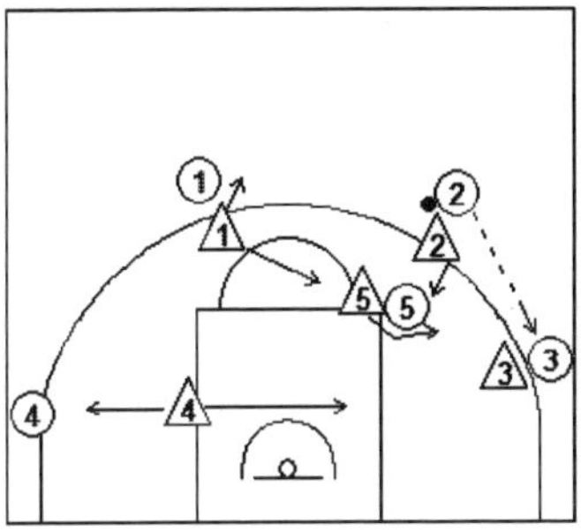

图 3－3－2

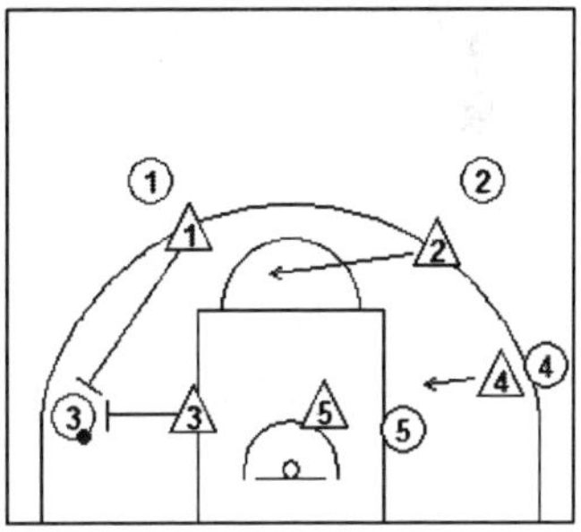

图 3－3－3

（4）球在边线与中线夹角停止时的夹击方法。如图 3－3－4 所示，当①在中线的角上停止运球时，△2应果断地横移，同△1一起进行夹击。△4迅速向上移动补防②，△3紧逼③，△4兼防④和⑤。

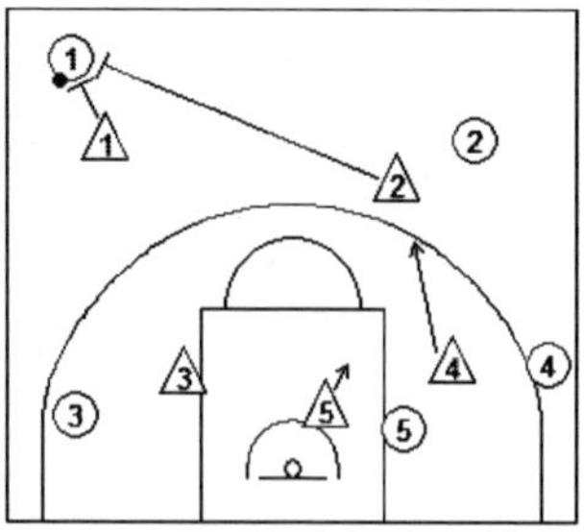

图 3－3－4

2. **半场缩小人盯人的防守方法**

这种防守方法控制的防区比较小，一般距篮筐 6 米左右，防守队员主要是占据和控制三分线以内的区域，重点是防对方的篮下进攻。因此，防守中锋的队员要紧盯对方的中锋，外围队员要协助防守中锋。防距球远的队员时，要离他远些，这样就可以夹击对方的中锋，或协助外围同伴防住对方的突破。防持球时要防紧，防其突破和向篮下的传球。采用这种防守方法时，伸缩性要强，做到防有球时立即上去，紧贴对手；防无球时，及时调整位置，做到“人球兼控制对手的移动，阻止和破坏其进攻”。

（1）球在正面的防守方法。如图 3－3－5 所示，当球在②手中时，△2应紧盯，不让其投篮和传给中锋⑤，△4要缩回，协助△5防⑤，△5要在⑤的左侧防守，阻断②的球路线。△1稍向△2靠拢，以备②向中间突破时与△2做“关门”的防守配合。△3向篮下靠拢，△1和△3此时均应“人球兼顾”，堵截对手向限制区切入的路线。

（2）球在 45 度角时的防守方法。如图 3－3－6，当④接球后，△4应上前积极防④，干扰他投、传球，尤其要注意不让他沿底线突破。中锋△5应站在靠底线一侧防⑤。△2撤回到△5的附近，帮助防守对方的中锋△5。△1和△3均向限制区回缩注意防住对手的空切。

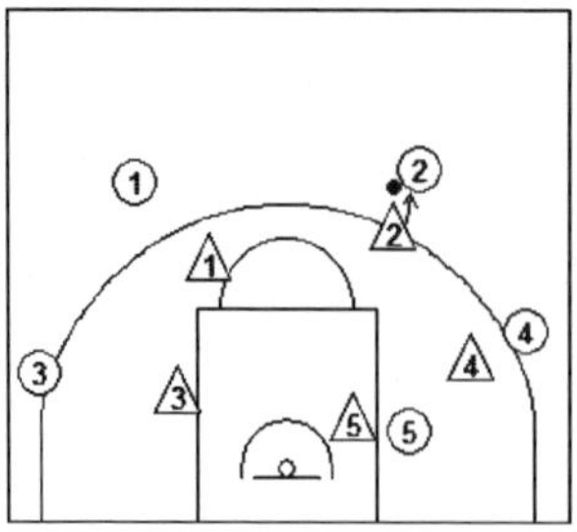

图 3－3－5

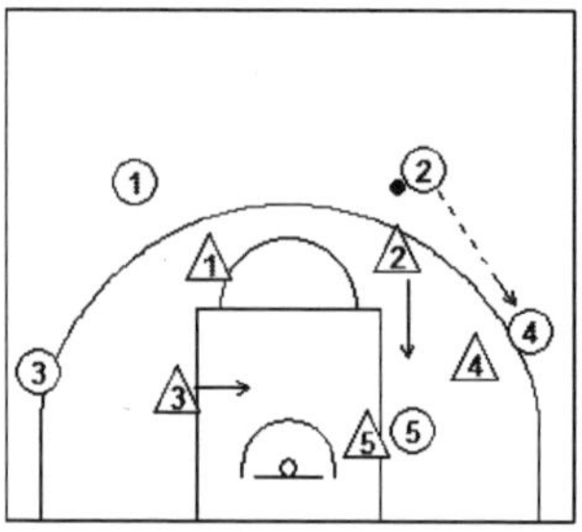

图 3－3－6

(3) 中锋接到球的防守方法。如图 3－3－7 所示，当对方中锋⑤在限制区腰上得球时，△5要紧盯，不让他投篮和突破（要保持正确防守位置和姿势），△2和△4应果断迅速地暂时放弃自己的对手而后撤。同△5一起夹击⑤。△1稍向②的位置靠近防①和②，△3向篮下靠拢，以便补防和抢篮板球。

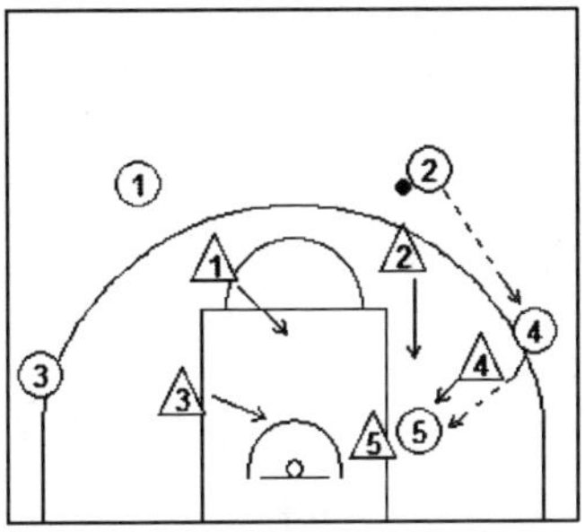

图 3－3－7

（三）半场人盯人防守战术运用的提示

1. 从进攻转入防守时，要快速退回后场，尽快地找到自己防守的对手，保持正确的防守位置和姿势，并要招呼同伴，尽快地组织好全队的防守。

2. 选择防守对手时，应根据双方的身体、技术、位置的特点来决定，一般是大对大、小对小、快对快、慢对慢。确定防守对象时，即使做不到略高一筹起码也应当势均力敌。

3. 要根据对方的特点加强防守的针对性。当对方中远距离投篮较准时，要扩大防守；对方中锋攻击能力强时，要缩小防守；对方运球突破能力强时，要注意进行“关门”防守；对方空切多时，要注意防守补位；对方掩护时，要采用抢过或交换防守配合。在防守过程中，既要加强对持球队员防守的攻击性，又要保证全队防守的整体性。

（四）半场人盯人防守的教学步骤与练习方法

1. 教学步骤

(1) 通过讲解与演示，使学生了解半场人盯人防守战术的基本要求和战术方法，认识防守的重要性，初步形成正确的全队防守概念。

(2) 先进行局部配合的练习，再进行整体配合的练习，使学生初步掌握半场人盯人防守的方法。

(3) 先在消极进攻的情况下进行防守练习，再逐步过渡到在积极进攻的情况下进行防守练习，最后在由攻转守的情况下进行防守练习，逐渐增加防守的难度，使学生巩固已掌握的方法，在运用中提高。

2. 练习方法

练习一：4 人 1 组分成若干组，先由两组学生站成两前锋和两后卫的攻防阵势。防守队员选择在对手与球篮之间的防守位置，进攻队员在小范围内进行移动摆脱，防守队员要跟随进攻队员移动，并保持正确的防守姿势。练习若干次后攻守相互交换练习。

要求：防守队员在移动中应始终注意对手、球篮和自己与球的位置，并不断调整好位置。

练习二：4 人 1 组分成若干组，先由两组学生站成两前锋和两后卫的攻防阵进攻队员在原地相互传、接球，防守队员随着进攻队员的传球选择防守位置。防守持球队员要紧逼，防守无球队员要保持离球近则近、离球远则远的防守位置。练习若干次后，攻守相互交换。

要求：防守队员在对方传球过程中，应注意自己的对手有球还是无球、离球近还是离球远，增强防守中的转换意识，从而及时调整位置。

练习三：4 人 1 组，如图 3－3－8 所示，②持球，△2紧逼②，△4选择在④的侧前方，△1选择在①的侧前方，要做到既不让对手接球，又要防止对手从背后空切。△3选择在远离对手的位置上，要求既要防止切入，又要进行补位，协助同伴防守。练习若干次后，攻守交换练习。

要求：防守队员树立对有球者紧逼、对近球者错位防守的意识。

图 3－3－8

练习四：4 人 1 组，如图 3－3－9 所示，①运球突破时，要紧跟①移动，△3应立即上前与△1进行“关门”配合防守，堵住①。△2向罚球线附近移动、防止②空切，△4远离④，随时准备补防，防止③和④向篮下空切。练习若干次后守交换练习。

要求：离球近的防守队员要果断协助同伴进行防守，离球远的防守队员要以少防多。

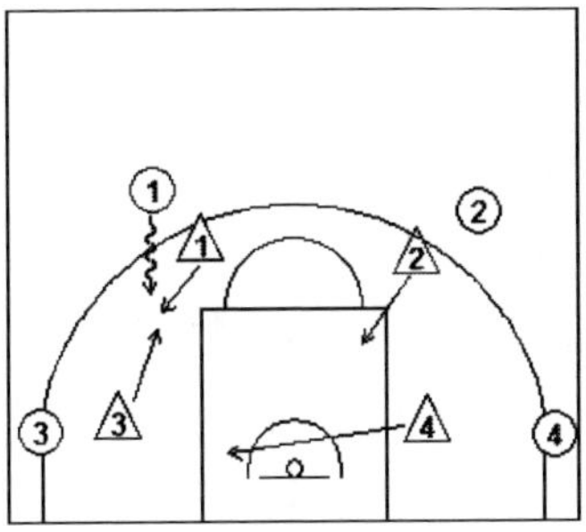

图 3 –3 –9

练习五：4 人 1 组，如图 3 –3 –10 所示，③持球，△3紧防③。当③从底线运球突破时，△3要紧防③，△4要远离④迅速补防③。△1和△2要远离对手，向罚球线附近移动，△1在防住①的同时兼顾②，△2在防住②的同时兼顾④。练习若干次后，攻守交换练习。

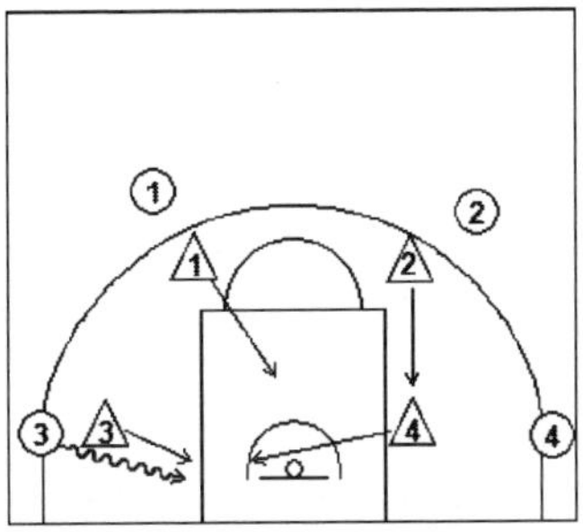

图 3 –3 –10

练习六：5 人 1 组，如图 3 –3 –11 所示，②持球，△2紧防②，△5站在⑤的侧前方，不让⑤在原地接球。当②将球传给③时，△5要迅速从⑤的身后绕过，站在⑤的右侧前方，不让⑤接球。△1和△2要向罚球线附近移动，协助△5防守，△4要远离对手，随时准备补防。练习若干次后，攻守交换练习。

要求：防守中锋的队员要根据球的转移来选位，邻近的外围队员要进行协防，及时伸缩；在中锋有球时，内线和外线的防守队员要协调一致，防守时要富有攻击性，迫使对手将球传出去。

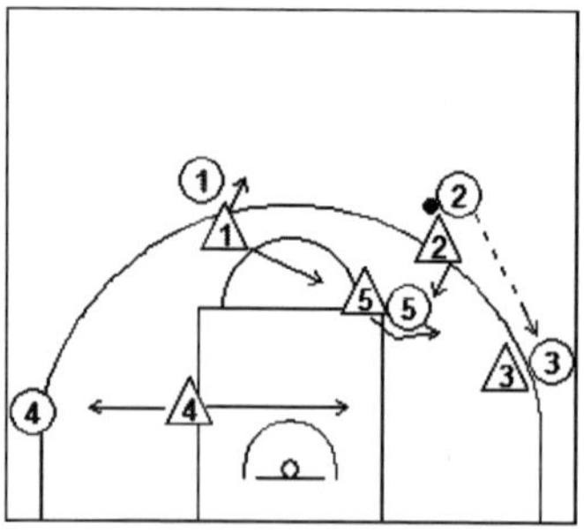

图 3－3－11

练习七：5 人 1 组，先由 2 组上场练习，结合全场攻守转换练习半场人盯人防守。练习一定时间后，换另外两组继续练习。

要求：立即找到自己的对手，并与对手保持一定的距离，不让其突破，退到后场时，积极进行半场人盯人防守。

练习八：教学比赛或正式比赛要求：做到防好自己的对手，不让对手随意投篮、突破和传球，在此基础上协助同伴防守，提高全队防守质量。

二、进攻半场人盯人防守

进攻半场人盯人防守是基本的进攻战术，在比赛中运用得最多，所以，每一支篮球队都应该掌握进攻半场人盯人防守的战术。

（一）进攻半场人盯人防守的基本要求

1. 要根据本队队员的身体条件、技术水平，选择适宜的进攻战术配合以便扬长避短，发挥本队的优势。

2. 由防守转入进攻时，在前场要迅速落位，形成战术队形，立即发动进攻。

3. 在组织战术中，应该注意各种进攻基础配合之间的衔接和变化，既要明确每个进攻机会，又要明确全队的进攻重点，还要保持进攻战术的连续性。

4. 组织进攻战术时，应该尽量做到内外结合、左右结合；要扩大进攻面、增加进攻点，增强战术的灵活性。

5. 在进攻配合中，既要积极地穿插移动，又要注意保持攻守平衡。在进攻结束时，既要有组织地抢前场篮板球，又要有组织地进行退守。

（二）进攻半场人盯人防守的队形与方法

1. 进攻半场人盯人防守的队形

（1）2－2－1 队形，单中锋站在罚球线附近（图 3－3－12）。

（2）2－3 队形，单中锋站在篮下附近（图 3－3－13）。

（3）1－3－1 队形，双中锋上、下站位（图 3－3－14）。

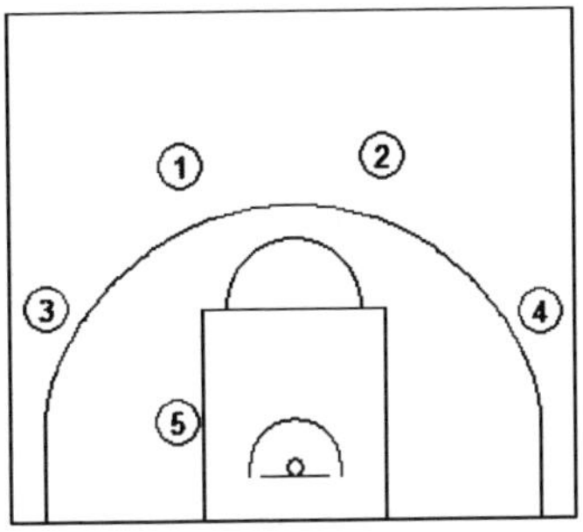

图 3－3－12

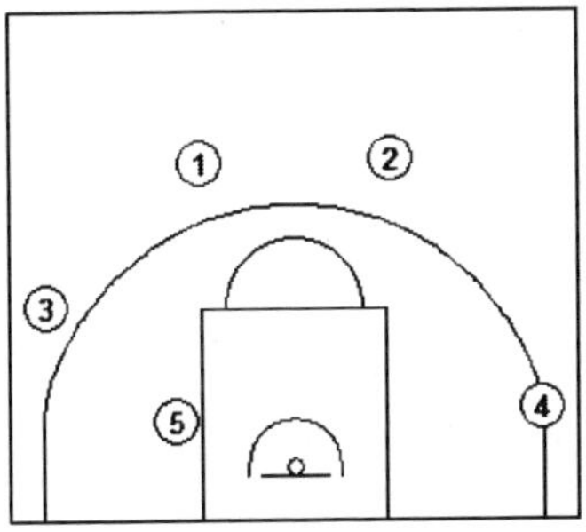

图 3－3－13

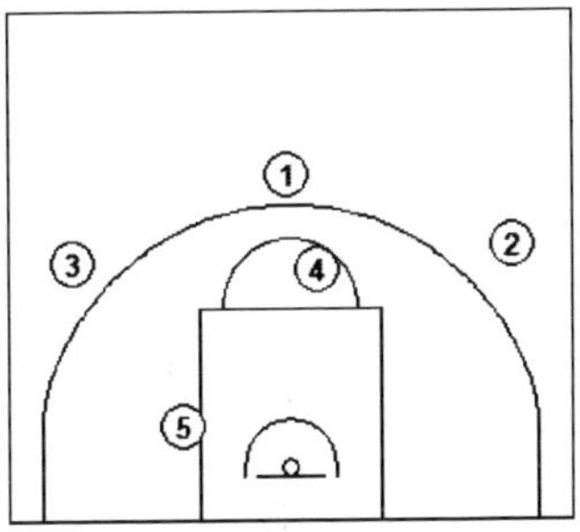

图 3－3－14

2. 进攻半场人盯人防守战术方法示例

进攻半场人盯人防守战术是每一支球队都必须掌握的最基本的进攻战术，这种战术主要是运用个人技术和传切、策应、掩护、突分等进攻配合创造机会投篮。

（1）运用传切、策应配合创造投篮机会。如图 3－3－15 所示，⑦传球给⑧，⑧接球后做投篮或突破的假动作吸引防守者，然后把球传给摆脱防守切向篮下的⑦投篮。如果这个机会不成，可把球传给摆脱防守向右横切的④，④接球后可根据情况投篮或突破。当对方围守④时，④可把球传给移动过来的⑥投篮。⑤⑦④冲抢篮板球。如果上面的几个机会都没有实现，则⑤向外移动，⑦经底线移动到⑤原来的位置。这样就形成与原来对称的队形，然后采用同样的方法，从左侧重新开始进攻。

（2）运用掩护、策应配合创造投篮机会。如图 3－3－16 所示，⑥传球给⑦，⑦传球给摆脱防守横切限制区的④后，立即跑去给⑧做掩护，④得球以后根据防守的情况可投篮或突破。如果对方围守④，④可传球给利用掩护摆脱防守的⑧投篮；如架防守者采取换防的措施，④就传球给掩护后转身的⑦投篮。⑤要冲抢板球。如果上面几个机会都没有实现，⑤应向外移动，⑦沿底线移到⑤原来的位置，形成与原来对称的队形，在左侧用同样的方法进攻。

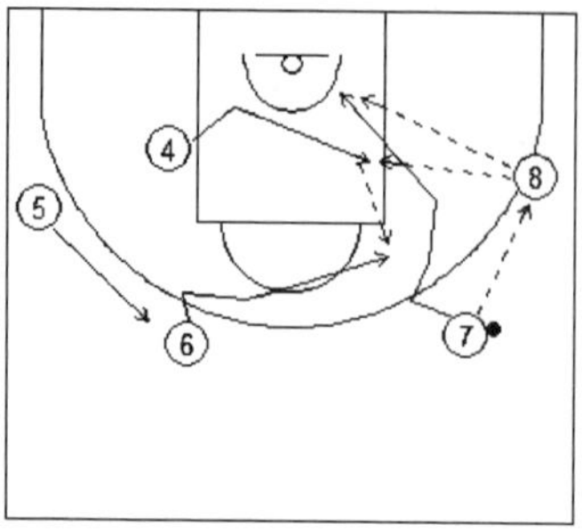

图 3 –3 –15

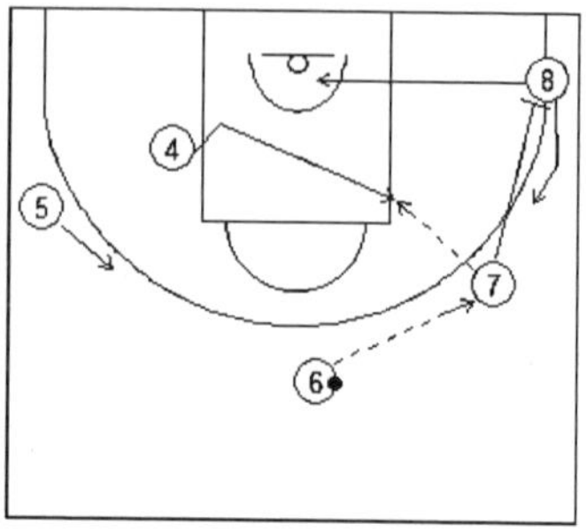

图 3 –3 –16

上述方法，可以连续进攻。但不管怎样进攻，都要注意攻守平衡。

（三）进攻半场人盯人防守战术运用的提示

1. 要动起来，不要站在原地不动，要积极地穿插、换位，把对方调动起来，但不要盲目乱跑，要注意保持适当距离，注意攻守平衡。

2. 要抓住对方的弱点，通过各种配合，结合中远距离投篮。要内外线结合内外互相牵制。

3. 每次投篮以后，都要积极地冲抢篮板球，争取第二次进攻。

4. 要保持冷静的头脑，要有勇有谋，不要盲目蛮干，要敢于运用自己的特长。

（四）进攻半场人盯人防守战术的教学步骤和练习方法

1. 教学步骤

（1）通过讲解与演示，使学生了解进攻半场人盯人防守战术的基本要求和战术方法，初步形成正确的全队进攻概念。

（2）先进行局部的、单个的基础配合练习，再进行整体的、多种基础配合结合的练习，使学生初步掌握进攻半场人盯人防守的基本方法。

（3）先在消极的情况下进行进攻配合练习，然后逐渐过渡到在积极防守的情况下进行进攻配合练习，最后在由攻转守的情况下进行配合练习，逐渐增加进攻的难度和对抗的强度，使学生巩固已掌握的方法，并在运用中提高。

2. 练习方法

练习一：半场一对一摆脱接球。如图 3 –3 –17 所示，2 人 1 组，先由一组学生进行练习，练习一定次数后，换另一组进行练习。

要求：进攻队员在接球之前，一定要用反跑的动作吸引防守，然后突然摆脱对手接球。可以摆脱拉出要球，也可以摆脱插中要球。

练习二：传切练习。如图 3－3－18 所示，分成 3 组，由每组排头开始，顺时针轮换，依次进行。

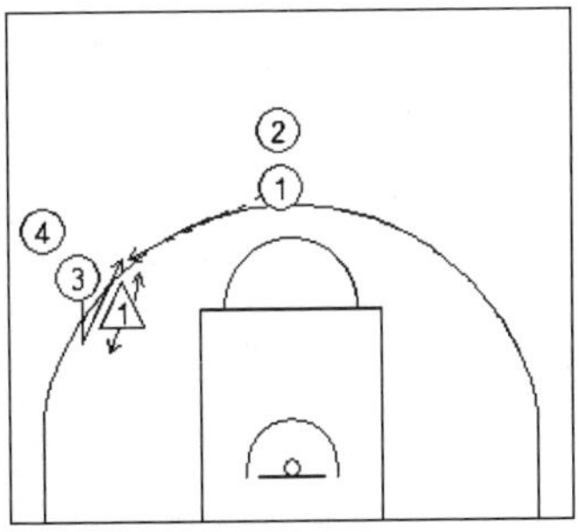

图 3－3－17

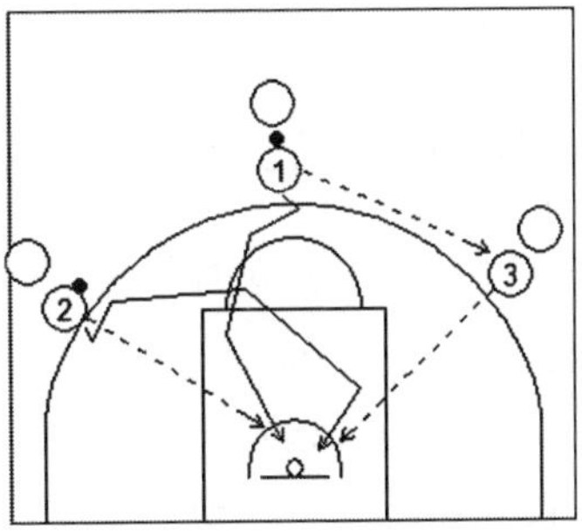

图 3－3－18

练习三：反掩护练习。分成 3 组，由每组排头开始，依次进行了。各组练习后，顺时针方向轮转换位，分别排到各组排尾。

要求：进攻队员传球后要向反方向去做掩护，掩护动作要合理到位，掩护后要注意转身跟进。被掩护队员在同伴到位前，要把对手的注意力引向另一侧，待同伴到位，立即利用掩护插入篮下。在掩护进行过程中，持球队员要吸引防守者，注意及时传球给插入篮下的同伴或是掩护后跟进的同伴。

练习四：半场五对五攻守。5 人 1 组，先由 2 组进行练习，练习一定时间后，换 2 组上场练习。

要求：进攻的一组按预定的配合方法进行练习，要熟悉进攻练习，了解不同的时机。防守的一组要人盯人，开始可以消极一些，但一定要跟着对手跑动。

练习五：全场五对五攻守。5 人 1 组，先由 2 组进行练习，练习一定时间后，换 2 组上场练习。

要求：进攻组要积极地移动，灵活地运用各种基础配合，提高队员之间的配合协调能力，保持进攻配合的连续性。防守组可以运用扩大或缩小的形式，积极防守。

思考题

1. 简述半场人盯人防守的基本要求。
2. 简述人盯人防守战术的运用时机。
3. 试述进攻半场人盯人防守战术的教学步骤，举例解析练习方法。

第四节　区域联防与进攻区域联防

一、区域联防

区域联防是由攻转守时，防守队员迅速退回后场，按每名队员分工负责防守固定的区域，严密防守进入该区域的球和进攻队员，并以一定的形式把每个防守区域的同伴有机地联系起来的全队防守战术。区域联防战术的特点是防守队员随球的转移积极地移动和协防，位置区域分工明确，对有球区以多防少，无球区以少防多。因此，有利于内线防守、组织抢篮板球和发动快攻。但由于各种形式的区域联防都存在一定薄弱区域，所以容易被对方在局部区域形成以多打少而陷于被动。

随着攻守技术、战术的提高和竞赛规则增加的三分球规定，促进了区域联防的发展，防守队形从固定变为不固定，从而形成“一对一”的对位联防，加强了区域联防的针对性。同时，在区域联防的运用中，也普遍遵循并贯彻“以球为主”的防守原则，做到球、人、区三者兼顾，扩大了每名防守队员的控制范围，强调与同伴的协防，以及封盖、夹击等防守技术的运用，进一步加强了区域联防的集体性、伸缩性和攻击性。区域联防的发展，使它在现代篮球比赛中仍然作为有效的防守战术而被广泛运用。

（一）区域联防的形式

随着篮球运动的发展，现在世界强队只用一种固定形式的联防比较少，多半是把各种联防结合运用，根据进攻队形的变化而改变着自己防守的队形。不管是什么样的联防，最重要的就是以球为主，人球兼顾。对持球者一定要盯紧，因为有球的人能直接得分，或者他会把球传给更有利于得分的人。因此，就不能让持球的人轻易投篮或任意传球。五名防守队员都要积极地滑动，扬手挥臂，扩大防守面积，填补五人之间的空隙，使进攻队员感到在联防的防区之内，到处是人，无机可乘。

常用的区域联防的形式有3种。如图3－4－1所示，前边站2名队员，中间站1名队员，后边站2名队员，这种队形叫“2－1－2”联防（图中椭圆形的虚线表示每名队员防守的区域，各个防区衔接的地方为两名队员共同防守的区域）。采用这种联防形式的较多。其他还有“2－3”联防，如图3－4－2所示，是前面站2名队员，后面站3名队员。这种形式篮下防守力量较强。如图3－4－3所示，是“3－2”联防，前面站3名队员，后面站2名队员，这种形式对于防外围投篮准的球队较有效，并能干扰其传球。不论采用哪种形式的联防，都要把身材高、弹跳好、善于抢篮板球的队员安排在篮下和中间的位置，要把移动速度快、灵活机警的队员安排在前面。在人员的安排上，要充分考虑发挥每名队员的特长。

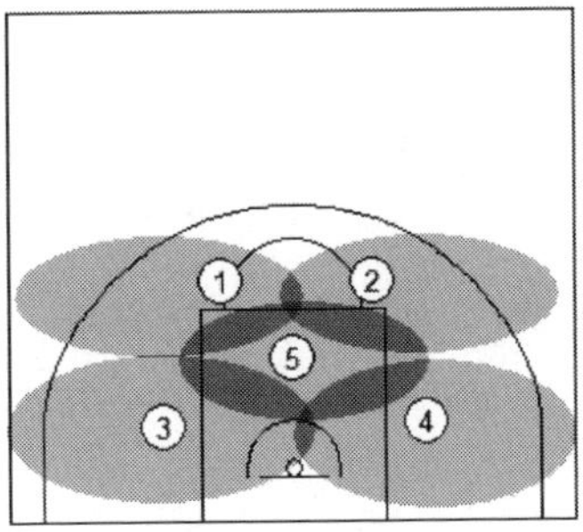

图3-4-1

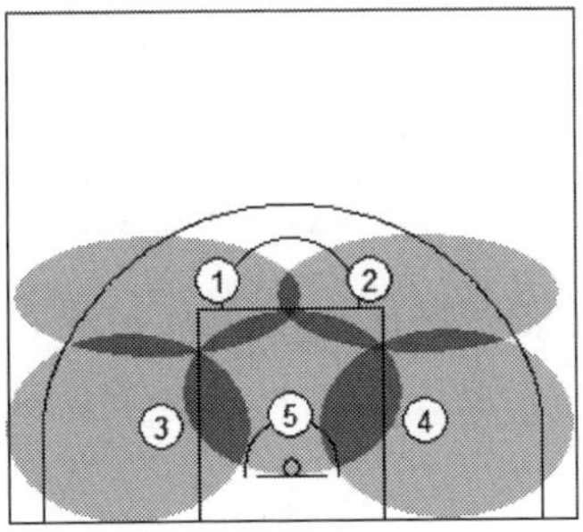

图3-4-2

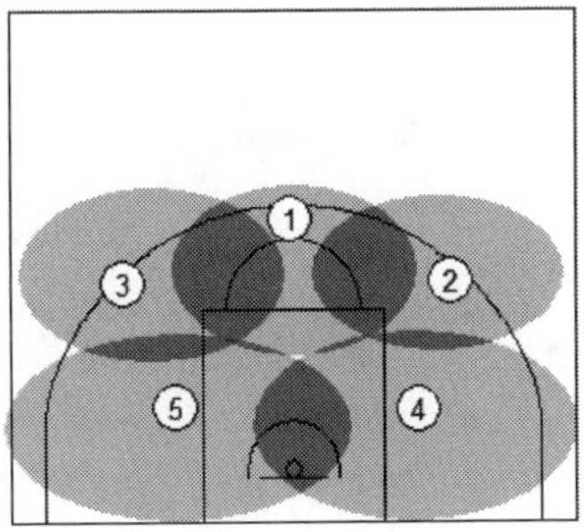

图3-4-3

（二）区域联防的基本要求

1. 根据区域联防的形式、队员的条件和技术特长，合理分配队员的防守区域，发挥队员在各自防区的作用。

2. 由进攻转入防守时，要积极阻止对方的攻势，有组织地快速退守和及早落位布阵防守。

3. 防守队员要协同一致，随球积极移动，并张开和挥动双臂，相互照应，形成整体防守。

4. 防守持球队员时，应按照人盯人防守的原则，积极干扰和破坏对手的投篮、传球和运球，严防从底线运球突破。

5. 防守无球队员时，要根据离球的远近和防区中进攻队员的行动，积极抢位和堵截，不让对手在有威胁的区域内接球，随时准备协同同伴进行"关门"、补位等防守配合。

6. 当进攻队员采用穿插移动时，应根据其行动方向，先卡位，并迅速调整防守位置或队形；当进攻队投篮后，每名防守队员都要堵位和抢位，有组织地争夺篮板球并及时地发动快攻。

（三）区域联防的方法（以"2-1-2"阵形为例）

1. 由攻转守，快速布阵

由攻转守时，要在对方进攻之前，快速退回本队后场，每名队员都按照区域分工，站成"2-1-2"的阵形，观察对手的活动，做好防守的准备，严阵以待。

2. 明确任务，分工合作

如图 3－4－4 所示，△1和△2重点防守外围队员突破、投篮，围守中锋④，抢罚球线一带的篮板球。因为在防守时会经常出现二防三的局面，所以要不停地上前移动，积极地挥动手臂保护，互相配合，大造声势。

中锋△5要密切监控对方中锋④在限制区一带的活动，严防他和其他队员插向中区接球投篮或突破，并积极争抢篮下中间地带的篮板球。

△3和△4坚守篮下两侧，尽力封锁进攻队员在篮下两侧接球投篮，并拼抢这一带的篮板球。防守时，要纵观全局，并挡人、卡位。

3. 随球转移，人球兼顾

如图 3－4－5 所示，当球在圈顶外①手里时，由于③和⑤都在防守队的右侧，所以应△1上前防①，阻挠其投篮或突破。△2稍向左侧移动，协助△5防守④，防止①传球给④。△5稍上提，注意④的行动。△3略向左前方移动，准备上去防②。△4向中区靠拢，并注意④的活动，在篮下站成三角形，控制位置，准备抢篮板球。

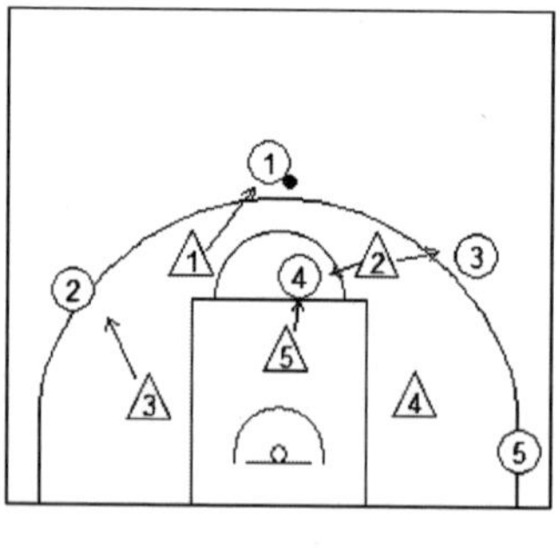

图 3－4－4

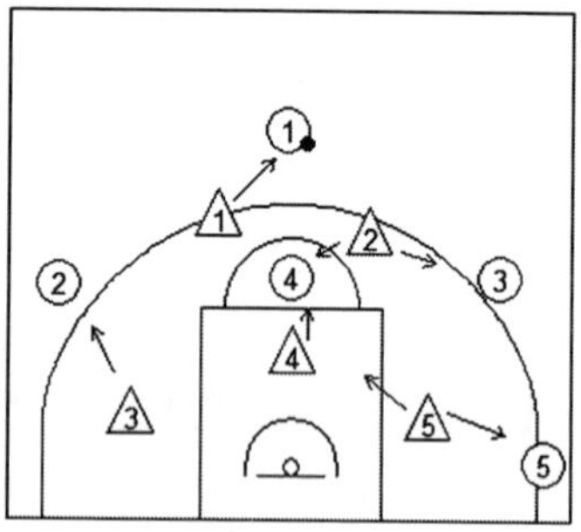

图 3－4－5

如图 3－4－6 所示，假设①把球传给③，球在侧翼 45 度角区域时，△2应快速滑步或跑上去防守③，不让其投篮或突破。△1滑到⑧的右前方，协助防守⑧防止③传球给④。△5稍向右侧移动，注意④的行动，一旦③传球给④，则要防④投篮和突破，同时△1 △2 △5 3 人也可围守、夹击③。△4可稍向右侧移动，注意③可能把球传给⑤，也可能持球突破，③若突破时，△4应配合△2进行“关门”防守或补位防守；如果③投篮，则△4要把⑤挡在外面，抢篮下右侧一带的篮板球。△3稍向前移动，防止②向篮下或中区空切，并抢篮下左侧一带的篮板球。

如果③把球传给②，如图 3－4－7 所示，则△3要注意断球，但不要冒险行事，如事先无准备，判断不准，就不宜断球，应向左前方移动，等②接到球时上前防守，不让其投篮或从底线突破。此时△1要尽快地绕过④，回去防守自己区内的②，△3等△1回防②时再退回篮下。△5稍向左侧移动，注意④的行动。△4要向左侧移动保护篮下，防止⑤溜到篮下接球投篮。因为⑤在篮下接球威胁最大，所以要卡断并占据⑤通往篮下的路线（这样，即使⑤要强行通过，也必须是绕经篮后才能过去），同时，△4还要用后背贴近⑤，并用手摸着“护送”他到左侧篮下交给△3后，再回到原来的防区。如果还没退回来而②又把球传给了⑤，△4则要继续防守⑤，防止其投篮和突破。△2向后移动，加强篮下的防守，并防止③向篮下空切接球。

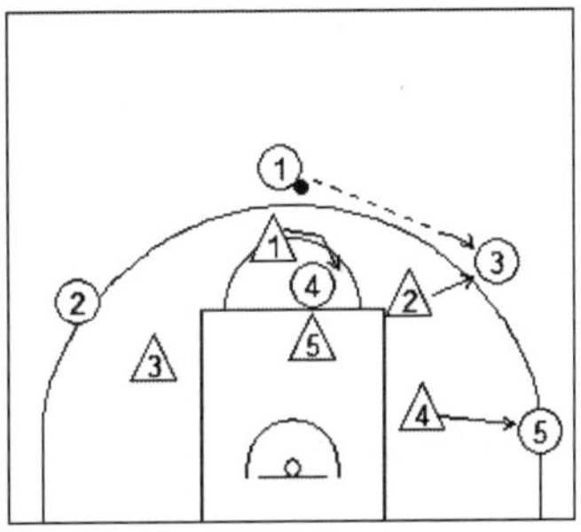

图 3－4－6

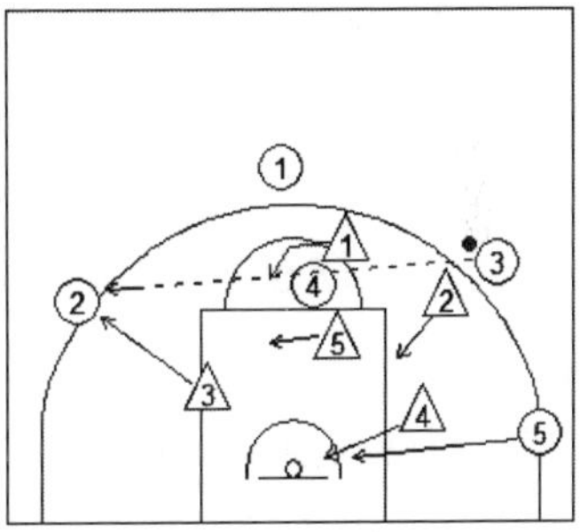

图 3－4－7

如图 3－4－8 所示，当球在底角时，假若②把球传给了⑤，△3要上去防⑤投篮和从底线突破。△1向下滑动，协助△3防守。这时如果中锋④下顺到左侧腰上（限制区左侧线的中部），则△5应立即向左移动，严防④接球。如果⑤把球传给④，△5要防④投篮和突破。同时，△3应适当回缩，△1△3△5 3 人围守夹击④。△2向中区靠拢保护篮下，阻止①插向中区接球，并抢这一带的篮板球。△5向篮下移动，阻止③向篮下空切，并抢篮下右侧的篮板球。

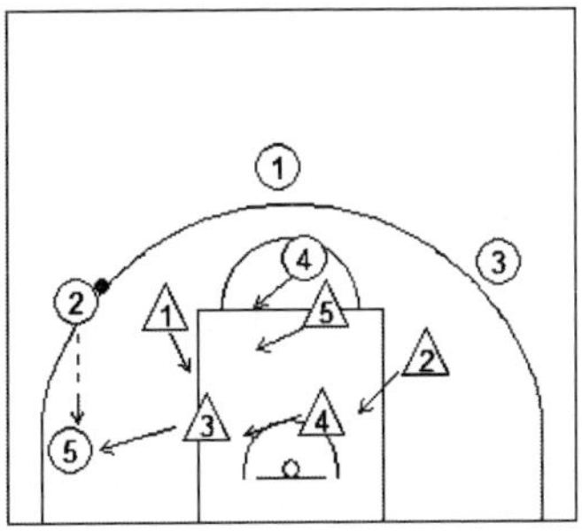

图 3－4－8

（四）区域联防运用时机的提示

1. 对方外围中远距离投篮不准，而内线威胁较大时。

2. 对方频繁地采用穿插移动和运球突破，而本队个人防守技术较差，或犯规较多时。

3. 为了使对方不适应，有策略地改变防守战术时。

4. 为了加强有组织的抢篮板球和发动快攻时。

5. 犯规较多，后备力量不足时。运用区域联防时还应针对对方的进攻队形，及时变换防守队形，避免在局部区域造成以少防多的被动局面。防守队员要相互呼应，协同防守，避免防守中产生漏洞。要提高区域联防的伸缩性，以球为主，扩大防区，对有球队员要紧逼，积极封盖、夹击、围守，加强攻击性。同时，要时刻保护篮下，防止无球队员背插和溜底线接球进攻。

（五）区域联防的教学步骤和练习方法

1. 教学步骤

（1）通过讲解与演示，使学生了解区域联防战术的基本要求和战术方法，明确区域联防的特点和重要性，初步形成正确的全队防守概念。

（2）先进行分解的、局部配合的练习，再进行结合的、整体配合的练习，使学生掌握区域联防的方法。

（3）先在消极进攻的情况下进行防守练习，然后逐步过渡到在积极进攻的情况下进行防守练习，最后在由攻转守的情况下进行防守练习，逐渐增加防守的难度，使学生在运用中巩固和提高已掌握的方法。

2. 练习方法

练习一：外围两人防守。如图 3－4－9、图 3－4－10 所示，2 人 1 组，先由 2 组进行练习，一组相互传球或运球突破，另一组做防守移动。练习若干次后，防守的一组换下，进攻的一组改为防守，新上来的一组进攻。

要求：防守的队员要始终保持正确的姿势，对有球队员要立即上前紧逼、防守队员要向同伴一侧滑动，进行保护。当持球队员向两防守者之间突破时，守队员要迅速地后撤靠拢，进行“关门”。在对手将球传出后，防守队员要能够马上分开，并立即顶上去防守有球队员。

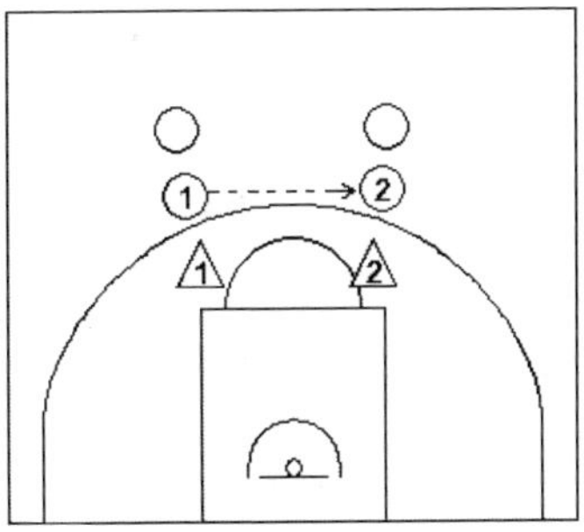

图 3 -4 -9

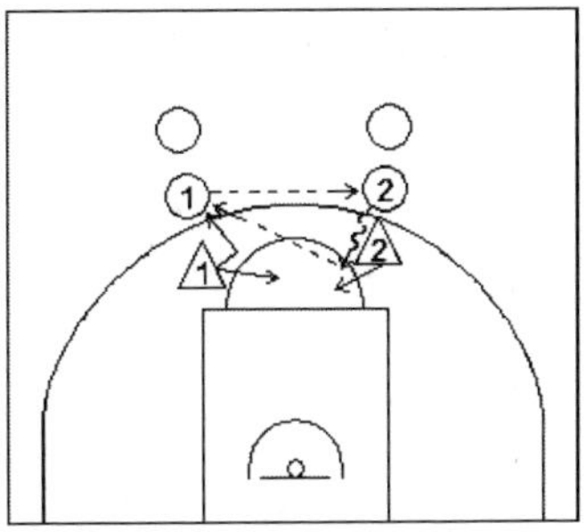

图 3 -4 -10

练习二：外围 4 人防守。如图 3 -4 -11 所示，4 人 1 组，先由 2 组进行练习，练习一定时间后，换 2 组进行练习。

要求：防守队员要积极、快速滑动。防有球队员时要上前紧逼，防投为主，防突为辅。邻近的防守队员要进行保护准备协助“关门”。离球远的防守队员要偏向有球侧，但要做到人球兼顾。

练习三：半场 5 人防守，如图 3 -4 -12 所示，5 人 1 组，先由 2 组学生进行练习。练习一定时间后，换 2 组继续进行练习。

要求：当进攻组的中锋队员在有球侧限制区边上时，防守者要绕前防守同一侧的防守队员要回缩协助围守中锋另一侧的防守队员要注意控制对方的高吊球。中锋队员得球后，要进行围守，围守之后要能够迅速回防自己的区域。

练习四：全场五人防守。5 人 1 组，先由两组学生进行练习。练习一定时间后，换两组继续进行练习。

要求：由攻转守时要快速退回后场站好位，防守者要积极滑动，扬手举臂在防好自己区内进攻队员的同时，还要注意球的位置，并协助其他同伴防守。

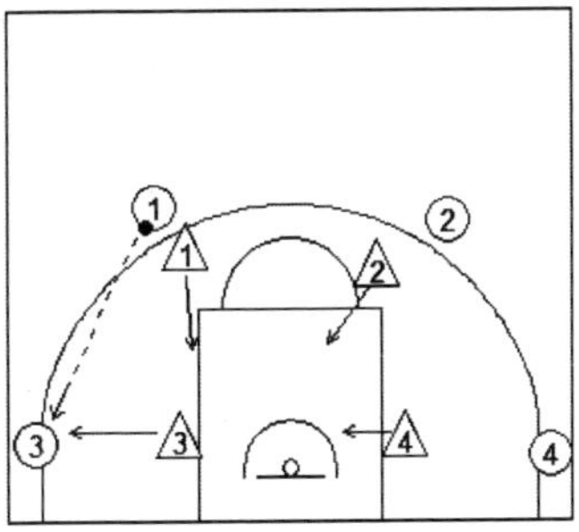

图 3 -4 -11

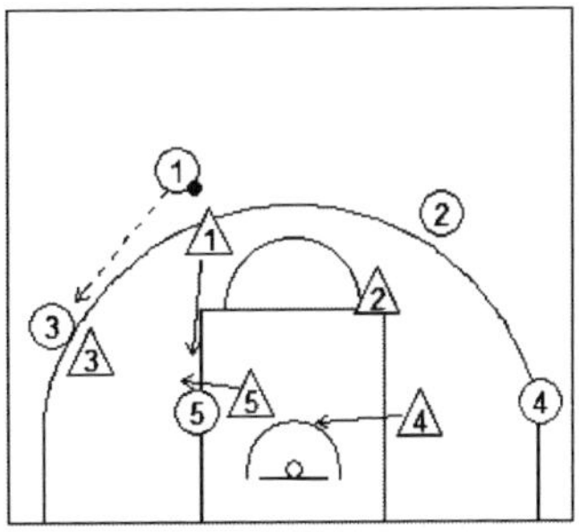

图 3 -4 -12

二、进攻区域联防

不管采用哪一种联防，最有效的办法就是利用快攻，趁对方尚未返回防守阵地时，以快攻得分。但是任何一支球队都不会总是让对手打成快攻的，因此，就必须学会进攻各种联防。在进攻联防时，要针对这种防守战术主要是每人防守定区域的特点，集中优势兵力，在局部区域形成人数上的优势，并进行穿插、迂回、声东击西，调动和打乱对方的联防阵形，创造投篮的机会。

（一）进攻区域联防的形式

进攻区域联防的战术阵形常用的有以下几种：“1 -3 -1”阵形，如图 3 -4 -13；“1 -2 -2”阵形，如图 3 -4 -14；“2 -2 -1”阵形，如图 3 -4 -15；“2 -3”阵形，如图 3 -4 -16 等。

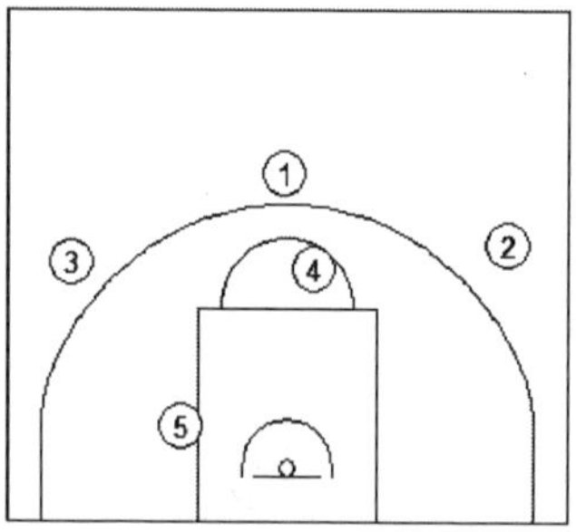

图 3 -4 -13

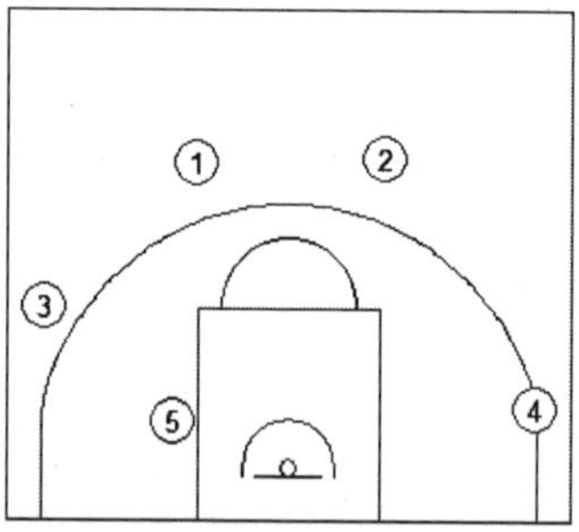

图 3 -4 -14

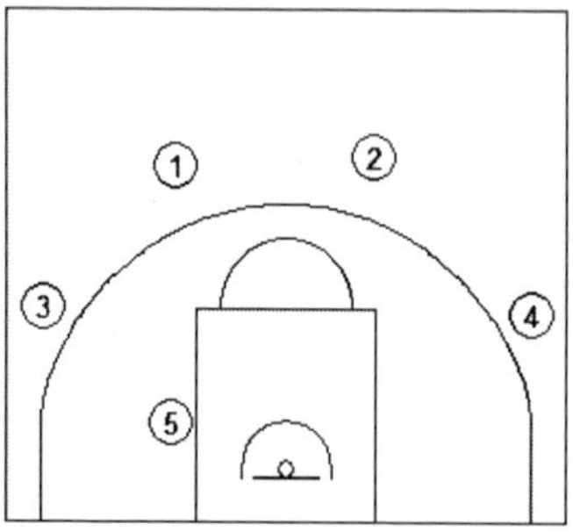

图 3 -4 -15

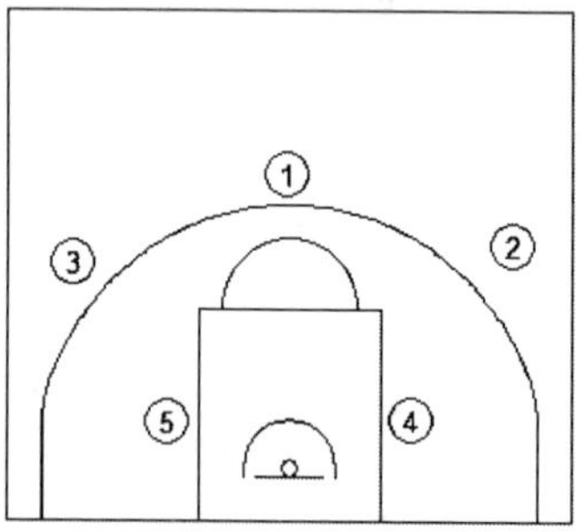

图 3 -4 -16

（二）进攻区域联防的基本要求

1. 由防守转入进攻时，首先要积极发动快攻，打乱对方的战略部署。

2. 当防守队员已组成区域联防时，进攻队应针对防守队形，采用插空站位的进攻队形组织进攻。

3. 组织进攻区域联防战术时，应耐心地运用快速的传球转移进攻方向和积极穿插移动，调动和牵制防守，创造进攻机会。

4. 进攻区域联防要用准确的中远距离投篮，迫使对于方扩大防区，以利于内外结合的攻击；要在防守薄弱的区域组织进攻；要在局部区域以多打少；拼抢篮板球，争取二次进攻机会；还应注意保持攻守平衡，准备退守。

（三）进攻区域联防的方法

下面介绍进攻“2－1－2”联防的方法。

1. 站位进攻队员站位时，要避免与防守者形成一对一的局面，应当既要照顾到同伴间的联系，以利于组织进攻，又要考虑到一旦进攻失败时便于退守（即攻守平）。

针对“2－1－2”联防而采用“1－3－1”进攻阵形的站位。

2. 配合方法

（1）利用快速传球创造中远距离投篮的机会。如图 3－4－17 所示，①②③之间互相快速传球，调动△1△2来回滑动，迫使对方三防四，造成进攻者有一人处于暂时无人防守的局面。这时，要抓住时机，果断而大胆地进行中远距离投篮。也可以像图 3－4－18 那样，由①②互相快速传球，假攻右侧，当把△1△2吸引上来时，①或②立即把球转移给③进行中投。⑤④②抢篮板球，①③准备防守。

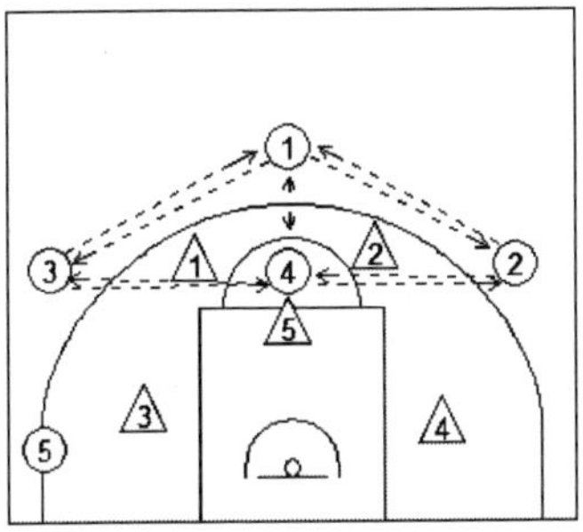

图 3－4－17

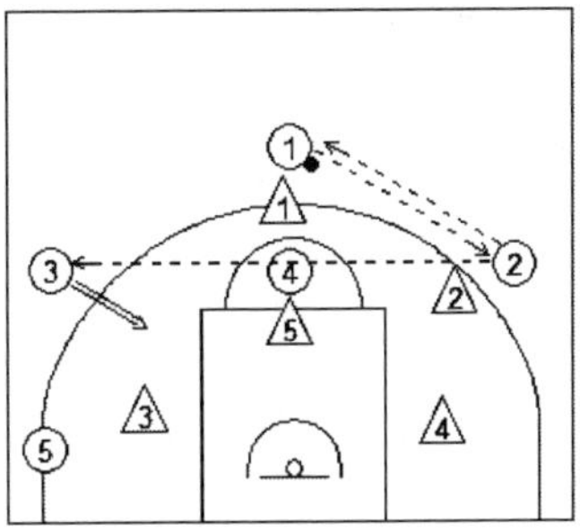

图 3－4－18

（2）利用穿插创造篮下或中远距离投篮的机会。如图 3－4－19 所示，③传球给⑤以后，突然向篮下空切。这时如果△3上前防守⑤，则⑤立即传球给切进中的③投篮；如果△5回撤堵截③，不让③接球，则④乘机插向限制区左侧的腰上接⑤的传球投篮。

（3）利用突破分球创造投篮的机会。如图 3－4－20 所示，⑤接③的传球以后，也可以从底线突破。如果△5补防，④应迅速横插到中间，这时⑤可用低手传球或反弹球传给④投篮；⑤也可以传给②，②趁防守者尚未防过来的机会从容投篮。

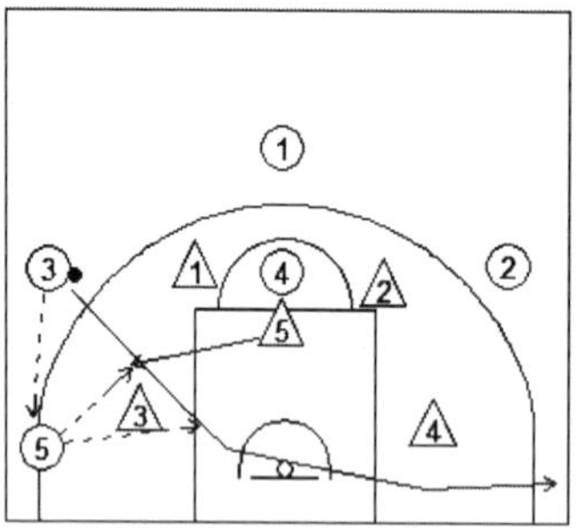

图 3 –4 –19

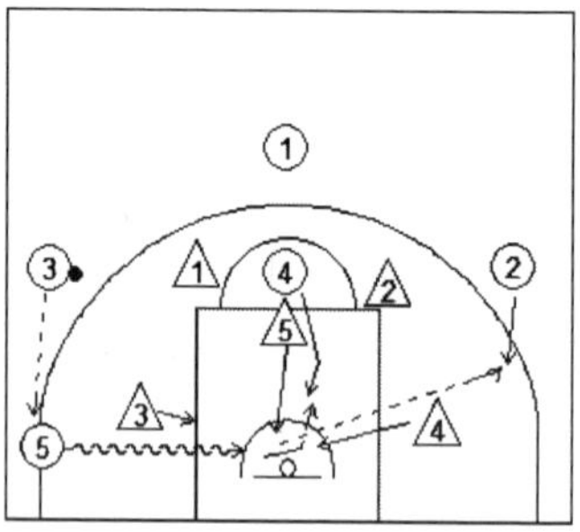

图 3 –4 –20

（4）利用掩护创造的投篮机会。如图 3 –4 –21 所示，②传球给①以后，快速向篮下空切，并跑到右角。①把球传给③，④给跑到左角的②做前掩护，把△3挡住。③把球传给②投篮。

（5）五人配合示例。如图 3 –4 –22 所示，③传球给④以后，突然向篮下空切。这时如果△3上来防④，则篮下较空，④可立即把球传给空切的③上篮，这是第一个机会。如果④没把球传给③，则③继续跑到左侧，④可把球传给过来接应的①，①再传给跑上来的②。同时⑤挡下△1，②乘机中投，这是第二个机会。应注意，②必须跑上来接应，如果②原地不动，则①与②的距离过远，防守者很容易切断左右之间的联系。

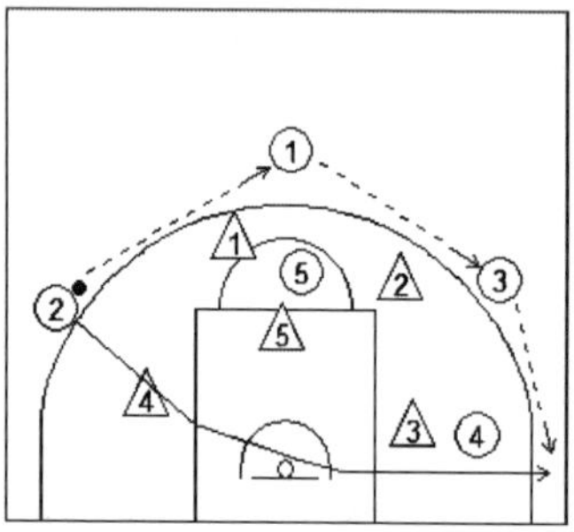

图 3 –4 –21

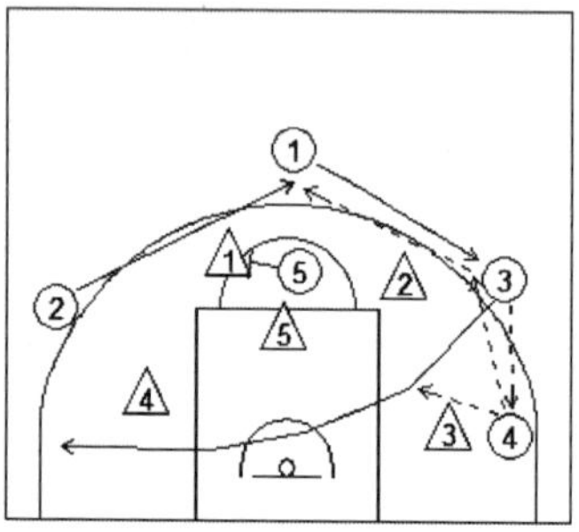

图 3 –4 –22

如图 3 –4 –23 所示，如果②看到机会不好，则应立即将球传给③，△4若不上来防守，则③可投篮。△4若上来防守，③就有 2 个机会：一是传给下顺的⑤跳投，若△5继续追防⑤，罚球线前则被拉空，④可乘机插入，接③的传球投篮；二是⑥从底线突破分球。如图 3－4－24 所示，当③突破时，⑤下顺，④插中，①向左移，③可根据出现的机会将球分给④⑤或①。如果上述配合没有成功，还可以重新组织这个配合。

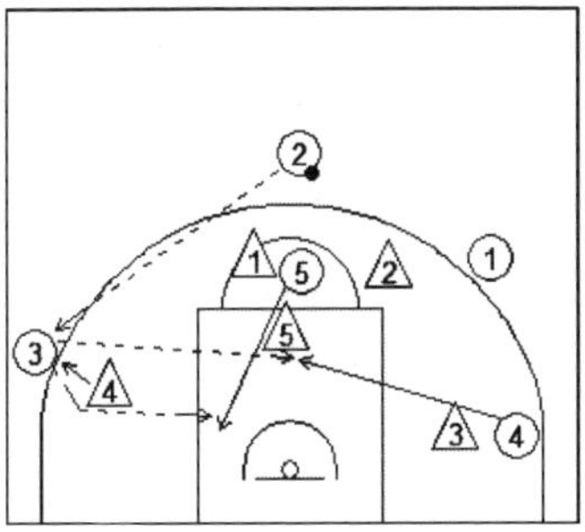

图 3－4－23

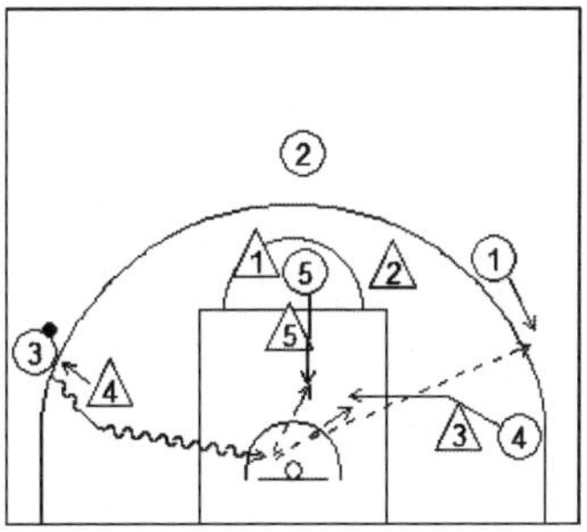

图 3－4－24

（四）进攻区域联防战术方法运用的提示

1. 要有目的地快速传球，调动防守者移动，造成投篮的机会。接球后，不要停球不传。

2. 在自己有把握的区域内，要大胆、果断地进行中远距离投篮。

3. 无球队员要穿插移动，跑向空位，这样才能调动防守者，从而创造投篮的机会。

4. 要明确每次投篮后有 3 人冲抢篮板球，另 2 人准备退守，要注意攻守平衡。

5. 要有耐心。急躁、蛮干很容易失误，给对方造成反击得分的机会。耐心进攻，即使 24 秒违例，也还能组织起防守，不让对方快攻得分。

（五）进攻区域联防战术的教学步骤和练习方法

1. 教学步骤

（1）通过讲解与演示，使学生了解进攻站位阵形、队员位置分工和进攻配合方法，建立完整的进攻概念。

（2）先进行固定配合的练习，再进行配合中变化的练习，使学生初步掌握进攻区域联防的基本方法。

（3）先在消极防守的情况下进行练习，而后逐渐过渡到在积极防守的实战对抗情况下进行练习，使学生在运用中巩固和提高已掌握的方法。

2. 练习方法

练习一：半场四对四。4 人 1 组，先由 2 组学生进行练习，练习一定次数后，再换两组进行。防守站成“2－2”的联防阵形，进攻站“1－2－1”阵形。

要求：进攻组要运用传球、穿插、突破、策应来创造内外线攻击投篮机会防守组可以由消极防守过渡到积极防守。

练习二：半场五对五。5 人 1 组，先由 2 组学生进行练习，练习一定次数后，再换 2 组练习。防守站成“2－1－2”的联防阵形，进攻站成“1－3－1”阵形。

要求：进攻组要运用传球、穿插、突破、策应来创造内线攻击投篮机会，防守组可以由消极防守过渡到积极防守。

练习三：全场五对五攻守教学比赛。5 人 1 组，先由 2 组学生进行练习，练习一定时间后，再换 2 组练习。

要求：进攻组要把快攻和阵地进攻结合起来，要迅速地、有针对性地落位，掌握好进攻节奏。从后场向前场推进过程中，要把内外、左右、突破和中投、球动和人动结合起来，使进攻保持连续有组织、有变化地进行。

思考题

1. 简述进攻区域联防的概念、基本要求以及方法。
2. 简述区域联防运用时机的提示。
3. 试述区域联防的教学步骤，举例解析练习方法。

第四章 篮球运动体能训练

第一节 体能训练概述

一、体能的定义

体能即体力与综合运动能力的统称。体力包括身体素质与潜力，而综合运动能力是指在与比赛相似情景状态下同时发展多种身体素质的能力。

二、体能训练的意义与作用

在现代运动训练的几项内容中，体能训练是顺利完成其他各项训练的基础，没有良好的体能训练，技能训练、战术训练等必将流于形式；没有高效的体能训练，运动员竞技能力的提高就难以保证。体能训练的具体作用体现在以下几个方面。

（一）促进身体健康

健康是运动员从事运动训练和比赛的必要条件，良好的健康状况是系统的根本保证，体能训练能够有效地提高运动员体内器官，特别是心血管系统和呼吸系统的机能，增强骨骼、肌肉、肌腱和韧带等运动器官的功能，使神经系统的机能得到明显改善。同时，对于克服人体生物惰性，促进新陈代谢具有极为重要的作用。上述作用能够有效地提高机体对外界环境的能力和对疾病的抵抗能力，从而有效地促进运动员的身体健康。

（二）充分提高身体素质

现代奥林匹克运动是一项伟大的社会实践活动，各国运动健儿为了创造成绩，刻苦训练，合力拼搏，向人类身体运动能力的极限发起一次又一次冲击。要充分发挥人体运动能力的潜力，在赛场上创造优异的运动成绩，必须最大限度地提高力量、速度、耐力、柔韧、灵敏和协调能等身体素质。体能训练正是实现这一目标的主要途径。通过体能训练，能有效地发展运动员的力量水平，提高速度和耐力素质，并使专项运动所需要的部位得到良好发展，获得更好的灵敏素质和协调能力，使专项运动素质达到最大限度的提高，一般身体素质得到协调一致的发展，为最大限度地创造优异的运动成绩打下坚实的基础。

（三）保证有机体适应大负荷训练和比赛的需要

现代竞技运动竞赛频繁、竞争激烈，运动员要在重大国际比赛中取胜创造优异成绩，只有通过大负荷的运动训练，长期对有机体进行生物学改造，掌握娴熟的专项技术和战术才能达到。从第一届奥运会到现在，运动训练已经经过了自然发展阶段、新技术广泛运用阶段、大运动量阶段和多学科综合利用（即科学训练）阶段。科学训练的一个重点是广泛运用现代科技成果，科学系统地监测训练过程，并在此基础上保证大负荷训练。而大负荷练习要求运动员必须具有强健的体魄、良好的身体机能和心理机能能力。通过体能训练能够对此打下坚实的基础，并使运动员在不断加大负荷的情况下，承担训练和比赛对有机体的一切要求。

（四）有利于掌握复杂、先进的技术和战术

体能训练实质上是使运动员有机体各器官系统功能协调发展，具有完备的从事专项竞技运动能力的过程。不同的运动项目对有机体运动适应能力的要求是不同的，例如：短跑项目要求运动员必须具备突出的爆发力、良好的反应速度、快速移动速度和专项柔韧性，以及有机体高度的对快速运动的协调能力；举重则要求最大限度地发展运动员的力量水平和专项动作速度，并对专项耐力、专项柔韧性和协调性有很高要求；体操、武术、拳击和球类等运动，对各项身体运动能力都有很高要求，并且有些技术动作本身就是素质的综合表现，只有在充分发展各项身体能力的基础上，才能很好地掌握先进的技术。体能训练正是实现这一目的的基本保证，只有通过体能训练，才能为运动员提供先进的技术和战术的基础。

（五）创造优异成绩，延长运动寿命

竞技能力是取得优异运动成绩的主导因素，它是由体能、技能（包括技术和战术）、心理和智力等多个因素共同决定的，其中体能是其他几个要素的基础，因此可以说，没有体能，竞技技能也就无从谈起。竞技运动的实践已经证明，出类拔萃的运动成绩是建立在雄厚的体能发展水平上的，体能的发展水平又取决于超强的心理能力、最大限度的身体形态专项化改变和生理机能水平的高度发展。

体能训练对身体形态改变得越深刻，有机体机能发展水平越高，其衰退水平的

高度发展速度也就越慢，保持的时间也就越长。这样，专项技术、战术发挥和保持的时间会更长，运动水平衰退的速度更慢，运动员能更长久地保持高水平的竞技能力。

三、体能训练基本原理

通过体能训练，人体的机能和形态可以根据运动需要得到有效的提高和改善，这已是人所共知的事实。然而，训练何以提高机能？身体形态改善的机制何在？这些才是人们能够把握体能训练内在规律的关键问题。我们知道一般情况下，有机体的生命活动处在一个相对稳定状态，但当外部环境发生变化时，必然会影响到机体的稳定状态。此时，机体对稳定状态被打乱的应激反应是生物调节和适应。体能训练过程就是依据这一原理，通过有意识施加科学的运动负荷刺激，使有机体对负荷产生应答后，出现一系列生理适应。在一定范围内，训练中施加的负荷越大，对机体的刺激越深，引起的消耗过程越激烈，机体所产生的相应变化也就越明显，人体机能和形态的适应性变化也就越快。从这一生物学发展规律可见，体能训练的机制关键在于负荷恢复以及适应性，对这 3 个方面的全面认识构成体能训练的基本原理。

（一）训练适应原理

从运动生理学的角度看，训练适应的形成一般要经历以下几个阶段。

第一阶段是对运动员机体施加刺激阶段。这种刺激包括训练中、比赛中和生活中（饮食、作息制度、时差等）所受的各种刺激，运动员每时每刻都在接受来自各方面的各种刺激。

第二阶段是对刺激产生直接的应答性反应阶段。运动员在外部刺激的作用下，其机体内外感受器官产生兴奋，将兴奋传输到各内脏机能器官和运动器官，使之尽快进入工作状态，对外来刺激做出运动所需的应答性反应。

第三阶段是对刺激产生局部或整体的适应阶段（暂时性适应）。机体器官和系统在接受刺激后，机能状况由开始的急剧上升逐渐趋于平衡，此时，机体的某项应答指标虽不再上升，但也能承受住外部刺激时，则表示机体已对刺激产生了训练适应。

第四阶段是结构与机能改造阶段（长久适应形成阶段）。在全面增加和系统重复各种外部训练刺激的基础上，使各相应的机能系统和组织器官产生明显的结构和机能改造。在这个阶段中可以看到，运动器官和有关的机能系统的结构出现相应的完善和协调。

第五阶段是训练适应的衰竭阶段，当训练安排不合理时，如承受过度训练负荷或过大的比赛负荷，则长期训练适应的某些机能会出现衰竭的情况。

通常，只要采用“维持性运动负荷”就可以保持已达到的训练适应水平，完全停止训练或急剧地、长时间地降低训练负荷都会引起训练适应的消退，各种已获得的运动机能能力和运动性适应结构就会慢慢消失，产生训练适应所用的时间越短，其消退的速度越快。因此，在体能训练过程中，一方面要避免适应的消退和再适应过程的重复出现；另一方面也要避免盲目地长时间高强度的刺激来追求训练适应。

（二）训练负荷原理

体能训练的全过程就是通过对受训者施加运动负荷，引起机体的形态结构与机能产生生物适应而实现的。根据负荷因素的基本特征，体能训练中一般基础训练和一个训练周期的初期阶段通常以增加负荷量使机体的适应过程逐步实现。在专项训练阶段和接近比赛期，体能训练则以提高负荷强度刺激来加深人体的适应过程。训练水平越高，训练的负荷强度越大。在发展一般耐力、基本力量等基础素质时，大多采用量大、强度低的负荷方式。相反，发展最大力量、爆发力、速度等专项素质，负荷的主要特征是突出刺激强度。一个完整的年度周期体能训练的负荷变化规律是在进入竞技状态准备之前，体能训练负荷是以量的增长为主，强度要加以限制，到了后期的训练，随着训练水平的提高，负荷强度的增加要呈上升趋势，强度的提高量也应受到限制，若两者同时增多，总负荷会成倍增长。但是，体能训练时负荷强度和负荷量都不能同时达到最大程度，否则很容易造成过度训练，引起功能失调，造成成绩和训练水平的下降。

（三）物质和能量代谢原理

在体能训练中，机体承受负荷需要消耗大量的能量，能量消耗以后必须得到迅速补充。肌肉活动的直接能量来源是三磷酸腺苷，即 ATP。ATP 分解后的再合成依赖于磷酸肌酸（CP）分解。肌肉中 CP 的再合成要靠三大能源物质的分解。人体短时间的极量运动主要由 ATP 和 CP 分解供能。一般情况下，持续时间在 10 秒以上到 3 分钟以内的运动以糖酵解供能为主，持续时间在 3 分钟以上的运动，其能量主要来自于有氧氧化系统。就人体糖、脂肪和蛋白质 3 种能源物质来讲，糖的利用率最快。一般运动开始时首先分解肌糖原，如 100 米跑在运动开始 3～5 秒，肌肉便开始通过糖酵解方式参与供能，持续 5～10 分钟后，血糖开始参与供能；随着运动时间继续延长，骨骼肌大脑等组织由于大量氧化分解而利用血糖，致使血糖水平降低时，肝糖分解补充血糖，脂肪的分解对氧的供应有严格的要求。因而，在长时间运动中，当肌糖原大量消耗或接近耗竭且氧供应充足时才大量动用，通常在运动达 30 分钟左右时，其输出功率最大。蛋白质作为能源供能常发生在持续 30 分钟以上的耐力项目。

机体的恢复过程可分为 3 个阶段，即运动中恢复阶段、运动后恢复到运动前水平阶段和运动后超量恢复阶段。超量恢复的形成与运动负荷密切相关在适当的运动负荷刺激下，有机体的消耗过程越激烈，超量恢复过程也越明显，如不及时给予新的负荷，超量恢复在保持一段时间后又会回到原有的水平。超量恢复的客观存在为训练过程中如何提高机能、增进素质以及合理安排运动负荷提供了极为重要的生物学依据，这一规律和生物的应激、适应性原理同等重要，是支撑体能训练的重要理论依据。

四、体能训练的基本原则

训练原则是训练客观规律的反映，是依据运动训练活动的客观规律而确定的组织运动训练所必须遵循的基本准则。在体能训练过程中应遵循的基本原则有：全面性与优先发展相结合原则、系统不间断性原则、科学安排运动负荷原则、结合专项原则、区别对待原则。

（一）全面性与优先发展相结合原则

全面性与优先发展相结合原则是指在体能训练的过程中，应全面地安排和发展运动员各项身体能力，特别是在儿童和青少年时期，应全面发展运动素质，提高一般身体机能水平，以促进专项运动成绩的全面提高，在全面发展的同时应关注青少年身体形态、机能和身体素质发展的敏感期，对处于敏感期的机能和素质应有所侧重，优先发展。全面性与优先发展相结合原则的主要依据是：第一，身体是一个各器官系统组成的相互依赖、相互制约的整体，与此相对应，体能的 3 个组成部分也是相互影响、相互制约的，体能训练所追求的各种适应性变化也自然是相互依存的。因此在体能训练中必须正确、全面地训练各个方面，使发展技术与战术所要求的所有身体形态、机能与心理能力得到全面发展。第二，作为体能集中表现的力量、速度、耐力、灵敏等各项运动素质也是相互影响、相互制约的，而广泛的、全面发展的运动素质是运动员达到高水平专项运动水平的基本前提和基础，因此在早期训练阶段，必须全面提高运动素质。第三，人的生长发育在不同年龄阶段具有不均衡性，青少年身体素质的发展具有敏感期。在此阶段应抓住有利时机，采取相应内容的体能训练，对处于敏感期的素质优先发展，充分挖掘其潜力，为高水平阶段打下基础。一般来说，开始训练时间越短，基础训练水平越低，全面训练的比重就应该越大。只有训练水平提高了以后才可逐步增加专项训练的比重而减少全面训练。当然，不能将全面身体训练与发展专项素质对立起来，全面身体训练、专项身体训练以及专项技术、战术、心理训练应有机地结合起来，根据不同对象的训练水平来合理安排训练。

（二）系统不间断性原则

系统不间断性原则是指从开始训练到创造优异成绩，直至运动寿命终结的长期过程中，都应依据体能发展的内在规律，做出相应的合理规划，持续不断地进行训练；系统不间断性原则是依据训练适应的产生、发展与消退规律以及体能发展的连续性和阶段性等属性提出来的；在训练实践中贯彻这一原则应做到，对整个训练过程的体能训练不仅要系统规划，对多年训练不同发展阶段的体能训练，从内容、比重、手段、负荷等方面也应做出系统安排，尤其是在青少年时期以及达到高水平以后，更应该周密考虑。当达到高水平以后，运动员的身体形态和机能改造已达到相当的水平，各项身体能力处于相对稳定的状态，但这并不一定是一个完全理想的状态，这时候的体能训练应该在准确体能诊断的基础上，有计划、有针对性地系统安排训练负荷，探索进一步发展的可能性。

（三）科学安排运动负荷原则

科学安排运动负荷原则是指在体能训练过程中根据训练的目的与任务，科学地组合负荷的量、强度与休息时间等因素，以保证训练的针对性和有效性。科学安排运动负荷原则是根据机体对运动负荷适应的专门性、有效性和劣变性以及人体在运动时物质、能量的消耗与恢复等规律提出来的。人体器官组织对负荷应激所产生的适应具有明显的专门性特点。例如做负荷深蹲的力量练习时，只会影响腿部伸肌肌群的力量，而对于腿部屈肌肌群及其他肌群的影响却很小。同样，不同的负荷组合对人体供能系统的影响也存在专门性特点。时间短、强度大的运动主要对无氧供能系统产生效应，而对有氧供能的影响则很小。因此，发展专项素质首先必须提高专项所需要的特殊生理机能为达到专项训练目的，练习中应考虑到训练方式的专门性特征，所选用、设计的练习从动作结构、参与运动的肌群以及能量供给特征等方面，必须尽可能与专项素质相吻合才能达到训练效果；人体对负荷的适应还有一个有效的范围，过小的负荷刺激达不到良好的训练适应，过大的负荷会导致机体适应的劣变。因此，在体能训练中必须根据训练任务和对象水平，科学地规划训练负荷，做到逐步并且有节奏地按照人体机能适应规律加大运动负荷，直至最大限度地适应；按照“加大—适应—再加大—再适应”的增量方式，合理地逐步加大训练量和训练强度，有效地促进机体形态发展和机能改善，提高运动水平。在训练过程中，既要遵循超负荷原则，又要注意防止过度训练引起机体的劣变反应。要根据训练对象的实际水平，有节奏地增加运动负荷，逐步提高，妥善处理负荷量与负荷强度、负荷与恢复的关系，使每次训练在机能得到“超量恢复”的提高阶段进行。还要按照各项素质的特点来合理安排负荷，如速度力量性训练的特点是强度大、数量少；耐力性训练的特点是数量多、强度小等。

（四）结合专项原则

结合专项原则是指在一般发展的基础上，体能训练必须根据各运动项目的技术、战术和专项能力特点充分发展专项所需要的运动素质，以促进运动员直接创造优异运动成绩，其主要依据是：首先，体能训练的作用最终要体现在创造优异运动成绩这一终极目标上，因此体能训练不能偏离运动专项。其次，技术、战术练习是专项训练的重要内容之一，体能训练只有与专项技术、战术训练有机地结合，才能真正达到体能训练的目的，加快体能训练的进程，实现在体能训练中完善和检验技术、战术，在技术与战术训练中巩固体能。结合专项进行体能训练有助于使运动员在身体形态以及机能方面对该项目的特殊要求产生适应。为此，在训练中要根据运动项目的特点和运动员的实际情况，科学地确定体能训练与专项训练的比重，体能训练的内容与手段也必须突出重点，紧密结合运动专项需要；要确定和充分发展与专项密切关系的最重要的运动素质和机能，做到有针对性的练习。

（五）区别对待原则

训练效应主要通过机体的变化实现。由于训练者存在个体差异，要想使训练达到理想的效果，必须充分考虑到个体特征以区别对待，有针对性地安排各种不同的训练。训练对象的个体特征除了年龄、性别、形态、机能等生物学特征外，还应包括气质、个性和参加训练动机等心理学特征和训练水平、训练年龄、承受负荷能力等训练学特征。训练中做到全面了解掌握和分析训练对象的具体情况，制订出符合个人特点的训练计划，根据不同专项所需要的身体素质和不同训练阶段的任务、要求，有区别地安排训练全过程。

第二节 篮球运动员体能训练的基本内容

一、身体形态训练

身体训练和专项训练是运动员身体形态训练的主要途径，其原因主要有 2 个方面：其一，科学系统而又适合专项需要的各种身体训练方法对身体形态有积极的影响，根据需要运用相应的体能训练方法，可以对运动员的身体形态产生最佳的影响，有利于创造专项运动成绩；其二，任何科学合理的专项训练手段对促使身体形态向专项需要的方向发展有显著的作用和积极的促进，几乎所有项目运动员的身体形态训练基本上都是通过专项训练手段和专项训练方法实现的。因此，专项训练是改善和提高运动员身体形态的重要内容。

对篮球运动员的身体形态训练应注意以下 4 个问题：第一，要注意遗传因素的影响。在身体形态各项指标中，有的指标遗传度很高（如高度、长度和宽度指标），有的遗传度较低（如体重等充实度指标）。因此，在选材时应重视高度、长度和宽度等形态指标，与肌肉有关的体重等充实度指标则应更多地依靠后天的训练加以改善和提高。第二，要根据篮球的项目特点安排身体形态训练，如体重和身体脂肪率是篮球运动员身体形态训练中的两个重要指标，这两项指标对内、外线运动员应区别对待。内线运动员身体对抗更加激烈，很多时候近似于“肉搏战”，因此内线运动员更强调力量，反映在身体形态方面就是要强调体重，要在不增加身体脂肪率的前提下采用多种力量训练手段来增加体重，以提高“肉搏战”中的对抗能力；外线运动员更强调速度和灵活性，因此对外线运动员的身体形态训练应在不降低速度和灵活性的前提下增加体重。第三，要根据生长发育规律安排身体形态训练。人体在不同年龄阶段的生长发育有不同的特征，具有在连续性基础上的阶段性特点，因此在身体形态训练时应与之相对应，而不可颠倒。第四，要采用多种方法和手段改善身体形态。影响身体形态的因素很多，如遗传、自然环境、生活习惯、饮食等都会在一定程度上决定或影响运动员的身体形态，因此身体形态训练不能只从训练角度出发，也应注意其他手段的运用，如饮食、营养等手段。

二、生理机能训练

这里所说的生理机能训练并不是专门的生理机能训练手段，而是在体能训练过程中应有这方面的考虑，生理机能的提高主要还是通过身体素质训练、专项训练的途径来实现。作为篮球体能教练员，不仅要清楚篮球运动的生理基础，还应清楚每一位运动员的具体情况，即清楚每一位运动员的竞技能力要向更高一个层次发展，哪方面的生理机能需要提高，提高到何种程度，并在此基础上选择训练手段，安排训练负荷。同时，要建立系统的观念，因为人体是一个完整的系统，各器官、系统的功能都是相互影响、相互制约的。在发展某一方面的生理机能时，还要充分考虑其制约和影响因素，分清主次和因果，使运动员的生理机能能够在适应运动需要的同时协调发展。

三、身体素质训练

（一）速度训练

篮球运动的跑，不同于田径运动的跑。篮球运动跑时要眼观六路，耳听八方，既要看同伴，又要看对手；既有跑步，又有滑步；既有向前跑，又有向后跑；既有正着跑，又有侧身跑，还有不规则的、随意的、变方向和变速跑等。因此，起动速度、加速跑速度和速度耐力是篮球运动员速度训练的重点。影响这类速度的因素主要是速度力量与髋、膝、踝关节的爆发力、上肢的摆动力量的关系。跑的技术训练对篮球运动员来说并不十分重要，训练中没有必要做过多的分解练习，如小步跑、后蹬跑等。对篮球运动员速度训练的方法不应只是跑，通过跳的训练同样可以有效地提高跑速。苏联学者维尔霍山斯基的研究结果表明，短跑的步长，尤其起跑前 10 步的总长（篮球项目主要是加速跑），与原地 3 级跳和 10 级跳的成绩密切相关，在所有的跳跃练习中，只有 150 米计时跨步跳与 30 米、60 米和 100 米跑的成绩高度相关。他进而指出，“短跳”练习（如 3 级、5 级跳和 10 级跳）有助于提高加速跑的能力，对增大步长和起跑前 10 步的步长，以及提高步频均有较好的作用；“长跳”练习（如 30 米、50 米、100 米、200 米跨步跳等）对提高最大速度和速度耐力有着显著作用，其中 50 米跨步跳训练效果最好，而“长跳”和“短跳”相结合会取得最好的训练效果。进行跳跃训练时，准备期的前半部分，跳跃练习以量为主，准备期的后半部分和比赛期以“短跳”和 50 米跨步跳为主。阶段性训练应以“长跳”开始，而后逐渐变换成大强度的“短跳”练习。“短跳”应在速度训练前练习（杠铃练习也要在速度训练前练习)，而“长跳”，要在速度训练后练习。当前，我们的篮球教练员对这些速度训练的理论与方法了解不够，训练中的方法不多。

（二）力量训练

力量素质是篮球运动员体能建设的保证，是技术、战术快速、多变的物质基础。现代篮球运动员都具备高度发展的全面力量训练水平。身体的各个部位，特别是上下肢、腰腹，以及踝、膝、手腕、手指都应进行专门的、全面的力量强化训练，旨在发展各运动环节的肌肉力量，达到提高整体力量的目的。整体力量就是运动员在从事专项活动时，各运动环节协调一致所表现出来的综合力量，它是运动员专项能力的基础。整体力量训练和整体力量水平是现代球类运动力量训练的发展趋势。

篮球运动员在多年的力量训练中应解决 2 方面问题：一是要发展各种力量；二是要通过各种力量练习来完善运动员的身体形态。美国 NBA 运动员发达的肩带和上肢肌群，不是打篮球打出来的，而是靠专门的力量练习练出来的。对篮球运动员的力量训练首先要对这两点有正确的认识，做到在多年的训练中对运动员的力量训练有较为长远的规划。我国篮球运动员的身材普遍较为“苗条”，克托莱指数较小，原因主要就是教练员对力量训练的认识不足，长远规划不够，使运动员在最佳的年龄阶段错失了发展力量和塑造身体的最佳时机。其次，在训练手段的选择上要紧密结合篮球运动的肌肉工作特点。篮球运动中大量的半蹲、跑跳、急停、急停快速跳起等动作是离心和离心—向心收缩，是退让与超等长收缩，对练习手段的选择要充分考虑这些特点。训练内容的安排，不仅要有下肢力量，还要有躯干和上肢力量；不仅要注重伸肌力量，还要注意屈肌力量；不仅要训练大肌群力量，还要有小肌群力量的练习；既要有克制收缩力量的训练，又要有退让收缩力量的训练；既要注重运动环节的功能力量训练，也不可忽视运动环节的保健防伤训练。教练员要充分认识到，篮球运动是对人体上肢、下肢和躯干各部肌力提出全面要求的运动项目。在力量训练的组织方面也要与篮球专项训练紧密结合。篮球运动员的肌肉弹性非常重要，因此，队员每次训练结束后一定要把肌肉从缩短状态再充分拉伸开。美国篮球运动员力量训练的“少食多餐”型，值得我们借鉴。在赛季前，他们一般每周安排 4 ~ 5 次力量训练，基本上是每天都有，但每次训练的时间不长，一般在 1 小时左右，每次力量训练结束后除了安排拉伸练习，还要安排 30 分钟左右的技术、战术训练，以使运动员的肌肉恢复弹性。长期这样的训练安排显然更有利于将训练所获得的力量更有效地融入技术、战术，并通过技术、战术表现出来。力量训练的方法，除了杠铃外，最简单易行的还有各种方式的大强度跳跃练习，例如多级跳、单足跳、蛙跳、障碍跳、台阶跳、跳深跳等。这种练习的力量性质和肌肉的工作方式，与篮球专项训练十分接近。综合力量练习器是当代国外高水平运动员力量与体能训练最常用的手段与方法，根据我们掌握的信息，美国 NBA 的运动员几乎每天都要利用综合力量练习器发展各部位特别是薄弱部位肌群的力量。另外，等动力量训练和电刺激力量训练，以及各种组合力量训练应引起教练员重视。组合训练就是创新，组合才能出效果。这就好像中药配方，如电刺激与杠铃的组合、与跳跃练习的组合，跳跃练习与杠铃的组合，力量练习与速度练习的组合等，都值得我们深入地研究。

（三）耐力训练

对篮球运动员的耐力训练，教练员首先应对有氧耐力和无氧耐力在篮球运动中的作用及它们之间的关系有一个清楚的认识。就在篮球比赛中的作用而言，无氧耐力对篮球运动员的意义更加重要。但有氧耐力是无氧耐力的基础，良好的有氧耐力有助于比赛中或整个赛季中运动员体力的恢复。在训练的先后顺序方面，也应该先发展有氧耐力，在此基础上再发展无氧耐力，这样无氧耐力才能有更大的发展空间，绝不是说无氧耐力对篮球运动员更重要就只练无氧耐力。篮球运动员的耐力训练应使两者紧密结合，如在有氧训练的大运动量跑之后，要求运动员接着进行 300 米或 400 米的强度跑，以提高机体大强度工作时的代谢能力。作为球队，每天的早操应坚持不少于 3000 米的越野跑，只有常年坚持，才能收到效果，打球时才感觉不到累，感觉不到气喘，才能保证攻守积极主动，才能提高攻守转换速度。无氧耐力可采用田径场 400 米、600 米、800 米的重复跑训练，还可以结合采用篮球场上的多组折返跑以及各种有球练习等。总之，对篮球运动员的耐力训练关键要做到常年安排、持之以恒。另外，耐力训练对运动员意志品质的培养具有不可忽视的作用，可利用耐力训练来培养运动员坚强的意志品质、顽强的战斗作风。

（四）灵敏和柔韧训练

发展篮球运动员灵敏素质的训练可采用各种专项技术练习和辅助练习，以及各种滚翻、手翻、闪躲和模仿练习，各种脚步动作的转换练习、抢断球游戏、绕过障碍的接力赛、传接各种难度的球、接地滚球，以及在快跑中根据信号进行急停、起动、后退跑、转身跑和改变方向跑等。

柔韧训练可采用各种压指、压腕、压肩、拉肩、转肩、体前屈、劈叉压腿、踢腿，双手持球成弓箭步，向前、后、左、右扔球和拿球，以及一些体操和武术的柔韧性练习动作。

第三节 篮球运动体能训练要求与方法

体能是指人体各器官系统的机能在身体活动中表现出来的能力。体能包括与健康有关的体能和与运动技能有关的体能。前者包括心肺耐力、柔韧性、肌肉力量、肌肉耐力、身体成分等，后者包括从事运动所需要的速度、力量、灵敏性、协调性、平衡、反应等。其中一些体能成分既是与健康相关的体能，又是提高运动技能水平需要的体能。

篮球运动员的体能训练是指在篮球训练过程中，运用各种身体练习，有效地影响运动员身体形态的变化，增进运动员身体健康，提高有机体机能和发展运动素质的训练。篮球运动体能主要是指后者，包括速度、弹跳（爆发力）、力量、耐力、柔韧灵敏、协调性等。在体能训练过程中要遵循篮球运动健身的一般原则，有针对性、循序渐进地逐步提高，切忌无序地随意锻炼，也避免急功近利的不良习惯。本节结合篮球运动员体能特点，依据身体训练原理（超量恢复原理），列举了部分体能训练实例，希望对同学们有一定参考和实用价值。

一、篮球专项力量素质训练

力量素质是指人体肌肉工作时克服阻力的能力，是篮球运动的首要素质。篮球运动中为了快速有力地完成各种攻守动作，要求运动员的各部位大小肌肉群具有很好的绝对力量和爆发力量。力量是篮球运动员的主导素质，力量素质可分为最大力量（运动员在随意性肌肉收缩中所表现出来的最大克服阻力的能力）、速度力量（人体肌肉在快速收缩时所表现出来的克服阻力的能力）、力量耐力（运动员长时间保持合理动作的能力）。篮球运动员最需要的是速度力量和快速力量耐力。

篮球专项力量素质训练的要求一般为：要针对运动员专项素质弱点区别对待；科学地安排训练计划；注意肌肉力量的平衡发展；实时安排训练时间；要根据任务的不同安排训练计划；要克服片面发展绝对力量；要力求选择与篮球运动技术结构相一致的动作方法。

（一）不同目的的篮球运动专项素质训练方法

1. 肌肉增粗力量训练方法

负荷强度要采用本人最大极限负重量的60%～80%，100%的极限负荷强度应慎用和少用；每组4～8次，可做5～8组，最后几组和次数必须坚持做完；每次练习的动作速度要稍慢一些，通常4秒完成1次动作；在上一组练习肌肉所产生的疲劳得到基本消除后，再进行下一组练习为宜。

2. 解散肌肉协调能力最大力量训练方法

负荷强度采用最大极限负重量的85%以上强度；每组1～3次，可做5～8组；每次练习的动作速度要适当加快，通常2秒左右完成1次动作；组间间歇时间一般为3分钟左右或更长一些。

3. 负重发展速度力量的方法

负荷强度一般采用本人最大力量的40%～60%；通常每组重复练习5～10次，可做3～6组；组间的间歇时间应较充分，通常为2～3分钟；练习的动作要协调、流畅正确，并尽量与专项技术动作结合。

4. 不负重发展速度力量的方法

一般可从50～60厘米的高度跳下，双足落地后，立即往一个100厘米左右的高度上跳，以6～8次为1组，做6～8组，组间歇2～3分钟。各种跳跃练习。

5. 力量耐力主要训练方法

发展克服较大阻力的力量耐力，采用本人最大力量的75%～80%的负荷进行重复练习；若发展克服较小阻力的力量耐力，则最小负荷强度不能低于本人最大负荷强度的35%；一般要达到极限的重复次数，组数应视具体情况而定；要在未完全恢复的情况下就进行下一组练习。

6. 其　他

利用专门器材进行技术训练；结合球的爆发力量训练；提高身体对抗能力的训练；以少打多的训练方法；辅助阻力的训练方法；模拟比赛要求的强度训练。

（二）不同部位的力量训练

1. 发展手指力量

用手抓住铅球或哑铃的一头；仰卧撑静力练习；用手指抓住铅球直臂前举静力练习；坐或站立；用单、双手的力量传接篮球或实心球；持篮球或实心球近距离以手指力量投篮。

2. 发展手腕力量

屈腕运动，主要训练肌肉为桡侧屈腕肌、尺侧屈腕肌，动作要领为双手持杠铃或哑铃，手心朝上，小臂紧贴大腿让手腕以外悬空，然后手掌做向躯体弯曲，内弯可稍快，回复时要慢。另外还可以通过持哑铃手腕绕环、抛掷沙袋等方法。

3. 发展臂、肩、胸部肌肉群力量

（1）俯卧臂支撑，侧卧臂支撑。

（2）双臂撑在软球上，两腿交替屈摆。

（3）队员两手撑地，两脚直腿搭放在大软球上成俯卧姿势，然后连续做收腿俯卧撑。

（4）队员两手撑地，两脚直腿搭放在大软球上成俯卧姿势，然后单手支撑。

（5）高拉运动。主要训练斜方肌、三角肌、肱二头肌、肱桡肌。动作要领为两臂自然下垂伸直，双手拳头距离约为 10～15 厘米，正握杠铃并置于大腿之前，然后双手弯曲将杠铃沿躯体提高至下巴前。需注意的是，提起时吸气动作稍快，腰际不能前挺，以避免使用腰力。还原时动作稍慢，然后吐气。

（6）法式推举。主要训练肱三头肌。动作为双手拳头靠拢，掌心朝上握杠，大小手臂尽量弯曲几乎接触，然后将杠置于头后，双手臂将杠铃往身体前方做推直动作，此时动作快并吸气。还原杠铃于头后时为屈臂，动作慢并吐气。

（7）仰卧推举。主要训练胸大肌、肱三头肌、三角肌。

（8）引体向上。

（9）双杠支撑起。

4. 发展腰腹力量

（1）队员成仰卧姿势躺于大软球上，两手屈臂于胸前或双手抱头，两脚着地成准备姿势，然后在球上连续做仰卧起坐。

（2）队员成仰卧姿势躺于大软球上，两手持物伸举胸前，两脚着地成准备姿势，然后上体连续向左、右做转体扭腰起。

（3）队员单脚放在球上，一脚上举，左右摆腿。

（4）队员两人一组，一人双手持加重球于体侧，侧对同伴坐于大软球上，另一同伴相距 3 米面对持球者站立。然后与同伴连续做转体、甩臂传接加重球。

（5）队员俯卧在软球上，两腿伸直，手脚触地，上体抬起，两臂伸举。

5. 发展腿部肌肉力量

（1）俯卧臂支撑举腿，侧卧臂支撑举腿。

（2）左右转体。主要训练股直肌、腹内外斜肌。动作要领为双手屈臂约 60 度持哑铃或杠铃（手心向上），双脚打开比肩略宽，两肩正向前方，一开始先双腿全蹲，双手弯曲持杠不动，然后迅速站起（两脚几乎伸直，此时吸气）。两脚站起同时上半身做向右转动作（两边肩膀要 90 以上转向右侧），然后再慢慢蹲下，双肩回复原正向前方，此时吐气。最后迅速站起（两脚几乎伸直，此时吸气），上半身同时做向左转动作。此动作重复以上半身向左、右旋转。

（3）蹬阶运动。主要训练股四头肌、臀大肌。动作要领为杠铃置于肩膀，双手比肩略宽握杠，双脚与肩同宽站立，先右脚上阶，左脚跟随上阶，然后右脚下阶，左脚再下阶，上阶时可稍快吸气，下阶时要慢并吐气。

（4）硬举运动。主要训练股四头肌、臀大肌。动作要领为杠铃置于地面，双脚全蹲，腰部挺直，然后利用大腿之力，上半身不动将杠铃扛起。上扛时快气，还原时双脚全蹲，动作要慢并吐气。

（5）负重深蹲起。主要训练股四头肌、股二头肌、臀大肌、小腿、脚踝的绝对力量。动作要领为杠铃置于肩背上，两手握杆做好下蹲准备，深蹲下迅速起立至提踵。要挺胸塌腰，尽可能使杠铃呈上下直线轨迹运动。重量为尽力可完成 8 ~ 10 次为宜。

6. 提高踝关节、脚、脚趾力量练习

（1）单、双脚跳绳。

（2）提踵：首先找一个阶梯或一本书来垫脚，然后把脚尖放在上面，脚跟不得着地或垫着；把脚跟抬到最高点再慢慢放下，双脚完成，重复练习。

（3）负重提踵：背负着重物提脚尖，结合个人能力，前两组每组 20 个，最后一组 25 ~ 30 个；向上提踵时要爆发，迅速向上提，在最高点停 1 ~ 2 秒，然后慢慢下落。

（4）台阶：找张椅子把一只脚放上去，呈 90 度，尽全力跳开，在空中换脚，再放在椅子上，将原起跳的脚放回椅子上，完成另外一跳。

（5）纵跳：双脚放直与肩同宽，“锁紧”你的膝盖，只用你的小腿跳，只能弯曲你的脚踝，膝盖尽量不弯曲，触地时再迅速起跳，如此重复练习。

（6）脚尖跳：脚尖着地高抬，并快速起跳，跳时不得超过 1. 5 厘米或 2. 5 厘米。

二、篮球专项速度素质训练

速度素质是指有机体快速运动的能力。其包括 3 个方面的内容，即移动速度

（单位时间内运动员通过一定距离的能力）、动作速度（运动员快速完成某一动作的能力）和反应速度（运动员对种种外界刺激快速应变的能力）。

（一）篮球专项速度素质训练的要求

1. 篮球运动员的速度特点是低重心，在没有充分蹬伸的情况下快速移动。

2. 正确安排速度训练的顺序。

3. 要培养运动员对时空特征的反应判断能力，并使运动员具有良好的反应起动速度。

4. 篮球运动员的快速跑动应与技术动作协调，使运动员在运用技术过程中不降低跑动速度，或减少速度损失。

（二）速度素质训练方法

1. 10 米听信号快速冲刺跑

2 人 1 组站于起点，听到信号之后迅速起动，迅速冲过并触摸标志物。要求：前几步快速，到标志物后不要减速，要以最快速度冲过标志物。练习后要有足够的时间恢复，10 ~ 15 次为 1 组。

2. 2 人 10 米追逐跑

一人站于起点，另一人站于前者后 3 ~ 5 米，当后者起跑后，前者迅速起跑摆脱后者。

3. “W”型折线跑

运动员进行 6 秒快速跑，每次跑完之后休息 60 ~ 90 秒，进行下一次练习，共练习 3 ~ 4 次为 1 组，组间休息 3 ~ 5 分钟后进行下一组练习，共练习 6 ~ 10 组。

4. 各种起跑姿势快速加速跑

蹬腿加速跑、快速固定间距跑、侧身跳格练习、台阶训练、20 ~ 30 厘米障碍跳。

5. 2 人冲刺对抗争先赛

2 人 1 组站于起点处，终点处放置 1 米宽通道。练习开始，当 2 人听到信号之后，迅速起跑，在跑的过程中利用身体对抗抢占有利位置，冲过障碍物。

6. 快速脚步移动后加速跑

2 人 1 组站于条凳后，练习开始，教练员布置各种脚步动作练习，听到信号后马上起动，加速跑冲过障碍物。

7. 判断来球抢球上篮练习

2 名队员背对背分别①站/②半蹲/③坐姿于罚球线两端，或④并排站在罚球线上，教练员将球从 2 人背后抛至前方，2 人意识到来球之后，迅速抢球，当听见哨声之后运球到三分线外投篮，没有听到哨声就直接上篮。

8. 身后抛接球练习

2 人 1 组，一人不持球原地站立，另一人持不同类型的球站于前者后方。练习开始，持球队员将球从各个方位抛至前者面前，前面队员判断来球后迅速接球。

9. 2 人传 3 球练习

2 人持 3 种不同重量、不同大小的球。练习开始，一人始终将最重的球自传自接，另两人相互传剩下的 2 个球。

10. 移动接地滚球

队员 2 人 1 组，相距约 6 米，一人来回移动，随时准备接同伴传出的地滚球，接到传球后立即回传给同伴，再迅速改变方向移动接传球。

三、篮球运动员的耐力素质训练

体能训练中的耐力主要指大强度、长时间从事专项活动的能力。篮球运动项目既要求运动强度大，又要求时间长；既要跑得快，又要跑得长。按耐力素质和篮球运动的关系，可分为一般耐力和专项耐力。经常采用持续匀速和变速负荷的方法，负荷强度一般应控制在接近无氧代谢阈的强度，心率控制在 160 次/分；发展专项耐力素质，一般以发展非乳酸性无氧耐力为主，采用 95% 左右强度，心率可达 180 次/分的训练方法，重复组数为 5 ~ 6 组。

（一）篮球专项耐力训练的要求

1. 在阶段训练计划中，准备阶段应更多地发展有氧耐力，在准备阶段后期或赛前阶段则应更多地发展无氧耐力。在周训练计划中，每周一般只安排 2 ~ 3 次强度大或持续时间长的大运动量耐力训练。

2. 篮球运动员的耐力训练首先要提高有氧耐力水平，在此基础上，再采用无氧阈的训练方法。

3. 篮球运动员的耐力训练，要突出专项耐力。专项耐力训练先要增加运动量再增加运动负荷强度。

4. 耐力训练要常年进行，练习内容要多种多样。

（二）耐力素质训练的方法

1. 6 分钟低强度 16 米变速折回跑

两名教练员分别协助计时，队员听到教练员哨声之后 20 秒跑到折回点，听到教练员鸣哨后10秒跑回起点。如此反复，共练习12个来回。

要求：运动员在跑的过程中不能停，严格控制20秒的运动时间，速度快者可在原地等待下一个练习时间。练习过程中要求不断利用呼气调整自己，使消耗的体能得到最快的恢复。此练习每次训练可做3组，组间间歇4分钟，休息时可安排投篮、传球等基本技术练习。

2. 6分钟中等强度16米变速折回跑

运动员听到教练员鸣哨后10秒跑到折回点，当听到教练员鸣哨后再10秒跑回起点；而后听哨声后20秒跑到折回点，而后20秒回到起点；然后3秒冲刺到折回点，之后27秒返回起点，如此反复练习6分钟。

要求：为了提高速度训练的强度，需要提高运动员跑的速度，但是要给队员更长时间的恢复。此练习每次做3组，组间间歇4分钟，休息时间加入篮球基本技术练习。

3. 6分钟大强度16米变速跑

运动员首先听教练员哨声用3秒冲刺到折回点，听第二次哨声后7秒跑回起点而后再听哨声20秒跑到折回点，而后20秒回到起点；然后10秒冲刺到折回点，之后10秒返回起点，如此反复练习6分钟。

要求：练习时间6分钟，一次训练练习3组，组间间歇4分钟。

4. 跑跳综合变速折回跑

队员听到哨声后做10秒钟原地快速跳绳；听到鸣哨后用20秒跑至折回点，然后20秒跑回起点；之后听到鸣哨声10秒钟跑至折回点，10秒钟回到起点；之后再20秒跑至折回点，20秒回到起点。如此不断循环6～8分钟。

要求：跳绳时要求快速，练习中严格控制练习时间，此项练习共进行3组，组间间歇4分钟，间歇时间可安排投篮、传球、运球和罚球的练习。

四、篮球专项弹跳素质训练

弹跳素质是通过下肢和全身协调用力，使人体迅速弹起腾空的能力。弹跳素质是一项综合素质，训练时必须抓力量、速度和协调性这几个重要因素，还要与技术训练相结合。篮球运动员的弹跳力表现在比赛中具有多维的方向性和快速连续性。

（一）篮球专项弹跳素质的要求

篮球运动员弹跳素质的早期培养，应以小肌肉群的弹跳练习为主，改善肌肉用力的协调性。要注意灵敏性和柔韧度的培养，提高运动员身体重心转换能力和控制能力。要结合专项进行，使篮球专项技术动作与起跳的高度和远度吻合。

（二）提高弹跳力方法实例

1. 踏跳，左右脚交替。
2. 左右两侧踏跳。
3. 双脚连续跳箱。
4. 左右横向连续跳箱。
5. 跨步下接变向跑。
6. 连续深蹲跳摸篮圈。

五、篮球运动员的专项灵敏素质训练

灵敏素质是在各种突然变化的条件下，运动员能够迅速、准确、协调地完成动作的能力。灵敏素质包括速度、爆发力和平衡能力。

（一）篮球专项灵敏素质训练的要求

1. 灵敏素质的负荷强度较大，持续时间不宜过长，练习应安排在每次课精力充沛阶段。

2. 儿童和青少年应加强灵敏的训练，特别是要大力发展与灵敏相关的某些专项素质。

3. 经常进行篮球专项的脚步动作练习，提高身体重心的转换能力。

4. 重视专项灵敏素质发展，使队员参加各种比赛，了解篮球运动技战术的时空特征。

（二）灵敏素质训练的方法实例

1. 绕限制区各种形式跑动。
2. 从限制区中心向四个角跑动。
3. 对墙有角度传球滑步接球。
4. 听信号变向滑步。
5. 向圆上各人快速跑动返回。
6. 见障碍折返跑。
7. 双手抓举、挺举。
8. 持球韵律操。
9. 20 米往返跑。

10. 队员两手撑地俯卧于大软球，然后连续交替做伸、举异侧手、腿动作，每组次，一般2组。

六、篮球专项柔韧素质训练

柔韧素质是指人体关节活动幅度的大小以及跨过关节的韧带、肌腱、肌肉、皮肤及其他组织的弹性和伸展能力。经常进行柔韧训练，可以提高运动员的伸展能力，有助于完成高难度动作，还可以减少各种扭伤的发生。

（一）柔韧素质训练的部位和要求

1. 伸展的部位和顺序

伸展的先后顺序通常情况下要从中心部位开始，即背部、臀部和大腿后群肌，通过先拉伸这些肌肉群能够影响其他部位的肌肉群，使全身的灵活性得以发挥。首先拉伸大的肌肉群可以使相对较小的肌肉群灵活性发挥出更大的潜能。通常顺序为躯干和下肢，从背部（躯干）、臀部（骨盆部位）、大腿后肌群、腹股沟（内收肌）、股四头肌到腓肠肌及踝、脚；颈部和上肢，从肩部肌群、手臂、手腕到手和颈部。

2. 伸展的分类及要求

（1）静力性伸展。在规定的时间内保持肌肉达到一定的伸展范围，以感觉紧张为标准；每个伸展练习持续15~20秒；重复每个伸展练习两次；每周伸展5~7次；经常尽力做全身肌肉拉伸。

（2）动力性伸展。要达到一定的伸展范围；要在静力性拉伸之后进行练习；动力性拉伸可以增加肌肉活动范围。

（3）被动伸展。助手应该有控制地慢慢加力；被动伸展不应该疼痛，轻微的紧张应该被感觉到；伸展应当以运动员自我感觉为标准；运动员和助手应当互相交流。

（二）发展柔韧素质的方法

1. 直腿体前屈双手摸拉左（右）腿。

2. 直腿体前屈双臂向下伸拉。

3. 左（右）弓箭步双手体前触地压腿。

4. 坐姿分腿，两手握脚尖向上牵拉。

5. 坐姿左腿伸直，右腿弯曲，上体前探，左手握左脚牵拉；坐姿右腿伸直，左腿弯曲，上体前探，右手握右脚牵拉。

6. 坐姿左腿伸直，右腿弯曲（两腿交叉），上体右转右手撑地牵拉；坐姿右腿伸直，左腿弯曲（两腿交叉），上体左转左手撑地牵拉。

7. 身体仰卧，右腿弯曲，上体上抬同时双手抱右腿牵拉；身体仰卧，左腿弯曲，上体上抬同时双手抱左腿牵拉。

8. 身体仰卧，右腿上举，上体上抬同时双手抱右腿牵拉；身体仰卧，左腿上举，上体上抬同时双手抱左腿牵拉。

9. 身体仰卧，两臂平伸，左腿弯曲同时右腿弯曲交叉搭放牵拉；身体仰卧，两臂弯曲，右腿弯曲同时左腿弯曲交叉搭放牵拉。

10. 身体仰卧，上体团身双手紧抱弯曲左腿，同时右腿向左交叉搭放牵拉；身体仰卧，上体团身双手紧抱弯曲右腿，同时左腿向右交叉搭放牵拉。

第四节　篮球运动员体能训练的基本过程

任何一个训练过程，无论其时间长短，从理论上都应包括运动员，（或运动队）的现状诊断、确定训练目标、制订训练计划、实施训练计划、检查评定等基本内容。

篮球运动员体能的现实状态主要包括队员身体形态、机能、身体素质以及运动员身体对负荷的承受能力等方面。教练员一般是通过身体检查体能测试以及训练监控等途径获得运动员体能现状的全面信息，完成对运动员的体能现状的诊断。训练目标向训练参与者描绘出运动训练过程的目标状态，全部训练活动都是为实现这一终极目标状态服务的。这一终极目标的确定，使得训练过程的每一个环节、每一次训练活动都围绕着目标状态的实现而全面展开，从而为在训练过程中的训练计划和比赛计划的制订与实施提供了依据。一个完整的体能训练目标应是一个多层次的有序系统，在层次上应包括整个训练过程体能发展的最终目标和各阶段的训练目标，在结构上包括身体形态、生理机能以及身体素质等各项目标，还应该指出达到目标状态时身体承受运动负荷的能力目标。运动训练计划的制订与实施，是运动训练过程的中心环节，贯穿教练员与运动员的全部训练实践活动之中。体能训练计划的具体作用主要体现在以下 3 个方面。

（1）使体能训练目标进一步具体化。通过制订体能训练计划，可以把训练过程的体能训练目标具体化为若干独立而又彼此联系的训练任务，并进一步具体化为若干按特定要求进行的身体练习。在实施训练计划时，运动员通过逐一地完成这些练习，逐一地实现各课次的训练任务和要求，逐步地接近直至完成体能训练的总目标。

（2）统一训练活动参加者的认识和行动。现代运动训练的参与者已不仅仅局限于教练员和运动员，还包括行政管理人员、科研人员、医务监督人员以及后勤保障人员等。通过运动训练计划可以使所有这些参与者的认识和行动统一到训练上来，为训练的总目标服务。

（3）为有效地控制体能训练过程奠定基础。通过体能训练计划的实施可以获得“体能现状诊断”和“体能训练目标”的反馈信息，这是对体能训练过程实施有效控制的基础，也是保证体能训练过程顺利完成的重要条件。

第五章　篮球教学工作

篮球课程是普通高等学校体育教育专业必修的主干课程之一。篮球教学是由教师和学生共同参与的教与学的相互作用的教育过程。在这一过程中，在教师指导下通过篮球教学对学生进行技能、智能、体能等方面的教育，促进学生综合素质的全面发展。篮球教学的内容包括篮球基本理论、基本技术、基本战术，以及篮球教学组织管理等。学习和掌握篮球教学的基本理论、教学原则、教学规律，运用科学的教学手段和方法，对于提高教学水平，完成教学任务，提高教学质量，培养高素质的合格体育专业人才具有重要意义。

第一节　篮球教学的基本理论

一、篮球教学原则

教学原则是进行教学必须遵循的准则。篮球教学原则反映了篮球教学的一般规律，反映了篮球运动教学的特点，是人们从长期的篮球教学实践中总结出来的。它既指导教师的教学活动，也指导学生的学习活动。这些原则应贯彻于篮球教学活动的始终。

依据篮球运动技能的开放性和对抗特点，在教学过程中，除了应遵循一般教学原则外，还应遵循篮球专项教学的原则。

（一）技术教学与实战运用相结合原则

篮球运动集体同场对抗的基本特征决定了篮球教学过程必须把实战与对抗作为教学的出发点。在技术动作的教学中与比赛实践相结合，培养篮球意识、对抗能力和实战运用的能力。

（二）技战术的规范化与灵活性、个体化相结合原则

由于学习者存在着身体形态、素质、智力等差异，以及比赛过程的千变万化，

因此，篮球教学中既要力求学生动作的规范，也允许存在符合自身条件的动作差异。遵循在规范化的基础上结合个体化的原则，允许学生之间存在技术动作的细微差别，允许战术配合过程中的变化，在教学中照顾不同能力的学生，贯彻区别对待的原则。

（三）专门性知觉优先发展原则

篮球运动是以手控制球、支配球进行投篮得分，以攻守对抗为主要活动形式的运动项目，手对球的精细感觉对于学习运用篮球技术动作至关重要。为了提高学生对球的感知和控制能力，一般多在准备活动中进行各种球操与控制球的练习。

二、篮球教学的基本要求

（一）篮球运动是一项集体性的运动，集体作业是篮球教学的基本特点。在教学中，教师在传授技术、技能、知识的同时，也要注重对学生思想品质的培养，培养学生的团队精神，使学生通过篮球教学，陶冶情操、锻炼意志、修养品行，把对人的教育与技能传授结合起来。

（二）教师是教学的主导，在教学过程中教师要善于运用各种方法，启发学生的积极思维，充分调动学生学习的主动性。把培养学生对篮球运动的兴趣转化为执着的热爱，从而提高学生学习的自觉性和积极性。

（三）在教学组织过程中，要重视课内与课外相结合，充分利用课外活动时间和各种可能的社会篮球活动机会，增多学生接触篮球的时间，在提高学生篮球水平的同时重视他们篮球竞赛组织与裁判工作能力的培养。课外活动具有较大的灵活性和选择性，积极开展各种形式的课外篮球活动，是完成篮球教学任务的重要保证，对全面促进学生篮球素质的提高具有积极作用。

（四）正确地选择教学方法。篮球教学方法是完成教学任务的重要手段。教师在选择教学方法时，首先要重视时代性和篮球学科的前沿知识以及学术拥有的设备、条件，自身学习掌握篮球教学方法的特点及其教学效果，从中选择具体教学方法。应根据教学大纲和教学进度安排的内容及其主次地位和教学原则，并考虑到不同年级、不同性别的学生及身体素质、技术基础的差异性以及场地、器材与设备等因素来选择教学方法，因地制宜、因材施教，最大限度地调动学生的积极性。

第二节 篮球教学文件的制定

篮球教学活动是一个有组织、有目的教育过程。教学文件的制定是为了使教学工作有序、顺利进行，保证教学任务的完成而采取的组织策略。这些文件主要包括教学大纲、教学进度和教案等。

一、教学大纲

教学大纲是根据课程方案，以纲要的形式制定教学指导性文件，是篮球课程教学单位（教研室、组）和教师组织篮球课程教学工作的依据，也是检查教学任务完成情况和评定教学质量的重要依据。科学合理地制定教学大纲可使本门课程的教学为学校的培养目标服务，同时教学大纲的建设也是课程建设的主要内容之一。

（一）教学大纲的结构与内容

教学大纲一般由说明、正文和参考文献目录三部分组成。教学大纲规定了课程教学的基本任务，教材编选的原则，组织教法的形式、方法和要求，教学内容的细目提要与基本要求；时数分配与各部分的比重，完成教学任务的主要措施，确定了课程的考核标准和方法；列出了主要的参考文献名称、题目、作者、出版单位名称与机构、出版日期。

（二）制定教学大纲的基本要求

1. 从实际出发，落实教学计划所规定的培养目标和要求，明确提出教学目的任务。

2. 根据篮球运动的特点、本课程的任务和时数，确定教材内容，突出基本理论、基本技能的教学训练和培养。

3. 注意教学内容的科学性、系统性和先进性。

4. 合理分配时数，要保证理论与实践的适当比例，确保教学任务的完成。

5. 重视考核内容与方法，合理确定理论知识与技术实践考核成绩中所占的比例，有效地衡量学生学习的水平。

二、教学进度

教学进度是根据教学大纲的任务、内容和时数分配，把教材内容具体落实到每次课的教学文件中。它是依据篮球知识技能认知学习的基本规律而确定的教学内容的逻辑序列，因此它是教学法和教学策略的反映。合理地制定教学进度对提高教学质量与效果具有重要的意义。

（一）制定教学进度的基本要求

1. 全面安排，突出重点。

2. 遵循教材内容的逻辑关系，合理利用迁移原理。

3. 理论与实践要紧密结合。

4. 注意新旧教材和搭配。

（二）编写教学进度的方法

教学进度的编写最常用的方法有以下两种。

1. 符号式教学进度：即采用表格的形式把教学内容按编号顺序逐一列入教学内容栏，然后按出现的先后顺序在相应的课次栏内做符号，科学地排列组合，从而反映出每次课的教材安排和整个教材排列顺序及数量（表 5 -2 -1）。

表 5 -2 -1　符号式教学进度

次数 内容		一		二		三		四		五		六		七		八		九	
		1	2	3	4	5	6	7	8	9	1	1	1	1	1	1	1	1	1
理论部分	1											○		○		○		○	
	2																		
技术部分	1	√	×	×															
	2																		
战术部分	1	√	×	×	×														
	2																		
考核																		⊗	⊗

注：“○”为理论课、“√”为新上课、“×”为复习课、“⊗”为考核

2. 名称式教学进度：即在制定教学进度时，按课的顺序将各类教材的名称填入表格的教学内容栏内，在课程类型一栏填写采用的组织方式，如理论讲授、实践教学和研讨等。其他事项填入表格的教学内容栏（表 5 -2 -2）。

表5-2-2 名称式教学进度

课次	教学内容	课程类型	备注
1			
2			
3			

三、教 案

教案是教师为完成教学任务，进行课堂教学而制订的具体工作计划。它是根据教学进度所规定的教学内容、教学对象和教学的基本条件，经过教师的备课，以课的组织形式编制的教学实施方案，是教师上课的具体依据。

篮球课的类型有理论与实践、新授与复习、教学与训练、技术与战术之分。无论何种类型的实践课，在课的结构上都采用准备、基本和结束3个部分。

教学内容和教法措施是教案的重要内容，一般应按课的上述3个部分有顺序地设计，精确地计划各部分所需时间、练习形式、运动负荷大小等。教学内容前后连贯、教法措施科学合理，是教师教学艺术水平的反映。

（一）编写教案的基本要求

1. 首先应依据教学进度的安排，确定本次课的教学内容，即重点内容、一般内容和复习内容。并根据培养目标的要求，结合本课的教学内容和学生的实际情况提出具体教学任务，以便于检查和总结。

2. 根据教学进度和课的任务，明确该课的基本类型，并根据篮球教学的基本原则，科学地组织教学内容，使教学内容之间有机联系，合理地确定课的组织模式与教法。

3. 要依据教学内容、学生的实际情况与场地设备条件选择教学方法，教法手段要灵活多样，有所侧重，使教学方法和练习形式具有连续性，并考虑前后课次的联系和影响等因素。

4. 在教案中，要根据课的任务和内容，合理地设计运动负荷，通过练习的安排，使运动的量和强度能够反映出课的高低潮。

5. 根据本课教学的需要，对所需场地、器材、教学辅助用具的种类和数量做出具体安排。

（二）教案的基本格式

教案的基本格式有多种。篮球实践课的教案大多采用表格式，如表 5－2－3 所示，这种表格是经过缩略的，使有时可根据具体情况对准备部分、基本部分和结束部分予以扩展。

表 5－2－3　教案的基本格式

<table>
<tr><td>班级</td><td colspan="2"></td><td>人数</td><td></td><td>课次</td><td></td><td>上课日期</td><td></td></tr>
<tr><td>教材内容</td><td colspan="8"></td></tr>
<tr><td>课的任务</td><td colspan="4"></td><td colspan="2">课的类型</td><td colspan="2"></td></tr>
<tr><td>课的部分</td><td>时间分配</td><td>课的内容</td><td colspan="6">课的组织与要求</td></tr>
<tr><td>准备部分</td><td></td><td rowspan="3"></td><td colspan="3" rowspan="3"></td><td colspan="3" rowspan="3"></td></tr>
<tr><td>基本部分</td><td></td></tr>
<tr><td>结束部分</td><td></td></tr>
<tr><td colspan="2">器材与设备</td><td></td><td colspan="2">运动负荷曲线</td><td colspan="4"></td></tr>
<tr><td colspan="2">课后小结</td><td colspan="7"></td></tr>
</table>

第三节　篮球教学的组织形式与方法

一、篮球教学课的组织形式

篮球教学的组织形式主要是课堂教学，包括实践课、理论课、观摩讨论课和实习课等。

（一）实践课

实践课的基本手段是实践操作，即通过不同的练习去完成篮球技战术的学习。实践课的结构是由准备部分、基本部分和结束部分构成的，这 3 部分又是一个紧密联系的整体。实践课的各部分都有其各自的目的、任务、内容和组织教法要求，因此教师必须根据课的任务和学生的实际情况，选择适宜的练习手段，提出明确的要求。

1. 准备部分

目的与任务：使学生明确课的具体任务及要求；通过准备活动，组织学生尽快从生理上、心理上进入教学过程，为顺利地完成基本和全课的任务做好准备。

内容：整队，班长或值日生向老师报告出席人数，教师考勤、讲解本课内容、任务和要求，检查服装，布置见习学生的任务；可根据课的任务及内容安排集中注意力练习、走跑、徒手体操或活动性游戏、进行篮球的专门性练习等。

组织方法：一般采用集体作业形式，教师要善于引导和鼓动。准备部分练习应全面且具有针对性。准备活动的时间一般是 15 ~ 20 分钟，根据学生的身体情况、气候条件等，可略作增减。

2. 基本部分

目的与任务：根据教学进度安排，使学生掌握和改进规定的篮球技术或战术，提高理论水平和篮球意识，提高身体素质，进行意志品质培养。

内容：根据教学进度，围绕本课教学内容和任务，选择适宜的练习方法，提高学生的技术、战术水平和实战能力等。

组织方法：集体或分组作业。一般来讲，先学习新教材，然后再复习旧教材；也可以根据教学进度，先安排复习内容，然后引入新教材。教学比赛或发展身体的练习应安排在基本部分结束之前。组织教法要注意课与课、练习与练习之间的联系，循序渐进、由简到繁，逐渐增加完成技术动作或战术行动的数量、速度、难度和对抗条件等。教师要善于观察，用改变练习方式、增加练习次数、讲解示范与练习结合等，来提高或降低练习的密度和强度，从而调整学生的运动负荷。基本部分是课的主要部分，活动时间应在 75 ~ 80 分钟之间。

3. 结束部分

目的与任务：有组织地结束教学活动，使学生逐渐恢复到相对安静的状态；并简要地进行课的小结，布置课外作业。

内容：根据最后一个教材的内容，选择一些逐步降低运动负荷的练习，如放松跑、简单轻松地投篮练习、按摩肌肉等。然后进行课的小结与评价布置课外作业，预告下次课的内容等。

组织方法：一般采取集体形式。评讲时要求队伍整齐，表扬与批评相结合，恰当地评价课堂学习情况，激发学生学习的积极性，也可以重点指出练习中普遍存在的错误及纠正方法，以利于学生课后练习。结束部分的时间在5分钟左右。

（二）理论课

理论课是通过课堂讲授，向学生传授篮球运动的基本理论和方法。理论课一般在教室进行。在篮球教学中，理论课的比例虽然小于实践课，但是系统的理论讲授可以使学生在实践中获得的感性认识迅速上升到理论，促进学生技术战术水平和实际能力的提高。理论课要根据课的内容，除了传授基本理论知识外，还要对学生进行素质教育，如爱国主义教育、遵纪守法教育、集体主义教育、艰苦奋斗教育等等，促进学生全面素质的发展。

教师要认真编写讲授提纲和讲稿，安排好每一个讲课步骤，利用讲授、提问、讨论、答疑等形式，使理论课上得生动活泼。

（三）观摩讨论课

观摩讨论课是通过对技战术或教学训练课的观察，以讨论的形式来提高学生分析问题和解决问题的能力，一般多在进行篮球教法、技术、战术和规则裁判法分析的教学时采用。这种形式比较自由，可以发展学生的创造性思维，提高学生的表达能力。

观摩讨论课前，教师要对学生宣布观摩的内容、观察的重点、要解决的问题，以及纪律等方面的要求。观摩对象可以是某次篮球课或篮球比赛，也可以是篮球技术、战术电影或录像片等。观摩中要求学生做好笔记，以及记下自己的感想、体会、疑问等。

观摩结束后，要及时组织讨论，一般先由教师做引导性发言，然后学生围绕议题进行发言。讨论应在民主气氛中进行，鼓励不同意见的发表，甚至可以展开争论。教师应在讨论结束时做总结性发言，对讨论的问题和学生的讨论情况进行评述。未能得出结论的问题可以留待课后继续探讨。

（四）实习课

实习课的目的是提高学生的教学训练能力、裁判水平和组织竞赛能力。

课前要确定实习学生人数，并指导学生做好充分的准备工作。对实习过程要做好观察记录，实习结束时要及时进行讲评，尤其要鼓励其他学生参与讲评和讨论。实习生要写出实习总结，以利于学生能力的提高。

二、篮球教学的步骤与方法

篮球教学步骤是篮球教学中，程序化地分解教学过程，有序地组织，并有针对性地采用相关方法进行学与练的策略。根据篮球运动特点，篮球教学主要分为技术和战术教学两大部分，由于篮球技术和战术的不同特点，技术与战术所运用的教学步骤也有所不同。

（一）技术教学的步骤与方法

根据篮球教学的目的和教学原则，篮球技术教学通常有以下 3 个阶段，每一阶段都包含有 4 个环节，即讲解、示范、组织联系和纠正错误。

1. 建立正确的技术动作概念，体会技术动作的方法

这一阶段的教学方法如下。

（1）讲解：讲解的内容包括技术动作的名称、概念、作用、技术结构、技术要领、技术关键等。讲解要简要、生动、形象化，要突出重点，既要注意技术原理的简要分析，又要启发学生的思维，语言要生动形象，使学生易懂、易记。

（2）示范：示范的目的是让学生建立正确的技术动作表象。示范动作要正确、规范。一般可先做一次完整技术的示范，然后根据技术动作的结构和要求，再做重点示范，让学生的注意力集中在技术动作的主要环节上。为了达到示范的目的，增强示范的效果，示范时要根据学生的人数、阵形、技术动作的特点来确定示范的位置和方向，篮球技术教学中，多采用正面和侧面示范。

为了达到最佳效果，可利用图片、幻灯、电影、录像等手段进行技术动作的演示，以有利于学生形成正确的技术动作表象，建立完整的技术概念。

示范和讲解往往结合运用，可以先讲解后示范；也可以先示范后讲解，然后再示范；也可以边讲解边示范。采取何种形式，应根据教学内容和教学对象的实际情况来决定。

（3）试做：试做是在讲解和示范的基础上，让学生在降低要求的条件下尝试体会动作。试做的不必是完整的技术，但必须是技术关键，有时是徒手做，有时是简单的模仿，使学生的视觉、听觉和本体感觉一起发挥作用，以便获得所学技术的运动感觉，初步掌握技术。

讲解、示范和试做的过程是学生动作技能形成的认知定向阶段，起主要作用的是视觉、听觉等外导系统，尤其是视觉在学生形成清晰正确的动作表象中起到重要作用。因此，教师应适时做出正确的示范动作，把讲解、示范和试做结合起来，使学生更好地理解动作要领，加速形成正确而完整的技术动作概念。

2. 形成正确的技术动力定型，掌握和巩固技术动作

这一阶段的教学方法如下。

（1）在简单条件下练习技术动作

根据技术动作的难易程度，可适当降低练习难度，或采用分解与完整练习相结合的方法，或无对抗的情况下练习。如学习原地单手肩上投篮技术，可采用原地对墙自投或2人对面互投的方法练习投篮的基本姿势和投篮手法，把注意力集中在关键技术上，避免投篮命中带来的干扰。在掌握了原地单手肩上投篮的身体姿势和投篮手法后，可对着球篮练习，与球篮的距离可由近到远，保证投篮动作不变形，并逐步加大难度。

（2）掌握组合技术，巩固技术动作

在学生掌握两个或两个以上技术的基础上，要进行组合技术练习，以进一步巩固技术动作的动力定型，为技术的运用奠定基础。

篮球技术在实际运用中大多表现为组合技术，它包括同类技术动作的组合与不同类技术动作的既组合又连贯，前一个动作的结束就是后一个动作的准备和开始。如接球与传球、停步与投篮、接球与突破、投篮与突破等。因此，要适时进行组合技术练习。组合技术的衔接要合理，动作要有节奏，讲究协调。在组合技术的练习中，可先在慢速中进行，然后加快移动速度和动作速度，并逐渐增加动作组合的数量和变化，以便进一步巩固技术动作，使之更加熟练。

（3）掌握假动作，提高应变能力

在学生较好地完成组合技术的基础上，可结合假动作的教学，提高技术运用的应变能力。如在掌握了投篮和突破技术后，可教学生运用瞄篮虚晃、跨步等动作迷惑对手，把投篮与突破结合起来进行练习，不断提高应变能力。

3. 在攻守对抗条件下提高运用技术的能力

这一阶段的教学方法如下。

（1）在规定的攻守条件下进行练习

为了给练习设置一定的条件，练习时可以对攻守双方提出一定的要求。学生在这种特定的条件下进行练习，便于掌握技术的运用时机，提高技术的运用能力。如练习原地投篮技术时，防守者高举手臂而不封盖；运球时，防守者仅封堵路线而不抢球等。

（2）在消极对抗条件下进行练习

根据练习的重点，对攻守双方提出一定的要求。如在练习进攻技术时，要求防守消极些；练习防守技术时，要求进攻消极些。这样，便于学生体会和掌握攻防技术动作，更好地选择运用时机，提高技术的运用能力。

（3）在积极对抗条件下进行练习

当学生已基本掌握了技术动作并逐步达到熟练的程度后，应逐步过渡到在积极对抗条件下练习，提高攻守难度，增加运动负荷，使学生在接近比赛或在正式比赛的攻守状态下完成技术动作。

在篮球技术教学中，对初学者宜采用简单条件下的练习方法。当他们的技术动作掌握得比较牢固熟练后，可以逐步增加练习的难度和强度，通过积极对抗，进一步提高技术的运用能力。此外，还要注意弱手弱脚的练习，注意在篮球场左右侧的练习轮换进行。这样，有利于技术动作的迁移，有利于学生全面掌握技术，也有利于学生左右大脑的均衡发展。

（二）篮球战术的教学步骤与方法

篮球战术的教学任务，是使学生掌握战术方法并在比赛中运用。由于篮球战术是以篮球技术为基础的，因此，战术教学就与技术教学相结合。教学中应按以下步骤进行。

1. 建立战术概念，掌握战术方法

（1）建立完整的战术概念

教师首先要对具体战术的概念、特点、运用目的、攻守战术之间的矛盾关系等进行讲解，使学生对该战术有初步的概念。然后对该战术的落位阵形、移动路线、主要配合方法、配合顺序、队员职责、同伴协同行动，以及该战术的变化规律进行讲解和演示，使学生对所学战术的组织形式和战术方法有基本的了解和认识，以建立完整的战术概念。

讲解和演示时，可使用图示、沙盘、电影、录像等进行直观教学，也可以在球场上假设攻守的方式试做，让学生实际体会战术阵形、位置分工、移动路线和配合方法，启发学生的战术思维，培养战术意识。

（2）掌握局部战术配合方法

全队战术是由局部战术构成的，掌握局部战术是学会全队战术的前提。教学中要根据全队战术发展的一般规律，把全队战术分解为几个阶段或几个部分，有序地进行重点教学。如学习快攻战术，把短传快攻分为发动与接应、推进和结束 3 个阶段，分别进行局部战术教学。这样，既保证了战术的连续性，又解决了战术中的局部问题，为掌握全队战术打下了基础。局部战术练习时，要注意局部与局部之间的衔接，也要注意适时进行攻守对抗条件下的练习。

（3）掌握全队战术方法

全队战术方法是在局部战术配合的基础上进行的。教学中可按照全队战术的要求，从消极的攻守对抗到积极的攻守对抗，熟练掌握全队战术的配合方法。全队战术对学生的个人技术、局部配合能力和战术意识的要求较高，学习中发现问题要及时地、有针对性地解决，以提高全队战术的质量。

2. 提高攻守转换和综合运用战术的能力

在篮球战术教学中，当掌握两个或两个以上的全队攻守战术方法后，结合攻守转换进行战术组合练习，提高攻守转换和综合运用战术的能力。

（1）提高攻守转换能力

在练习中，当进攻结束时，无论对方抢到篮板球或是掷界外球，应立即封堵与退守，落位，并调整防守阵式，迅速转入全场或是半场防守。当防守结束时，获得后应立即转入反击，首先发动快攻，如果快攻受阻再转入阵地进攻。攻守转换要迅速、流畅。进行攻守转换练习时，可先组织二攻二守、三攻三守、四攻四守，然后进行全队攻防练习。可采用多种方法，培养学生攻守转换意识，提高攻守转换的速度。

（2）提高综合运用战术的能力

根据学生掌握战术方法的数量和质量，以及攻守转换能力的高低，可逐步要求学生有策略地运用多种战术。如在一个防守回合中，在前场采用全场紧逼，后场改为半场盯人区域联防；在半场防守时，区域联防可变为对位联防或半场盯人防守。攻守双方根据对方的战术变化相应地改变战术打法，可以提高综合运用战术的能力，提高战术运用和应变能力。

在篮球战术教学中，应通过教学比赛或课外比赛，让学生在竞赛实践中进一步掌握战术方法，使他们能根据对手情况选择和运用战术，并能在比赛中根据战局变化改变战术打法，提高应变能力。

在篮球战术教学中，要注意战术教学与技术教学的结合。在各个战术环节中，应对技术的运用提出具体要求，以保证战术的质量。此外，还要处理好攻守平衡关系，尤其要克服重攻轻守的倾向。在战术教学的过程中，始终要注意战术意识、应变能力、竞争、拼搏、协作精神的培养。

（三）常用的教学方法

在篮球教学中，常用以下几种教学方法。

1. **讲解和示范法**

讲解示范是篮球技、战术教学中的重要环节，每教一项技术动作或战术配合，教师都要讲解它的名称、方法、要领、练习形式及需要注意的关键问题等，然后要做出正确的示范；示范时既要注意动作规范和要领，又要使学生能清楚地看到教师示范的全过程和关键。复杂的技术动作和战术配合，则要采取反复讲解示范法，并启发学生自己思考分析动作，更快领会动作的难点和要点。

2. **纠正错误法**

教师在教学中应注意观察，及时发现学生的错误动作，分析产生错误的原因，寻找纠正方法。纠正时应针对具体情况，抓住主要矛盾，采取有力措施及时纠正。可采取简化练习条件和形式，或进一步分析动作和个别辅导，或采取辅助性的慢动作练习，以使学生尽快掌握正确动作，形成正确的动力定型。

3. **完整与分解相结合的教学法**

篮球教学过程中应根据不同的阶段和条件以及不同的对象，采用完整与分解教学法，但要注意二者之间的结合。一般开始学习新动作时，采用完整教学法，保证动作的完整性、连贯性，使学生形成整体概览；而较复杂的动作和战术配合，则采用完整与分解结合的方法。如运球急停跳投技术，可分解为运球、运球急停、原地跳投练习，在此基础上再进行完整教学。战术教学通常是先完整讲解和示范，使学生清楚布阵、移动路线、配合时机、协作方法等，再进行分解教学和练习，最后使学生逐步掌握整体战术配合。

（四）现代教学方法在篮球教学中的运用

随着我国教育改革的逐步深化，在篮球教学过程中，新的篮球教学理论与方法也不断涌现，如发现教学法、掌握学习法、程序教学法、研究性学习法等现代教学方法，在篮球教学中得以运用。这些先进的教学方法，十分重视学生在学习中的主观能动作用，强调以“教师为主导，学生为主体，发展为重心，自我锻炼为主线”的教学观，努力培养学生独立思考、自我锻炼的能力和习惯，对推动篮球教学的发展和丰富教学方法，提高教学质量起到积极的作用。

1. **发现教学法**

篮球教学中的发现教学法，是指在教师指导下，学生身临教师创造的学习情境，通过主动的观察、分析、体会、归纳等学习活动，去经历独立发现问题、解决问题的过程，并在知识的定向作用下，通过有序的练习形成运动技能，培养良好的发现学习习惯，使知识、技能和能力都得到发展的一种方法。这种方法的特点是，在教学活动中使学生处于相对主体的地位，在观察与体会中发现和学习新的知识，掌握新的技能。

2. 掌握学习法

掌握学习法是以“人人都能学习”这一信念为基础，以“基本能力和能力倾向各有差异的学生组成的学习集体为前提”，以“传统的集体教学方式为核心”，通过有序的个别化教学活动，使绝大部分学生达到既定教育目标，实现教学的大面积丰收的开发性教学法。掌握学习法的实质是群体教学，并辅之以每位学生所需的频繁的反馈和个别化的矫正与帮助。

3. 程序教学法

程序教学法是把教材分成连续的小部分，严格按照教材内容的逻辑关系，将教学内容编成一定程序进行的一种自动教学活动体系。在程序教学中，学生的自学是在教师为其设定的程序中进行的，教师实施“导”的主要手段是为学生编制适合他们学习的教材—练习程序。运用程序教学法，把发挥学生的主体作用与具体的教学理论有机地结合起来，学生学习的主动性和积极性较高。学习是在反馈与强化控制作用下进行的，具有适应性等特点。

4. 研究性学习法

研究性学习法是指学生在教师指导下，从学习生活和社会生活中选择并确定研究专题，用类似科学研究的方式，主动地获取知识、应用知识、解决问题的学习活动。在研究性学习中，“问题”是学生学习的重要载体，首先要组织学生从学习生活和社会生活中选择和确定他们感兴趣的研究专题，去发现问题和提出问题。在教学中，把学生置于一种动态、开放、主动、多元的学习环境中。强调以学生的自主性、探究性学习为基础，充分调动学生学习的主观积极性。这种开放性学习，重要的是给学生提供更多的获取知识的方式和渠道，去了解要学习内容，积累感性知识和实践经验。研究性学习既重视学习的结果，更注重整个课程的过程。

总之，与现有的课程相比，研究性学习突出的是实践性、开放性、自立性和过程性。研究性学习在教学过程中以问题为载体，创设一种类似科学研究的情境和途径，让学生通过自己收集、分析和处理信息来实际感受并体验知识的积累过程，进而了解学习内容，学会学习，培养分析问题、解决问题的内力和创造能力。这种课程模式的核心是要改变学生的学习方式，强调一种主动探究式的学习，是培养学生创新精神和创新能力的一种新的尝试和实践。

三、学习成绩考核

学习成绩考核是教学工作的组成部分，也是教学管理的重要内容。根据教学大纲所规定的考核内容和办法，在教学结束时要进行考核。

（一）考核内容

篮球学习成绩的考核内容，主要根据教学大纲规定的考核范围和方法参照对不同年级不同教学阶段的要求，选择那些最基本的理论知识、基本技术和基本战术作为考核内容。除此之外，还要分别考核组织教学训练、组织竞赛和裁判等方面的能力。

（二）考核的方法

1. 技术、战术考核的方法

（1）达标测试：根据学生完成技术动作的速度、准确性，运用统计学原理制定评价标准，可以采用 10 分制或百分制。如对投篮技术的考核，投中数量打分，投中次数多者则得分高。对行进间运球投篮等综合技术，可以用完成技术的时间长短评分，时间越短分值越高。达标测试可以运用于单个技术动作考核，也可用于组合技术考核。

（2）技术评定：根据学生完成技术动作的质量进行评分。考核前把所考核的技术战术按动作结构、配合过程分为若干环节，根据各环节完成情况给予评分。评分标准可以用 10 分制或百分制，也可用等级制。最后转为具体分数。

（3）比赛评定：主要通过比赛的方法考核学生技术、战术的运用能力。比赛可在全场或半场进行，可全队比赛，也可采用半场二对二、三对三的形式进行比赛。为了客观地反映学生的实践能力和技战术水平，可进行常规技术统计，根据统计数据加以评定。

考核可采用上述 3 种方法中的一种方法，也可采用达标和技评相结合的方法，或同时采用上述 3 种方法评定成绩。采用任何方法，要根据考核对象、考核目的的不同而有所区别。

2. 理论考核的方法

（1）笔试：笔试可分为闭卷和开卷两种。闭卷主要用于考核需记忆的基本理论知识，适用于低年级；开卷主要用于考核学生分析和解决问题的能力，适用于高年级。

（2）口试：通过专题答辩的形式进行，以考查学生对理论知识掌握的深度和广度，考查学生分析问题和解决问题的能力，以及学生的语言表能力等。

3. 基本技能的考核方法

学生基本技能考核主要通过实践来进行，如通过教学学习考核学生的组织教学能力，通过训练实习考核学生的训练能力，通过组织篮球竞赛考核学生的组织竞赛、编排和裁判能力。根据学生的实际工作表现来评定成绩，可以采用百分制或等级制。

第六章　篮球训练工作

第一节　篮球训练的基本理论

篮球训练是为了发展运动员的竞技能力，提高篮球运动技术水平。在训练中必须遵循篮球训练的规律、原则以及运动训练学的基本原理，以理论指导篮球训练实践，科学地解决篮球训练应该练什么、怎么练以及练多少等问题，从而实现篮球训练科学化、最优化。

一、篮球训练的目的、任务及主要内容

（一）篮球训练的目的、任务

篮球训练的目的是不断提高运动技术水平，创造优异的运动成绩。为了达到上述目的，篮球训练必须完成以下主要任务。

1. 增进运动员的健康水平，改善身体形态，提高有机体的技能，提高身体素质。

2. 使运动员掌握篮球运动的基本理论，提高篮球技术水平和战术素养。

3. 增强运动员的心理素质。

4. 对运动员进行综合素质教育，培养运动员的道德品质，主要包括热爱篮球事业的敬业精神、顽强拼搏的意志品质、团结协作的团队精神及优良的体育道德风尚。

（二）篮球训练的主要内容

在篮球训练中，为了完成上述训练任务，在整个训练过程中需要进行多种内容的训练。

1. 体能训练

体能是人体综合运动能力的统称，反映了运动员的多种运动素质能力及技能水平。运动素质的发展是掌握篮球技术、战术和培养篮球专项所需要的稳定心理品质的基础，因此体能训练应贯穿整个篮球训练过程，并根据不同阶段和运动员的各自情况安排适当的比例。

篮球运动员需要具备全面身体素质，而力量与速度是篮球运动的主导素质，耐力也是运动员必备的重要素质。训练中，应以力量训练为基础，以速度训练为核心，重视耐力训练，全面发展篮球运动员的体能。

篮球运动员的身体训练包括一般身体训练和专项身体训练两个方面。专项身体训练是在一般身体训练的基础上发展与篮球运动特点相应的力量、速度、耐力、灵敏等素质，以及与篮球技术相关的专门练习，为提高技战术和比赛能力创造条件。

青少年篮球运动员体能训练的比重要大，一般身体训练比重大于专项身体训练。在训练中一般身体训练与专项身体训练相结合，身体训练与技术、战术训练相结合，身体训练贯穿全年训练。

2. 技术训练

篮球技术是进行篮球比赛的基本手段，是篮球战术的基础。任何战术意图与配合的实现都要求以运动员掌握熟练的技术动作为保证。因此，技术是比赛胜负的关键，在训练的各阶段都要反复进行技术训练，使技术动作规范、熟练。

技术训练的内容繁多，主要有进攻和防守两大类，每一类都有单个基本技术、组合技术和位置技术。在技术训练上要使运动员在掌握全面技术的基础上发展个人技术特长，提高对抗情况下运用技术的能力，逐步形成自己的技术风格。

3. 战术训练

战术训练是指根据本队的训练目标和实际，在正确的战略思想指导下，设计本队战术打法，按战术基本结构、组织形式、配合方法进行系统练习的一种训练过程。

二、篮球训练的特点及原则

（一）篮球训练的特点

1. 训练组织的集体化与个体性结合

集体训练是篮球训练的重要组织形式。篮球队是一个集体，篮球比赛的胜利要靠集体的力量，靠整体竞技能力。因此篮球训练实践，特别重视全队的“磨合”，从队员的各自特点到全队的战术配合、思想作风，都要通过集体训练的反复磨炼，才能使队伍形成一个团结的、坚强的战斗集体。始终把培养相互配合、协同行动、共同拼搏的集体主义精神贯穿在整体训练中。

由于篮球运动员具有比赛中位置职责的区别，以及个人条件与技术特点的差异，因此应实施区别对待，进行个人训练。集体训练与单兵训练相结合，对于提高篮球训练效果有着积极意义。集体训练与个人训练相辅相成，互相促进是篮球训练的重要特征。

2. 训练过程的多变性与可控性

由于篮球运动攻、守对抗过程情况变化具有突然性与多样性的特点，使训练过程经常出现课前设计的训练组织和练习方法手段难以有效地解决突然变化所产生的问题。因此，促使教练员在训练过程中随时根据队员练习的情况变化练习的方法手段，使训练更具灵活性，更符合客观实际。但在训练的科学理论的指导下，对运动训练过程的目标、计划，以及训练过程中信息的传递、反馈都要加以有效的控制，做到训练中“管而不死、活而不乱”。

（二）篮球训练的原则

篮球训练原则反映了篮球训练过程的客观规律，是篮球训练工作必须遵循的基本准则。

1. 全队训练与个人训练相结合原则

全队训练是指根据篮球运动的集体性特点，组织全队进行旨在提高队员技术组合及队员间技术配合及集体对抗能力的练习；个人训练是指根据运动员的个体特点、位置要求、技术水平与心理品质的不同，进行单兵练习，以形成运动员的技术特点。在训练中应将两者合理安排，以达到最佳训练效果。

2. 训练与比赛相结合原则

训练与比赛相结合是指在篮球训练过程中技术、战术训练要符合实战需要，通过比赛检验训练，发现问题，同时提高运动员在比赛中运用技术的能力，熟悉战术配合打法。通过比赛使运动员获得比赛经验，提高竞技能力。

3. 合理安排运动负荷原则

在篮球训练过程中，要根据训练任务和训练对象的水平，逐步、有节奏地加大运动负荷，直至最大限度。

第二节　篮球训练文件的制定

篮球训练文件是指训练过程中的各种工作计划。它是对未来的训练过程预先做出的设计方案，是用来控制、指导、实施和检查训练工作的重要依据。

制定各种训练文件是顺利进行训练工作的保证。需制定的篮球训练文件如下。

一、多年训练计划

多年训练计划，应依据现代篮球运动的发展趋势和本队篮球技术水平发展的需要，以及球队的实际情况与具体任务而定。一般把多年训练计划定为 3 年。对于这一计划的制订，要做到目标明确，任务具体，体现逐年提高训练量和进度措施的要求，标明训练指标、测验手段、负荷安排、应用数据和比例，体现训练计划的系统性，以及参加比赛的粗略安排，反映多年训练的发展前景。

二、全年训练计划

全年训练计划是多年训练安排的组成部分。全年训练计划是以运动训练的分期理论和训练原则为基础，以该年在多年训练计划中处的位置和基本任务，即该年度重大比赛期间达到最佳竞技状态为出发点而制订的。首先要确定本年度参加的主要比赛及其目标，根据应达到的目标提出训练任务，即技术、战术、各种素质、专项能力应达到的具体训练指标与要求，以及总体的运动负荷要求，包括全年中的最大负荷、最大数量、最大强度出现的大体时间和全年运动负荷的曲线。

这一计划在训练的要求、内容、方法和手段上要能符合球队和运动员的实际需要，指标要具体，数据要明确，注意训练计划的完整性、针对性和连续性，以及训练阶段的划分、比赛的安排、训练的考核、检测等。

三、阶段训练计划

阶段训练计划要按照学年计划中各个训练周期或训练时期的实际情况制订。内容的安排、运动负荷、阶段检测的项目，要具有鲜明的针对性，时间的安排要详细到月，并注意留有机动时间。

阶段训练计划一般有 2 种类型。

（一）大周期的阶段计划

1. 准备期

准备期对于全年的训练有着极为重要的意义，在这一阶段中，运动员为比赛阶段做好了身体、技术、战术及心理等方面的全面准备。

准备期还可以分为 2 个阶段，即一般准备阶段和专项准备阶段。一般准备阶段训练的目的是完成一般身体准备，改善技术和基本战术，主要是提高身体能力；专项准备阶段是向赛季的过渡，这一阶段的训练更为专项化，主要是提高专项竞技能力与水平。

2. 比赛期

比赛期训练的主要任务是完善所有的训练要素，形成最佳竞技状态，参加重大比赛。比赛期可以分为两个基本阶段，即赛前阶段和重大比赛阶段。赛前阶段是在正式进入赛季和准备参加重大比赛前，从准备期进入比赛期的衔接阶段，在这一阶段，运动员在体能、技术、战术和心理等方面进行专门训练，为参加大赛做准备；比赛阶段是指进入正式比赛的这段时间，主要训练任务是保持最高竞技状态，争取优异成绩。

3. 过渡期

过渡期是指从比赛结束到下一周期开始训练的这段时间。其主要任务是防止出现过度疲劳，以及借助积极性休息恢复，保持前后两个训练大周期之间的衔接。

（二）赛前的中、短期集训

为准备某些特定的比赛，要组织赛前集训。这种赛前的中、短期集训，常为几周至两三个月。赛前中、短期集训的内容和计划要具有较为鲜明的特点。

1. 中、短期阶段集训计划的结构与特点

在多数情况下，可将中、短期阶段集训看作若干个周训练的组合。这些周训练的过程，既有各自明显的特点，又彼此连接，共同组成一个统一的阶段训练过程。

2. 中、短期集训中的区别对待

对集训前一直系统坚持训练的运动员，中、短期集训应该看作是系统全年训练的一个组成部分。对那些没有经过系统训练的队员，在制订训练计划时，应以中等程度的运动负荷为主，只有在能够保证足够的时间得到必要恢复的条件下，才能安排带有强化形式的运动负荷。对于长期间断训练的运动员应以适应性及诱导性的训练为主，注意负荷安排的循序渐进，使身体机能尽快地适应一定强度的负荷。根据

篮球项目的特点，中、短期集训应主要抓好全队的协调配合，通过集体配合来提高全队的战斗力以弥补个别队员在某些方面的不足，努力创造更高的集体竞技能力。

四、周训练计划

制订周训练计划，要以综合内容为主，技战术和素质训练、运动强度和负荷的安排要合理，具有实效；每次训练内容要突出重点，选用不同的训练手段和方法，训练次数、运动负荷分配、测验和比赛安排都要按阶段训练计划的具体安排分别落实和充实于周训练计划之中。

五、课训练计划

制订课训练计划，要根据周训练计划确定课的类型、任务、顺序和时间分配，做到内容衔接、节奏鲜明、指标落实，包括准备部分、基本部分、整理部分，训练选择运用的方法、手段、运动负荷大小，以及各项内容的时间分配等。

总之，训练计划的制订要从实际情况出发，根据运动队训练的目的、任务、要求以及运动员各方面状况，提出明确的训练目标，并根据比赛任务和场地、设备及气候条件等，提出明确的训练任务和指标，要有完成任务和实现指标的具体措施，还应全面考虑并做出细致安排，解决好训练中的有关问题和矛盾，制订出切实可行的训练计划。

第三节　篮球训练课的类型及组织与方法

一、篮球训练课的类型

篮球训练课的类型主要有以下几种。

（一）体能训练课

这是以各种身体素质练习为手段，以提高和保持运动经济水平为主要目的的训练课，更多地发展篮球运动员的一般和专项身体素质。

（二）技术、战术训练课

这是以篮球的技术、战术为主要内容，以提高运动员的技术运用和战术配合能力为主要目的的训练课。技术训练、战术训练的步骤如下。

1. 技术训练步骤

（1）单个技术训练

篮球技术是由大量的单个技术动作组成。单个技术训练的目的主要在于掌握、提高单个技术的动作技能。单个技术是掌握复杂技术和创新的基础，运动员应该坚持进行单个技术的训练，不断提高技术水平。

（2）组合技术训练

篮球组合技术是指两个以上单个技术动作有机衔接所形成的各种特殊的技术群的总称。在进行组合技术训练时，要从实际出发，分析比赛中出现的各种复杂情况，设计不同的组合技术练习手段。掌握各种组合技术，为在对抗条件下运用技术打好基础。

（3）位置技术训练

篮球比赛中队员根据位置可分为中锋、前锋和后卫，不同位置的队员在比赛中承担着不同的职责和攻守任务。教练员必须根据队员的位置和攻守任务，有针对性地强化位置技术训练。

（4）攻防技术的对抗训练

篮球技术训练的主要任务不仅是形成动作技能，更重要的是学会如何在比赛中运用已形成的动作技能达到一定的战术目的。为此，必须有计划、有要求地进行攻守技术的对抗训练。在掌握单个技术、组合技术及位置技术的基础上，学会在攻守对抗的情况下克服对手的阻挠和制约，达到及时、准确、合理地运用技术的目的。

2. 战术训练步骤

（1）战术基础配合训练

篮球比赛的战术形式繁多，但都离不开基础配合，基础配合是全队攻防战术的基础，只有熟练地掌握和运用这些基础配合，才能在全队战术配合时更加灵活机动，更有效地发挥战术的作用。

（2）全队战术配合的衔接训练

在局部基础配合训练有了一定基础的情况下，可以进行战术配合的衔接训练，包括局部战术配合衔接训练。局部战术配合的衔接训练，就是将局部的基础配合进行组合训练。在这种训练中，要注意配合衔接及进行过程中的连接性和变化。全队战术配合的衔接训练，就是在局部战术配合的基础上所进行的全队完整战术训练。通过这种训练，提高全队配合的整体观念，明确在全队配合下自己的行动，以提高个人行动与集体配合的合理性和攻击性。

（3）战术配合的综合应变训练

在掌握两个或两个以上全队战术的基础上，需要进行各种战术综合变化的组合练习，提高运用战术的应变能力。一方面要提高进攻与防守战术的转化能力；另一方面要提高综合运用战术的能力。

（4）战术配合的比赛训练

战术配合的比赛训练是检验战术训练水平的重要手段，具有很强的对抗性。通过比赛训练，发现战术配合训练中存在的问题，提高队员的运用能力。

（三）比赛训练课

以教学比赛为主要手段，以提高运动员的技战术运用能力为主要目的的训练课。

（四）综合课

包括上述3种类型课中的两种以上内容的训练课。

（五）调整训练课

以技术训练和心理恢复为手段，以调整和恢复为目的的训练课。

二、篮球训练课的组织与方法

（一）篮球训练课的组织

篮球训练课的组织与其他教学课的组织没有特殊的地方，主要包括人员的组织、练习的组织、课的时间分配、运动负荷的安排4个方面。

人员的组织，主要方式有个人作业练习和集体组织练习两种形式。在实践中常常将两种形式结合进行，在一次课中，既有集体练习，也有个人练习。教练员应根据课的主要任务来决定，是以集中为主，还是以个人练习为主。

练习的组织，主要指练习程序和练习内容。在实际练习中，一般是先进行基本技术的练习，再进行战术配合练习、全队战术教学与训练。

课的时间分配，主要指在一堂课中，各种练习时间的分配比例。以技术练习为主的课，在时间分配上应以技术为主；同样，战术练习为主的课，战术练习的时间相对要长。

运动负荷安排，主要指课的运动负荷应以课的任务为依据，在一定的条件下，运动负荷应达队员的体能可以满足全场篮球比赛的需要。负荷量和负荷强度应遵循由小到大、循序渐进的原则，篮球课保持在2～3个负荷高峰即可。

（二）篮球训练的方法

1. 篮球运动训练的基本方法

（1）重复训练法

训练过程中，对某种动作采用同一运动负荷和相同的间歇时间进行多次练习，以达到运动负荷和巩固的目的，称为重复训练法。例如：篮球运动训练中的连续投篮、传球等。重复次数的多少，对身体的作用不同，对巩固机能的作用也不同。重复次数的多少须依据学生所能承受的运动负荷量和完成动作所需的练习量而定。重复训练法可以分为连续重复训练法和间歇训练法。

（2）变换训练法

变换训练法是在训练过程中有目的地变换练习负荷、动作组合，以及变换练习环境、条件等情况进行训练的方法。训练的环境条件、速度、动作组合形式等变化了，对机体的影响也必然随之而变化。这种方法对学生中枢神经系统的协调性和机体调节的灵活性具有特殊的作用。

（3）循环训练法

循环训练法是综合了重复法、间歇法等一系列练习方法的综合方法，它是把多项活动内容设计成若干个站，让队员一站一站地进行练习，通过连续完成多种不同项目的循环，按照学生自身的负荷指标，使负荷量逐步提高，以达到增强体质的目的。这种训练法对增强学生的肌力、提高身体素质和增强心肺机能等都有显著作用。

（4）比赛训练法

比赛训练法是以比赛为训练内容，通过比赛，学习和锻炼队员的篮球技术、战术和意识。比赛是调动队员积极性的有效手段，它可以激发队员的斗志，促进队员积极向上、克服困难，获得优良成绩。篮球运动训练中比赛法的种类多种多样，有教学比赛、检查比赛、测验性比赛等。不论采用哪种比赛法，都要根据教学任务来决定，必须注意运动负荷的调节，严格按照既定的规则要求进行。

（5）心理训练法

心理训练法是运用心理学的手段，提高运动员的心理素质和运动成绩的训练方法。心理训练与传统的身体训练、技术训练、战术训练和人格修炼相结合，构成了现代运动训练的完整体系。心理训练方法很多，但主要包括运动的表象训练法、想象训练法、语言暗示训练法、生物反馈训练法和放松训练法。

2. 训练方法与手段的选择

（1）训练方法的手段选择要有目的性

为了达到预期的目的，从实际出发，选择或创造性地运用训练方法非常重要。因此，训练方法与手段要有的放矢，要求解决什么问题，提高什么技术环节，目的性一定要明确。任何一种练习方法、一套方法、一系列的训练手段，都是解决一定任务的手段。这种方法练什么、目的是什么，目的性一定要强。

（2）训练方法的手段选择要有针对性

篮球运动训练方法和手段的选择及运用，首先要根据本队的训练任务和内容确定。同时注意从实战出发，抓住技术动作和战术配合的关键环节，严格要求，扎扎实实地解决。每一个训练手段方法都有它本身的特点和要求，但在各训练方法手段之间都有其内在的联系，如一般身体训练与专项身体训练之间、各种基本技术之间、技术与技术之间等等。

（3）训练方法的手段选择要有时效性

通过练习，应该能使队员在比赛中发挥应有的技术和水平，而不是把某些队员练成“训练队员”。所以练习方法手段的选择一定要注意实效性。如果仅仅为练习而进行练习，最终只能是徒劳，浪费时间。

（4）训练方法的手段选择要有循序渐进性

每一种训练手段方法的选择和使用都要考虑到它的循序渐进性，既不能一下子提高好几个档次，但也不能让队员永远徘徊在同一水平上。可根据队员的水平选择一些比队员实际水平稍高、难度较比赛情况大些并超出队员水平的练习方法手段。

（5）训练方法的手段选择要有趣味性

通过一些有趣的训练方法，尤其是利用一些手段，在练习中提高队员练习的积极性。实践证明，趣味性练习的一些方法手段比做一些乏味练习的效果要好得多，尤其是在防守的脚步练习时，多采用趣味性练习的手段和方法，可以减少枯燥性，提高趣味性。如解决防守的低重心问题，单靠平时嘴上强调，讲低重心多么重要，不如采用一个比赛有趣味的训练方法进行练习的效果好。实际训练中常采用球不离手的“地滚球游戏”，来练习防守的低重心。

（6）训练方法的手段选择要有对抗性

在基本技术动作规格规范掌握的基础上要加强对抗性技术的练习，以增强队员运用技术时的对抗能力，而且在训练手段上要给予保证，以保证对抗性练习的质量，为正式参加比赛打好基。

（7）训练方法的手段选择要有比赛性

从实战比赛中提高战斗力，是很重要的一种训练手段。从训练与比赛的关系来说，训练的目的是为了比赛，练为战，训练的任务是创造条件，改变条件，增强实力，在比赛中表现出高水平。训练不能脱离比赛，为训练而训练，只练不打，终究脱离实战。通过比赛让运动员取得实战经验，提高实战能力是十分重要的。在训练课中有目的地安排五对五的分队比赛、教学比赛、公开比赛等。

3. 选择训练方法应注意的问题

（1）必须根据本队队员技战术的实际情况，恰到好处地选择训练的方法手段。教练员必须善于总结，创造性地选择训练手段方法。

（2）教练员应根据本队训练的任务和内容，并结合队员的实际情况，来确定训练的方法手段。

（3）训练方法手段一旦确定，教练员要在这一过程中，细致观察，不断思考，不断取得经验。如果经过实践证明此方法手段的效果显著，要加以补充与充实，并坚持下来。在训练效果的提高上，往往开始提高得很快，之后哪怕是再提高一点一滴，都需要巨大的智慧与艰苦训练。

（4）训练方法手段的设计与创造，特别是技术运用的训练，一定要遵循从难、从严、从实战要求出发的原则。只有从实战出发，设计和组织练习方法，设置多种复杂条件，在掌握基本技术的基础上，逐渐增加难度、强度、对抗性，使训练的条件接近战情况，才能练出过硬的技术，才能在实战中运用自如。

训练方法手段要根据训练水平的提高不断地改进。由于掌握技术的规律是开始时提高得很快，之后提高得很慢，所以在改进训练方法手段，进一步提高训练水平时，训练方法手段的选择是非常重要的。

第七章　篮球裁判

第一节　篮球裁判的基本理论

篮球裁判工作是篮球运动竞赛的重要组成部分。裁判员是一场比赛的主持者，他应依据篮球规则和裁判法的要求依“法”有“序”地对运动员在比赛中表现出来的行为和动作做出正确的判罚与处理，对参赛对方在比赛中的一切举止和活动进行及时的管理，使比赛得以顺利流畅地进行并最终评定胜负。一个优秀的篮球裁判员不仅要具备良好的身体素质、思想道德品质，以及稳定的心理素质和团队协作精神，还要精通篮球规则，全面与深入地掌握和贯彻比赛本身的精神，并须正确与熟练地掌握和运用篮球裁判方法与技巧。因此，学习与掌握篮球竞赛规则与裁判方法与技巧是十分重要和必需的。

一、篮球竞赛主要规则简介

篮球规则是篮球竞赛的法，是所有参加篮球竞赛活动的人员必须遵守的比赛规定、技术标准和行为规范。篮球规则，作为篮球竞赛的法，具有一定的稳定性和连续性。但这种稳定性与连续性是相对的，随着篮球运动的发展，篮球规则也在相应地修改与变化，以便及时反映和适宜篮球运动发展的客观需求，并通过规则的不断修改与完善，推动与促进篮球运动的普及和提高。

篮球规则具有严格的时限，通常每隔 4 年修改 1 次。

（一）比赛通则及一般规定

1. 比赛时间：比赛由 4 节组成，每节 10 分钟，每一决胜期的时间为 5 分钟。

2. 比赛的开始与结束：在第 1 节时，由主裁判员在中圈执行跳球开始比赛；当主裁判员抛出的球被跳球队员合法拍击时为比赛开始；其后所有的各节比赛均由拥有掷球入界权的队在记录台对面边线中点处外掷球入界开始比赛。第 3 节比赛开始前，双方球队应交换比赛场地。

在一节或决胜期的比赛中，当结束比赛时间的计时钟信号响时，为比赛结束。

3. 交替拥有：是指当场上发生了一次跳球情况时，由比赛双方依次轮流拥有控制球权，在界外掷球入界开始比赛，而不是以跳球的方式使球成活球的一种方法。

4. 暂停：在第一半时每队可准予 2 次暂停；在第二半时内可准予 3 次暂停，但最后 2 分钟最多 2 次暂停，每一决胜期可准予 1 次暂停。未用过的暂停不得遗留给下一个半时或决胜期。每次暂停为 1 分钟。

在比赛中，只有教练员或助理教练员有权请求暂停，并由他亲自到记录员处做出规定的暂停手势要求暂停。

5. 替换：在比赛中只有替补球员可以要求替换，他应到记录台前做出替换手势要求替换，并及时做好比赛的准备。

（二）常见的违例

违例是犯规规则的行为。其罚则是由对方队在发生违例的最近地点界线外掷球入界重新开始比赛。

1. 队员出界与球出界

当队员身体的任何部位接触界限上，以及界线上方或界线外的除队员以外的地面或任何物体时，即是队员出界。

当球触及了在界外的队员或任何其他人员、界线上和界线上方或界线外的地面或任何物体、篮板支架、篮板背面或比赛场地上的任何物体，即是球出界。在球出界前最后触及球及被球触及的队员是使球出界的队员。如果球出界是球触及了在界线上或界外的队员或被他所触及，是该队员使球出界。

2. 掷球入界违例

掷球入界时，发生下列情况可判为掷球入界队员违例。

（1）可处理球时，在 5 秒内未使球进入场内。

（2）可处理球时，在指定的地点横向移动超出正常的一步或向左右方向移动。

（3）球离手前或离手时身体触及球场内地面。

（4）掷出的球碰到篮板背面、支柱、天花板或卡在篮圈支颈上，或直接中篮。

（5）掷出的球，在球未触及场上队员前，又首先触及球。

（6）球未触及场内队员又直接出界。

3. 非法运球（也称二次运球）

当在场上已获得控制活球的队员将球掷、拍、滚过运在地面上，在球触及另一队员之前再次触及球为运球开始。当队员双手同时触及球或允许球丢在一手或双手中停留时为运球结束。第一次运球结束后，不得再次运球，在两次运球之间他在场上已经失去了控制活球权；用拍击的方式试图获得球。

4. 带球走

当队员在场上持着一个活球，其一脚或双脚超出规则的限制向任何方向非法移动时，即是带球走。判断带球走的关键是确定和观察持球队员的中枢脚。

中枢脚的确立

①原地或移动中停步接球时，双脚同时着地，可以用任何一只脚做中枢脚。当他一只脚抬起的一刹那，另一只脚就成为中枢脚。

②在移动中停步接球时，如一只脚正在接触地面，则该脚就成为中枢脚；如一只脚着地，也可跳起并双脚同时着地停步，此时哪一只脚都不能单独成为中枢脚；如需运球，必须在球离手后，两脚任一脚才能离地。

中枢脚已确立

①开始运球时，在球离手前中枢脚不得抬起；队员抬起中枢脚可做传球或投篮，凡在球出手之前任一只脚不得落回地面。

②当一名队员持球跌倒在地面或躺或坐在地面上获得控制球是合法的，如果持球滑动、滚动或试图站起来则是违例。

5. 违反时间规则

（1）3 秒违例

①当某队在前场控制活球并且比赛计时钟正在运行时，该队的队员不得停留在对方的限制区内超过持续的 3 秒。否则可判该队员违例。

（2）被严密防守时的 5 秒违例

一名队员在场上正持着活球，被对方队员严密防守（距离在 1 米内）时，必须在 5 秒钟内传球、投篮或运球。否则可判该队员违例。

（3）8 秒违例

当一名进攻队员在他的后场获得控制活球时，他的队必须在 8 秒钟内使球进入他的前场。否则可判该队违例。

（4）24 秒违例

当一名进攻队员在场上获得控制活球时，他的队必须在 24 秒内试图投篮；在 24 秒装置的信号发出前，球必须离开投篮队员的手，球离手后，必须触及篮圈或进入球篮。否则可判该队违例。

6. 球回后场

首先明确两个概念：对处于后场的进攻队员而言，此时中线属于前场；对处于前场的进攻队员而言，此时中线属于后场。

在比赛中，判断球回后场，下述3个条件必须均成立。

（1）进攻队的队员在前场控制球。

（2）该队队员使球回到后场。

（3）该队队员首先在后场触及球。

7. 干扰球

在比赛中，违反下列规定应视为干扰球违例。

（1）投篮时，当球下落，并完全在篮圈水平上时，任一队员都不能触及球；但球触及篮圈或明显不会触及篮圈时除外。

（2）当投篮或罚球的球触及篮圈时或当球触及篮圈弹起或在篮圈上时，任一队员都不得触及篮圈或篮板。

（3）不得从下方伸手穿过篮圈并触及球。

8. 罚球违例

（1）当发生下列情况时为罚球队员违例。

①可处理球后，球离手时间超过5秒。

②球中篮或触及篮圈前，脚触及罚球线或限制区地面。

③球未中篮并且未触及篮圈。

④做罚球的假动作。

（2）当发生下列情况为非罚球队员违例。

①干扰罚球队员的罚球。

②罚球队员的球未离手前进入限制区。

9. 脚踢球与拳击球

故意用脚踢球或用腿的任何部位拦住球以及用拳击球都是违例，球偶然地触及或碰及脚或腿不算违例。

（三）常见的犯规

犯规是对规则的违犯，含有与对方队员的非法身体接触或违犯体育道德的举止。每一次犯规都应被登记，记入记录表并判给相应的罚则。如某队员累计侵人犯规或技术犯规已达5次，则必须在30秒内被替换出场。在一节中某队全队累计犯规已达4次，随后发生的对未做投篮动作的队员的侵人犯规，应判给2次罚球，代替掷球入界；如果随后是控制球队的队员发生了侵人犯规，则判给对方队在就近地点掷球入界。

1. 侵人犯规

侵人犯规是指队员与对方队员发生的身体接触的犯规。无论球是活球或是死球，在比赛中，队员不得通过伸展他的手、臂、肘、肩、膝或脚来拉、阻挡、推、撞、绊、阻止对方队员进行，以及不应将其身体弯曲成“反常的”姿势（超出他的圆柱体)；也不应放纵任何粗野或猛烈的动作。否则可判为侵人犯规。

一旦发生了侵人犯规，应按下列罚则处理。

（1）给犯规队员登记1次侵人犯规。

（2）如果是对未做投篮动作的队员发生犯规，应由非犯规的队在靠近犯规的地点掷球入界，重新开始比赛。

（3）如果是对正在做投篮队员发生犯规，投球中篮，应记得分并判给1次追加的罚球；如果投篮未中，应按投篮区域，判给2次或3罚球。

2. 双方犯规

双方犯规是指两名互为对方的队员大约同时相互发生侵人犯规的情况。当裁判员宣判了双方犯规，应按下列罚则处理。

（1）给每一名犯规队员登记1次侵人犯规，不判给罚球。如某队已控制了球或拥有球权，则判由该队掷球入界。如果双方都未控制球也没有球权，一次跳球情况发生。

（2）如果在大约同时投篮有效或最后一次或仅有一次的罚球得分，应将球判给非得分队从端线掷球入界。

3. 违反体育道德的犯规

根据裁判员的判断，一名队员不是在规则的精神或意图的范围内合法地试图去直接抢球，发生的接触犯规是违反体育道德的犯规。

当发生了体育道德的犯规，应按下列罚则处理。

（1）给犯规队员登记一次违反体育道德的犯规。

（2）判给被犯规的队员2次罚球以及随后由该队在记录台对面的中线延长部分掷球入界。

（3）如果是对正在做投篮动作的队员发生的犯规，如中篮应计得分并加判给1次罚球；如投篮未中，应视投篮区域判给2次或3次罚球。

4. 技术犯规

技术犯规是包含（但不限于）行为性质的队员非接触性犯规。当发生了一次技术犯规，应按下列罚则处理。

（1）登记 1 次技术犯规，并作为全队犯规计数；判给对方队员 2 次罚球，以及随后在记录台对面的中线延长部分掷球入界。

（2）如是教练员、助理教练员、替补队员或随从人员的技术犯规，均登记为教练员一次技术犯规，但不作为全队犯规之一计数。

（3）在赛前和其他休息时间内发生的技术犯规，登记 1 次技术犯规，判给 2 次罚球，并作为全队犯规计数；如是教练员、助理教练员或随队人员技术犯规，则不计入全队犯规之中。罚球完毕后，比赛按原有的程序进行。

5. 取消比赛资格的犯规

队员、替补队员、教练员、助理教练员或随队人员的任何恶劣的违反体育道德的行为都视为取消比赛资格的犯规。一名队员被登记了 2 次违反体育道德的犯规时，教练员由于他自身违反体育道德行为的结果而被登记了 2 次技术犯规时，均应按取消比赛资格，但不判给追加罚则。

当发生了取消比赛资格犯规，应按下列罚则处理。

（1）应给犯规者登记 1 次取消比赛资格的犯规，并要求他立即离开比赛场地；判给 2 次罚球以及随后由该队在记录台对面的边线外中线延长掷球入界重新开始比赛。

（2）如果是对正在做投篮动作的队员发生犯规，中篮应计得分再判给 1 次罚球；投篮未中，应视投篮区域判给 2 次或 3 次罚球，随后由该队在记录台对面的中线延长处掷球入界重新开始比赛。

二、篮球裁判方法与技巧简介

一场篮球比赛的圆满结束，是裁判员集体合作的成果，既要求裁判员临场执法做到“公正、准确、积极、稳定”，还需要临场裁判员之间的默契配合，以及他们与记录台工作人员之间的沟通和协作。篮球裁判方法与技巧强调执裁每一场比赛的一致性，体现了在执行规则的方法和技巧之中的统一性和规范性要求，以便不同国家或地区、不同语言、不同水平的裁判员能在一起工作，并且具有良好的共识、默契与合作，达到协调一致地完成比赛工作，保证比赛的执裁质量。

（一）3人裁判制的工作方法与技巧

1. 比赛开始，赛前和半时间准备活动的观察

（1）主裁判员和两位副裁判员占据记录台对面的边线位置（图7－1－1）。

（2）R（主裁判员）站立在中线和边线的交接处。

（3）U1（副裁判员1）站在主裁判员左侧大约3米处，并在准备活动期间观察赛场左端的球队。

（4）U2（副裁判员2）站在主裁判员右侧大约3米处，并在准备活动期间观察赛场右端的球队。

（5）比赛开始前10分钟，主裁判员应去记录台查看已被整齐填入记录表内的球队名单和首先上场的队员。

（6）如适当，比赛开始前6分钟，为了介绍双方球队，主裁判员应鸣哨，并确保所有运动员都回到球队席区域。为了赛前介绍，主裁判员和两位副裁判员应移向球场的记录台一侧。

（7）介绍双方球队之后，主裁判员应鸣哨并做出距比赛开始还有3分钟的手势。

（8）比赛开始前1分30秒，主裁判员应鸣哨并确保所有运动员立即回到各自的球队席区域。

（9）在半时间的准备活动期间，裁判员们应在观察赛前准备活动的同样位置。

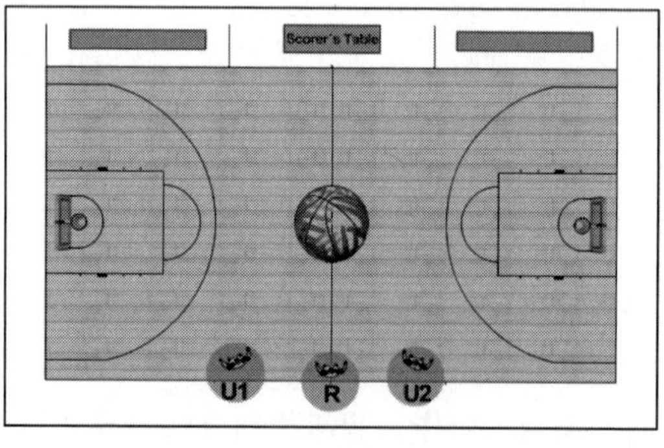

图7－1－1　赛前/半时前裁判员的位置

2. 通常的地面位置

3人执裁中，裁判员们应始终试图保持一个相互成比例的类似宽阔的三角形的位置。当球运动到场地的不同位置或出现球权改变时，裁判员们移至场地上的新位

置，还是要努力维持这个三角形。

3. 跳球开始比赛（图7-1-2）

（1）主裁判员面向记录台负责跳球中的抛球。

（2）副裁判员们在相对的边线占位。U1在记录台一侧，在球队席期于边界与中线之间。U2与球队席区域边界相齐。

（3）U1的责任。

①抛球不当，宣判重新跳球。或宣判跳球队员违例。

②当球被合法拍着时，给出开动比赛计时钟的时间开始手势。

（4）U2的责任：观察8名非跳球队员。

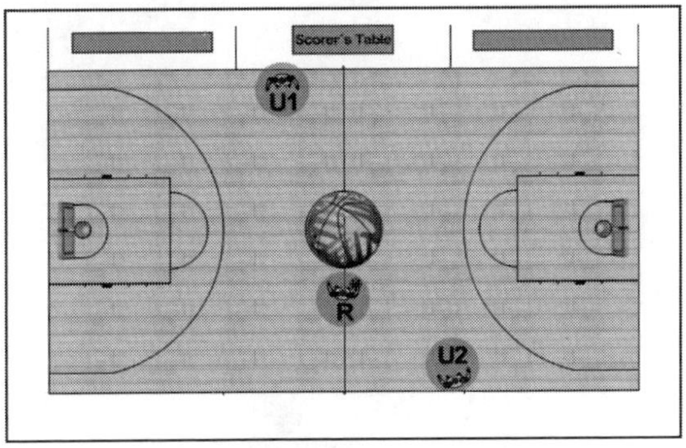

图7-1-2

4. 跳球开始比赛——比赛向主裁判员的右方推进（图7-1-3）

（1）U2成为L。

（2）U1成为C。

（3）主裁判员移至U2在跳球时所在的边线处并成为T。

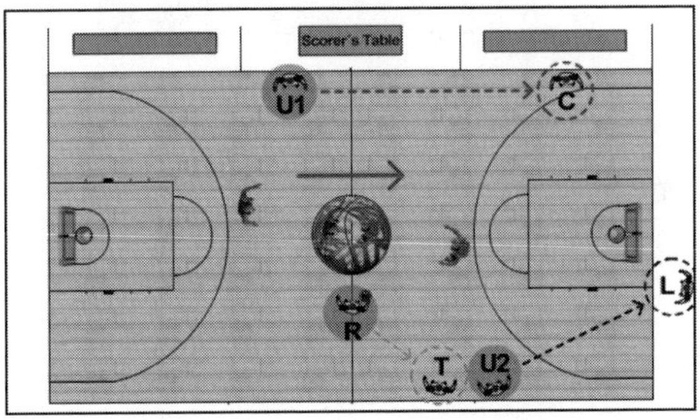

图7-1-3　跳球——比赛向主裁判员的右方推进

5. **跳球开始比赛——比赛向主裁判员的左方推进（图7－1－4）**

（1）U1 成为 L。

（2）U2 成为 C。

（3）主裁判员移至 U1 在跳球时所在的边线处并成为 T。

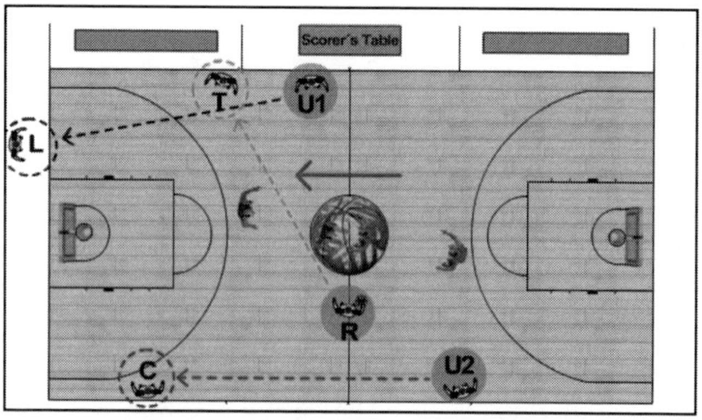

图7－1－4　跳球——比赛向主裁判员的左方推进

6. **裁判员们的站位和场地覆盖范围**

基本的场地覆盖范围，见图 7－1－5。

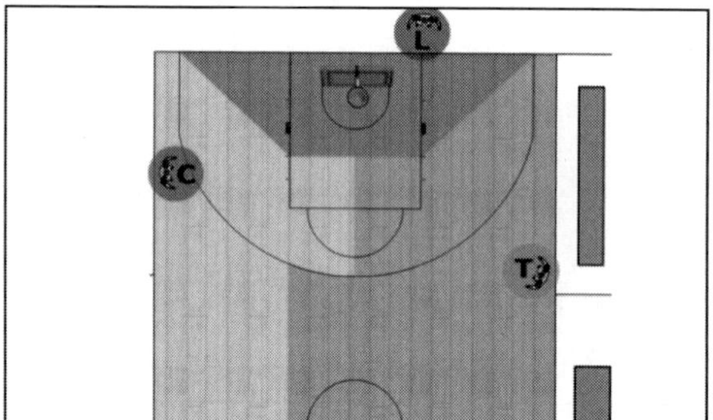

图7－1－5　基本的场地覆盖范围

7. **基本的覆盖范围**

（1）当球在某裁判员的区域内，负责球周围的比赛。

（2）当球在另一裁判员的区域内，负责本区域内的无球队员们。

（3）C 站在朝向球篮的罚球线延长部分以外 2 米处。如果必需的话，他在场上移动而不要移向端线。

(4) T在球队席区域的边线占位。如果必需的话，他在场上移动而不要移向端线。

(5) 在掷球入界情况中，在把球递交给队员之前，执行裁判应核实两位裁判员是在球的同一侧。

8. 裁判员们工作区域

(1) 当球在记录台同一侧时裁判员们的工作区域（图7－1－6）。

(2) 当球在对侧时裁判员们的工作区域（图7－1－7）。

原则上，裁判员们应工作在指定的工作区域内。但是，每当必要，为了更好地覆盖特有的比赛情况，裁判员们可移动到他们各自的工作区域以外的位置。

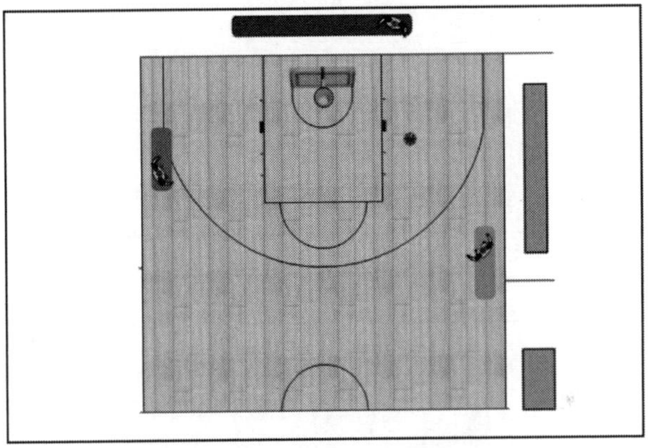

图7－1－6　球在记录台同侧

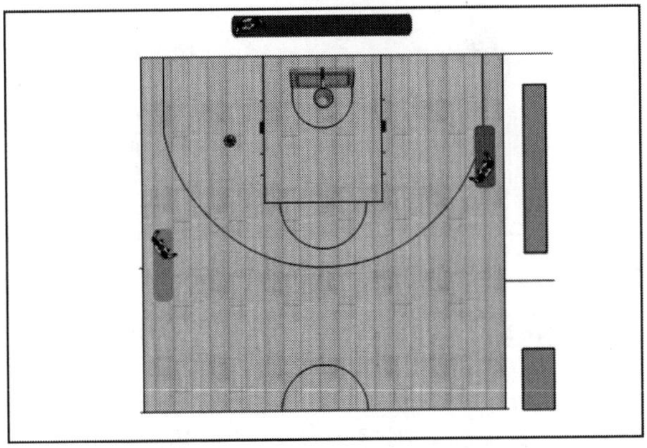

图7－1－7　球在记录台对侧

9. 球在前场时的基本分工区域（记录台一侧或对侧）（图7－1－8、图7－1－9）

(1) 每一裁判员负责一个基本分工区域。

（2）当球在某裁判员的基本分工区域内，该裁判员对球附近的犯规和违例负有责任。

（3）当球不在某裁判员的基本分工区域内，该裁判员负责本区域内的所有队员们。

（4）3 裁判中的任何 2 裁判之间存在共管的区域（DUAL）。

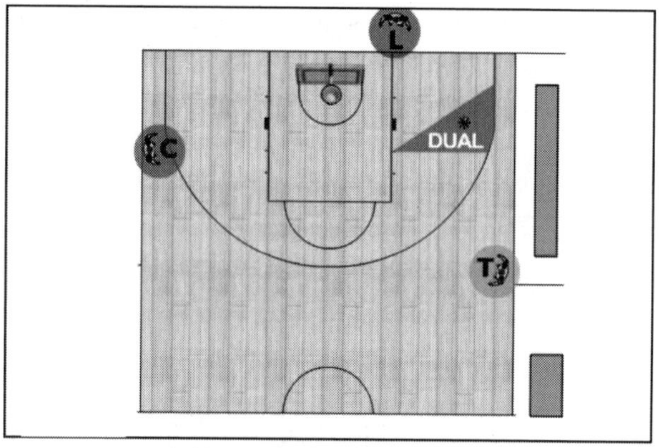

图 7－1－8

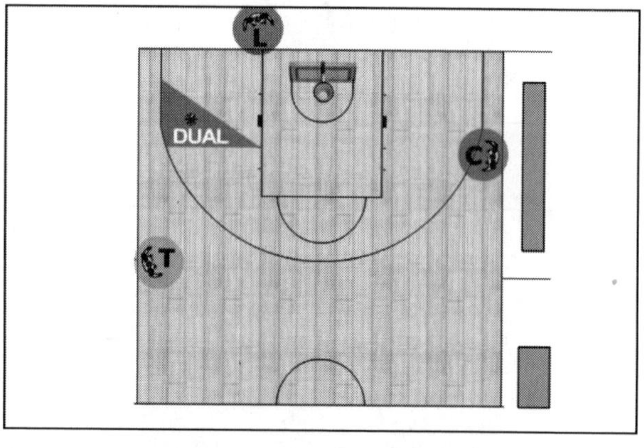

图 7－1－9　球在记录台对侧（举例）DUAL＝共管区域

10. 当球从一侧传或运到另一侧时的基本移动（轮转）（图 7－1－10、图 7－1－11）

（1）当球传给另一侧的队员或当球插进到离 C 最近的罚球线延长部分那边时，L 移动到球侧，快攻上篮或投篮时例外。

（2）裁判员的轮转只能在前场进行，并且应该保持原有三角形的大小。

（3）L 负责发动轮转，并且继续对策应位置的队员负有责任，甚至在移动越过限制区时也是如此。C 不动，直到 L 移动新的前导位置，并覆盖比赛。

（4）T 然后移动到中央位置。

（5）C 然后移动到追踪位置。

（6）目光接触是很重要的。当 L 发动时，C 和 T 应警觉和知道转换位置。

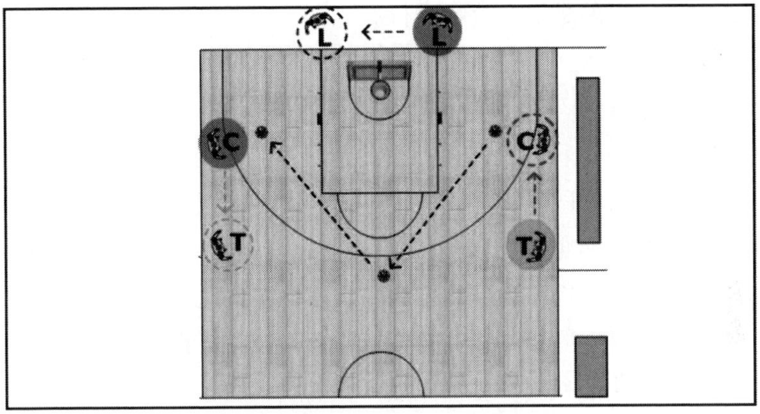

图 7－1－10

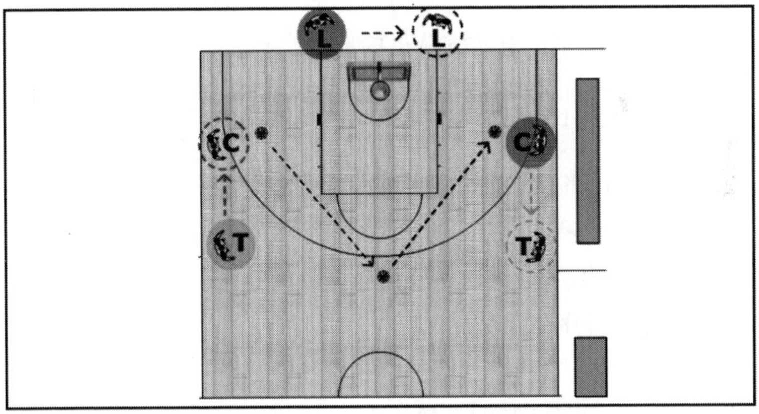

图 7－1－11　球运动到记录台同侧

11. 裁判员的执裁技巧

（1）裁判员应熟悉自己的责任区，除共管区之外，2 位裁判员应尽力避免都注视球和球周围的比赛的现象。

（2）当一名裁判员主要负责无球区时，他要观察远离球的比赛，要始终依据“监控”原则把所有队员都置于两裁判员的视野之间。

（3）当两位裁判员对同一起违例或犯规几乎同时鸣哨时，他们应立即建立目光联系；在通常情况下，应由最靠近违例或犯规地点的裁判员负责宣判，如果很难区分出离哪位裁判员最近，就看比赛朝哪位裁判员的方向进行，此时，应由该裁判员对此违例或犯规负责宣判。

（4）如因宣判了犯规，两裁判员必须交换场上位置时，应多采取“就近落位”的原则，以有利于比赛的尽快、流畅进行。

（5）在球出界的情况下，只在你的同伴向你寻求协助时才给予帮助，且应在赛前准备会上确定联系方法。

（6）在快速反击时，特别是以多打少的情况下，应由最靠近比赛的裁判员来判定是否鸣哨宣判犯规，应避免从 10 米以外甚至更远的地方做出宣判。

（7）裁判员尽早确定他在比赛中的判罚尺度，这样将易于控制比赛。队员们将依据其尺度来调整比赛方式和自己的行为。仅在队员的动作已影响了比赛时，裁判员才鸣哨宣判犯规，附带的身体接触应该被忽略，但粗野的动作必须被判罚。

（8）当裁判员做出宣判时，他要正处于能看清比赛全貌的位置上，这就需要不停地移动，一般多采用侧身跑和横跨步，尽力在攻、守队员之间保持尽可能好的视角，并寻找攻、防队员之间的空间。在所以一对一的情况下，他不但要寻找两队员之间的空间，而且还要特别注意防守队员的动作。

（9）如因为某些行为而确需警告队员或教练员时，裁判员应尽可能地不要中断比赛，如果必须中断，则应判技术犯规。

（10）裁判员与自己的同伴，也包括记录台裁判人员，要好似一个整体，要尽力做好合作。在球进入比赛状态前，执行裁判应与同伴和记录台裁判人员建立目光联系，以防止新情况的出现。

12. 裁判员的宣判程序与手势

（1）违例的宣判程序与手势

每当发生违例时，负责宣判的裁判员应。

①鸣哨，并同时做出违例手势（即单手举手在空中，伸开手掌，手指并拢），以停止比赛计时钟。

②清楚地用手势做出违例的类型。

③接着指出比赛的方向和掷球入界的地点，然后移向下一个裁判位置。

注：在所有的情况下，因发生违例判给的获得球权的队掷球入界时，需由裁判员递交球。

（2）犯规的宣判程序与手势

每当发生一起犯规时，负责该区域比赛的裁判员应。

①鸣哨，同时单手握拳向上伸直手臂，以停止比赛计时钟，另一手直臂向前伸出，掌心向下，清楚地指明犯规队员是谁；必要时可接着指出该犯规的罚则，如罚球，罚几次或掷界外球（如是控制球队犯规，则应立即做出控制球队犯规的手势，即单手握拳直臂指向犯规队球篮）。

②然后移向记录台，选择一个使记录员能看清楚和裁判员身前无障碍的位置，离记录台 6～8 米。

③用手势向记录员清楚地报告犯规队员的号码和犯规的类型。

④指出犯规的罚则，即罚球的次数或随后的比赛的方向，再移向下一个裁判位置。

⑤如是控制球队，则再次向记录台做出控制球队的犯规手势。

注：如发生犯规时，投球中篮，在向记录台宣告时，必须先行做出该得分有效或取消的手势。

（二）记录台的工作方法

记录台工作是篮球竞赛中的一个十分重要的环节，是篮球裁判工作的一个组成部分。

1. 人员的组成与座次

按照篮球规则的规定，为了使记录台人员在比赛中能更好地协同配合，对记录台人员的组成与座次做了如下要求，见图 7－1－12。

24 秒钟计时员	计时员	技术代表	记录员	助理记录员

图 7－1－12　国际性比赛记录台工作人员座次图

在比赛中，技术代表的主要职责是监督记录台人员的工作，并协助主裁判员使比赛顺利进行。

根据我国的具体情况，记录台人员的组成和座次通常按下列方式安排，见图7－1－13。

24 秒钟计时员	计时员	技术代表	记录员	助理记录员	宣告员	电子计分员

图 7－1－13　国内竞赛记录台工作人员座次图

2. 记录台的工作方法与责任

（1）技术代表

技术代表通常是由赛会的组织者指派，在比赛中负责监督记录台人员的工作，并协助主裁判员和副裁判员使比赛顺利进行。

（2）宣告员

按照规则的规定，记录台不设宣告员。但根据我国篮球比赛的传统和实际，设宣告员 1 名，承担记录台其他人员的部分责任。

①赛前：暗示主持比赛入场仪式，如介绍双方球队的运动员、教练员和担任本场比赛的裁判员；通知双方球队准备入场等，使比赛准时开始。

②赛中：及时、准确地通知临场裁判员某队请求暂停、换人；某队员已达 5 次犯规；某队一节比赛已达 4 次犯规；远投三分；准确地执行暂停时间的计时，及时鸣哨并宣告暂停时间到等。

③必要时按赛会要求介绍运动员、规则知识及对观众进行有关宣传教育。

④通常情况下，他应是记录台人员与技术代表和裁判员之间联系的纽带。

（3）计时员

①计量比赛时间、暂停和比赛的休息时间。

②保证每节比赛结束信号自动发出。

③第 3 节比赛开始前至少 3 分钟时通知球队和裁判员。

（4）24 秒计时员

①每当一队在场获得控制球时开动或重新开动 24 秒计时钟。

②按规则要求停止和复位 24 秒计时钟。

③在任一节中，当某队在场上获得控制活球时，比赛计时钟的剩余时间少于 24 秒钟则停止并关机。

（5）记录员与助理记录员

①赛前记录表的填写

赛前至少 20 分钟时，记录员应按以下样式准备记录表：在记录表顶部登记好两队的队名，第一队（秩序册中列前的队或主队）为“A”队，第二队为“B”队；填写比赛的名称、序号、地点、日期和时间、主裁判员和副裁判员的姓名；在记录表的上、下半部分别填入双方队员的姓名、号码及教练员和助理教练员的姓名。

赛前开始至少 10 分钟，应请双方教练员分别确认各自的队员名单，以及提供比赛开始时首先上场的 5 名队员和场上队长的名单，并在场上队长的姓名后面记入“CAP”来表示，并致命比赛开始时上场的 5 名队员，并在队员号码旁边的“上场队员”栏内画上一小“ ×”。随后，要求教练员在记录表上签字。在比赛开始时，记录员应在每一对比赛开始时上场的 5 名队员的小“ ×”上圈上圆圈。

注：1. 建议记录员使用两种不同颜色的笔，第 1 节和第 3 节用一种，第 2 节和第 4 节以及决胜期用另一种。

②比赛期间的记录

替补队员上场：当替补队员第一次作为队员进入比赛时，记录员应在队员号码旁边的“上场队员”栏内画一小“ ×”（不用画圆圈）。

需登记的暂停：被准予的暂停应被登记在记录表上，登记时须在球队名称下适当的空格内填入每节或决胜期此时的比赛时间（分钟）。在每半时和决胜期结束时，未用过的空格用两条平行的横线标示。如果球队在下半时的最后 2 分钟之前未登记其第一次暂停，记录员应在球队下半时暂停的第一格内画两条平行的横线。

犯规的登记：队员犯规可能是侵人的、技术的、违反体育道德的或取消比赛资格的，应登记在该队员的名下。球队席人员的犯规可能是技术的或取消比赛资格的，应登记在教练员的名下。所有的犯规应按下述方式登记：侵人犯规应登录“P”来表示；队员的技术犯规应登录“T”来表示。第二次技术犯规也应登入“T”来表示，随后在接着的空格内登录“GD”来表示取消比赛资格；教练员因他自身违反体育道德的行为的技术犯规应登录“C”来表示；第二次技术犯规也应登录“C”来表示，随后在接着的空格内登录“GD”；教练员因任何其他原因的技术犯规应登录“B”来表示；第三次技术犯规（3 个中的一个可能是“C”）应登录“B”或“C”来表示，随后在接着的空格内登录“GD”；违反体育道德的犯规应登录“U”来表示，随后在接着的空格内登录“GD”来表示。取消比赛资格的犯规应登录“D”来表示；包含罚球的任何犯规，应在“P”“T”“C”“B”“U”或者“D”的旁边加上相应的罚球次数（1、2 或者 3）来表示。对双方球队包含严重程度相同的罚则并被抵消的所有规则在，应在“P”“T”“C”“B”“U”或者“D”的旁边登录一个小“C”来表示；在每一节结束时，记录员应在已经被用过的和那些还未被用过的方格之间画一粗线；在比赛结束时，记录员应用一粗横线将剩余的空格划掉。

全队犯规的记录：每当一名队员发生了一起侵人的、技术的、违反体育道德的或取消比赛资格的犯规，记录员应使用一个大“ ×”依次在指定的空格内标示，对那名队员的球队记录犯规。

累积分的记录：记录员应记录两队按时间顺序得分的累积分表。记录表上有4个累积分栏，每一栏再被分成4行。左边的两行给“A”队，右边的两行给“B”队。中间行是给每个球队的累积分（160分）。记录员应：首先在刚得分队所累积的新的得分总数上对任一有效的投篮得分画一斜线（/）以及任一有效的罚球得分涂一实圆（●）。然后，在新的得分总数同一侧的空格内（在新的“/”或“●”旁）登录投篮或罚球得分的队员号码。队员的3分投篮得分应通过画一圆圈套住该队员的号码来记录。队员无意地投入本方球篮的得分应作为对方队的场上队长得分来记录。当球没有进入球篮的得分应作为试投队员的得分来记录。每节比赛结束时，应分别画一粗体圆圈“○”套住每一队的最后得分数上，随后在这些分数下面以及这些最后分数的每一队员号码下面画一粗横线。在每节开始时，记录员应从得分中断处继续按时间顺序记录累积分。每当可能，记录员与公开的记录板核对他的累积分。如果有不一致，并且他的记录是正确的，他应立即采取行动去改正记录板。如果有疑问或其中一队对改正有异议，球一成死球并比赛计时钟停止时就通知主裁判员。每节结束时，记录员应在记录表下端的适当空格内登录该节的比分。

③比赛结束后的工作

在比赛结束时，记录员应在每一球队的最终得分数下面以及得这些最后分数的每一队员号码下面画两条粗横线。而且，为了划掉每一队的剩余数字（累计得分），他应画一斜线到该栏的底部。记录员应登录最后比分和胜队的名称。在助理记录员、计时员和进攻计时员在记录表上用印刷体字写入姓名后，记录员应在其上写入姓名。一旦副裁判员签字，主裁判员应最后批准并在记录表上签字。这个举动结束了裁判员对比赛的管理和联系。如果某队长（CAP）在记录表抗议格内签字（使用标示“球队抗议队长签名”的空格），记录台人员和副裁判员应在主裁判员的处理过程中留下，直到他允许大家离开。

最新篮球裁判手势说明

有关定时器

停止计时
发生违例

停止计时
发生犯规

计时开始
向下切下

得分

一分

两分

三分试投 投中三分

替补与暂停

替补

招手进场

登记暂停

电视暂停时间

得分不算，或取消比赛

摆臂计时（让大家看得到）

裁判传达沟通

回归 24 秒

比赛进行方向

争球跳球

违例

走步

不合法运球
两次运球

不合法运球
翻手运球

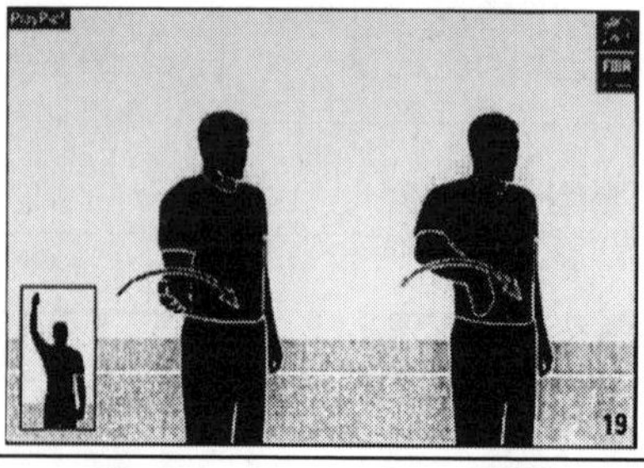

3 秒违例

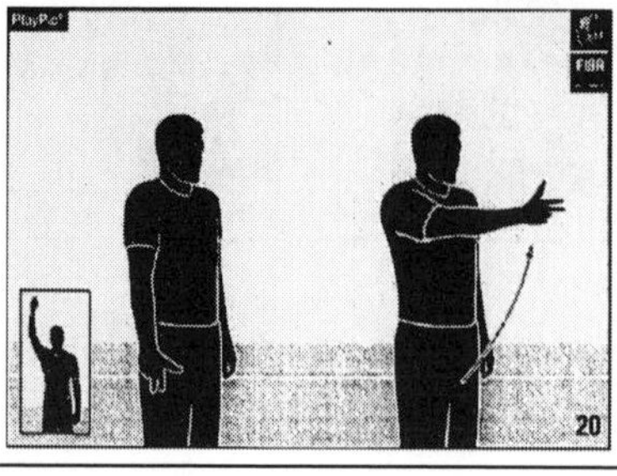

5 秒违例

8 秒违例

24 秒违例

回后场违例

脚踢球违例

球员号码

号码 00、0 号

号码 1 ~5 号

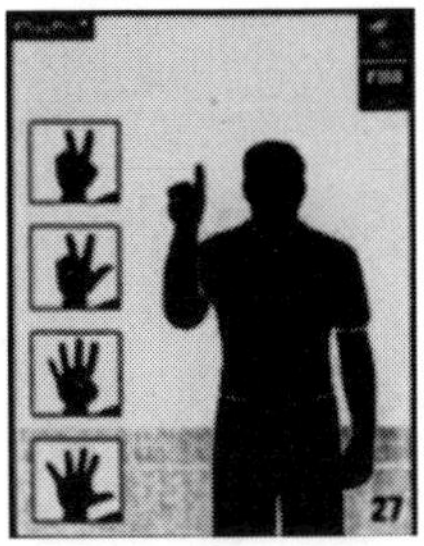

号码 6 ~10 号

号码 11 ~15 号

号码 16 号

号码 24 号

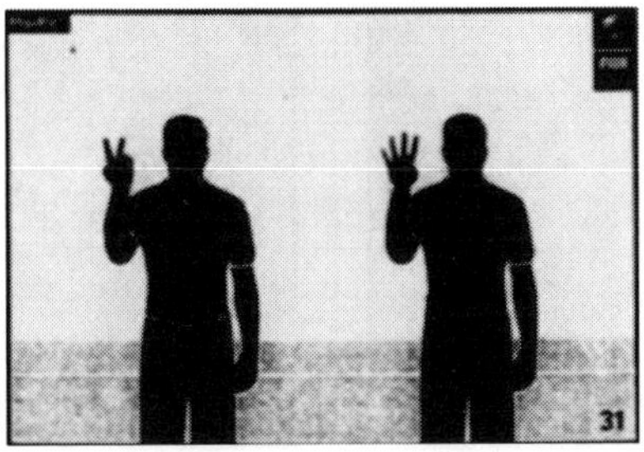

号码 40 号

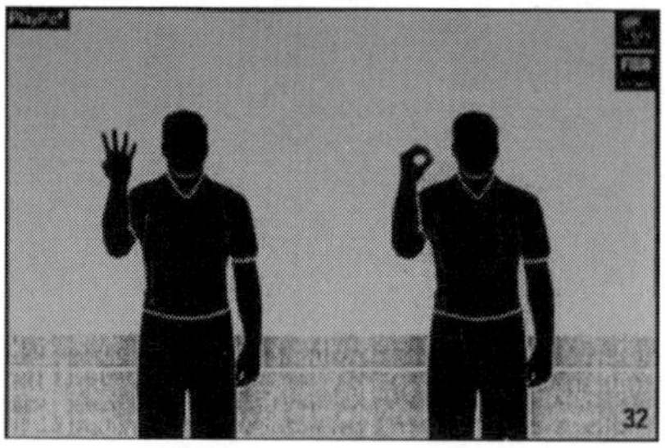

号码 62 号

号码 78 号

号码 99 号

犯规种类

手部不合法

阻挡犯规

推人犯规

手部过度接触犯规

打手犯规

撞人犯规

手部过度碰触犯规

过度挥肘犯规

击中头部犯规

控球队犯规

犯规后获得罚球

犯规后发界外球

特殊犯规

双方犯规

技术犯规

违反运动道德犯规

夺权犯规取消资格

犯规不罚球发界外球

控球队犯规

一次罚球	两次罚球	三次罚球

罚球管理程序

一次罚球	两次罚球	三次罚球

执行罚球中得分手势

一次罚球	两次罚球	三次罚球

第二节　篮球裁判的技能培养

篮球裁判技能培养是体育院校篮球课程学生专项能力培养的一项重要内容，是篮球课教学的组成部分。目前篮球裁判员无论在我国还是在世界其他国家，均属业余性质（美国 NBA 除外）。我国优秀篮球裁判员大多数是经过体育院校篮球课裁判教学的初级教育逐步成长起来的。

篮球裁判技能的培养具有较强的实践性。要求练习者不仅需要认真学习和研究篮球规则，掌握裁判工作方法与技巧的理论知识，并且还必须重视和加强基础训练，掌握裁判员的基本功，并且在临场实践中不断锻炼和提高，才能成为一名高水平的篮球裁判员。所以说，篮球裁判员的培养、业余水平的提高过程是一个长期实践的循序渐进的过程。

一、篮球裁判员的基本技能及其训练

篮球裁判员应掌握的主要基本技能如下。

（一）手　势

手势是篮球裁判员的临场工作语言。手势能直观，简练、鲜明地表达比赛中所发生的一切问题，是裁判员临场执法的重要工具，也是裁判员之间、裁判员和教练员与运动员之间、裁判员与记录台之间的联络信号和纽带，是裁判员的基本功之一。

1. 手势的要求

手势必须符合规则的规定和要求，不得随意创造和改变动作。临场宣判时，应以手势为主，手势与口语相结合，并与比赛中所出现的客观情况相吻合。临场裁判员的手势，必须做到清楚、准确、果断、美观、大方。

2. 练习方法

（1）按照裁判员手势图，逐个练习，掌握其动作规格和要领，做到熟练、准确。

（2）自己对着镜子练习手势，边练习边纠正。

（3）在别人的帮助和纠正下练习，帮助者喊出某种手势，练习者快速做出。

（4）结合鸣哨和宣判犯规或违例程序综合练习手势。

（5）在临场实践中提高运用手势的能力和节奏。

（二）鸣　哨

口哨是裁判员临场执裁的重要工具。哨音是裁判员执裁比赛的主要信号，因此选择一个合适的口哨，对保证比赛任务的顺利完成具有积极的作用。

1. 口哨的挑选

篮球裁判员应选择一个声大、音尖、易含的口哨，以适应激烈比赛的需要。

2. 鸣哨的方法

（1）含哨要正，即把口哨含在上下嘴唇的正中央，否则既不好吹，也不好看。

（2）含哨要紧，除上下嘴唇紧紧贴住，还要用上下牙齿咬住口哨。

（3）鸣哨时，先吸足气和憋足气，然后再突然快速吐气。

3. 鸣哨的要求

（1）哨音要短促有力、洪亮，只鸣单声哨。

（2）一般犯规情况下，哨音稍长些、重些；当吹违例时，哨音短些、轻些。

4. 应注意的问题

（1）跳球时，执行抛球的裁判员口哨不要含在口中，以防受伤。

（2）在比赛中，口哨要始终含在嘴里，以免急需鸣哨时，影响及时宣判。

（3）鸣哨后，到记录台附近进行宣告时，应把口哨去掉，切勿含着口哨宣判。

（三）抛　球

在篮球比赛中，当第一节比赛开始时，裁判员都要抛球，抛球太低或抛球不正，容易造成跳球队员违例或导致跳球队员的侵人犯规。因此，裁判员掌握准确的抛球方法是十分必要的。

1. 抛球的要领

两脚前后开立与肩同宽，以肩为由下向上摆臂，全身协调用力，将球垂直抛起。抛球既可以用单手也可用双手进行。

2. 抛球的要求

（1）高：高度一般在 3.40 米左右；并能达到跳球队员跳起触及的最高点。

（2）直：抛出的球不得向前后左右偏离，并使球在两跳球队员之间垂直下落。

3. 练习方法

（1）可在篮圈下将球抛起穿过篮圈再落入篮圈。

（2）可在篮板前将球垂直抛到 3.05 米以上的高度再落回原处。

（3）可在地上画一圆圈，将球置于圆圈上方后，将球垂直抛起，再使球落在圈内。

（四）默计时间

1. 默计时间：3 秒、5 秒、8 秒。

2. 默计要求：

（1）默计时间要准确，既不能太快，又不能太慢。

（2）临场中，默计与挥臂手势计算相结合，使运动员和教练员都能看清，增加宣判的说服力。

（3）在默计的同时，有时需参看24秒计时器的运行。

3. 练习方法：默记时用秒表测试，找到感觉，并在球场上模拟练习。

（五）移　动

移动是裁判员为了改变场上位置、方向、速度以获取一个最佳观察位置所采用的各种脚步动作的通称。它是篮球裁判员临场执裁工作的基础。移动的目的是为了寻找一个最佳观察的角度，扩大观察视野，监控所有的队员，减少临场中的错、漏、反判。现代篮球比赛的一大特点就是高速度、攻守转换快，要求裁判员除了必须具备良好的体能外，还应掌握裁判的移动技巧和原则，外球场上随时保持有目的的不断移动，以适应当今篮球比赛的需要。

1. 移动方法与要求

裁判员常用的移动方法主要有起动、快跑、侧身跑、变速跑、变向跑、转身、交叉步、滑步等（其动作方法及要求见第二章第二节移动技术）。

2. 移动的技巧及原则

（1）要随着比赛中球的转移、人的跑动而不停地移动。

（2）要根据裁判法的分工移动。

（3）要在边线和端线附近移动，必要时可深入比赛场内。

（4）要根据比赛队战术有目的地移动，克服盲目移动。

（5）根据同伴的移动而移动，或根据同伴的需要而移动。

（6）移动时，要快慢结合，要横向和纵向移动相结合。

（7）在比赛进行中，裁判员移动必须面对场内“监控”场上队员，随时要知道同伴的位置，并进行目光联系。

二、篮球裁判技能的组织教法

篮球裁判技能是一项特殊的运动技能的形成过程。它是由一个多要素构成的多变量的动态系统，它以培养学生篮球裁判理论与实践能力为目标，各要素之间相互关联、相互依赖、相互作用；通过理论与实践两个系统中若干要素的分解和循序渐进的教学手段以及各要素之间不断反馈、调整、强化，从而到达预期的教学效果。

因此，必须根据篮球裁判教学的特点，在教学过程中把篮球裁判理论知识的学习与临场实践结合起来，重视基本功的训练，在此基础上要求学生尽可能多地参加临场实践，不断强化、不断总结、不断提高执裁技巧。

（一）教法建议

1. 在进行规则讲授时，应先给学生讲清楚违例和犯规的概念以及处理原则，然后再通过观看比赛中的实际战例，引导、启发学生思维。

2. 在进行执裁技巧讲授时，应采用课堂讲解与临场观摩相结合的方法。在课堂用图示或观看录像讲解两名或3名裁判员在临场中的分工移动路线，以及发生的各种违例、犯规时的手势和宣判程序。

3. 有目的、有重点地进行讨论，以使学生进一步熟悉、理解教师讲授的理论知识，并加深记忆。教师要根据重点章节提出讨论题目，并由学生准备发言提纲。课上先由学生发言，阐述自己的观点，然后其他学生对发言者的观点进行讨论与分析，最后再由教师进行归纳总结。

4. 通过教师的临场示范，或观看国内、外比赛中的典型战例，训练学生用眼看、用耳听、用脑想、用手做、用口说等实践活动，从而调动学生的主观能动性。

5. 在篮球技、战术教学与训练课中，教师应适时地通过对技巧的讲解和战术配合的分析、规则和执裁技巧的实践演练，使学生较全面地理解规则并掌握执裁技巧。

6. 要求学生认真执法每一场比赛，赛前要认真准备，赛后要组织讲评，对临场中出现的问题进行总结，逐步提高执裁水平。

7. 把课内教学与课外实践相结合，组织学生多观摩重大篮球比赛，并且要认真观看高水平裁判员的执裁，琢磨临场中处理问题的方法和执裁技巧，不断提高自身的理论水平和执裁技巧。

（二）教学步骤和方法

1. 篮球裁判教学的内容安排，一般可先进行篮球规则和裁判方法与技巧的理论知识教学，再组织篮球裁判基本功教学；然后结合教学比赛进行临场裁判工作实习；在此基础上组织学生参加篮球竞赛裁判工作。

2. 篮球裁判理论知识教学，可采取课堂讲授方式，结合图片或者相关录像进行讲解，然后组织学生进行讨论、分析。

3. 篮球裁判的实践教学，可先进行原地的基本功练习，如裁判手势、默记时间、抛球等，再结合鸣哨与宣判程序进行综合练习；接着可在行进间练习，结合分工、移动路线练习占位和宣判，以及两裁判之间的基本配合等，然后组织不同形式的教学比赛，有目的、有重点地进行临场执裁技巧的实习和培养。

（三）不同阶段裁判员的培养方法

在对裁判员的培养过程，大致可分为以下 3 个阶段。

1. 初级阶段

在此阶段学生一般是在班级的教学比赛中担任裁判工作，教师应着重要求他们在场上执法时严肃、认真、公正、勤跑、敢判。在有条件的情况下，还应充分利用多媒体等现代化教学工具及手段，使学生全面细致地学习竞赛规则和裁判法理论，并组织学生观看篮球比赛的录像资料，让他们学习优秀裁判员临场工作时的手势、移动、配合等技巧。

2. 巩固阶段

在此阶段学生一般是在校内比赛中担任裁判工作，教师应重点要求他们注意跑动的路线、判罚的位置、观察的角度的合理性和技巧性，力争看清、判准、罚对；对于校内外的各种级别的篮球比赛，如校篮球联赛、教学比赛和友谊赛等，教师都应带领学生，既完成好记录台的工作，又完成好临场裁判工作，只有这样才能迅速、全面地提高学生裁判实践能力。

3. 提高阶段

在此阶段学生一般是在校内或校外的篮球比赛中担任裁判工作，教师应进一步要求他们提高判罚的准确性和艺术性，并控制好整个比赛场面。此阶段教师应有计划地多组织学生参加校外的篮球裁判工作，这样不但培养和提高了学生的篮球裁判能力，而且也使他们接触了社会，扩大了视野，增加了社会经验，在实践过程中加强裁判员处理特殊问题能力的培养。

（1）处理临场突发事件的能力

在处理和解决突发性事故时，临场裁判员应具有敢于对比赛负责和敢于承担责任的思想；要根据规则的精神掌握临场情况，抓住要害，快速处理，果断解决，干净、彻底，不遗留问题。

（2）抓准比赛关键时刻的犯规和违例

要有敢于斗争、敢于胜利、敢担风险的思想准备；要有沉着冷静的心理状态、稳定的情绪和自信；越是在比赛的关键时刻，临场裁判员越要积极地移动，选好位置，找好角度，看清判准罚对，搞好分工与配合。

（3）临场管理的能力

要提高对临场管理重要性的认识，增加和深化临场管理的意识；认真学习和研究规则，运用规则精神进行管理；以身作则，严格要求自己；注意临场管理的策略和方法；坚持严格判罚与管理教育相结合。

第八章　篮球竞赛的组织与编排

篮球竞赛是篮球运动的基本形式，是社会及校园健康文化生活的重要内容，是推动篮球普及、促进篮球运动水平提高和发展的有效方法。篮球竞赛有助于参与者相互学习，交流经验，增进友谊，促进团结；同时，也可检查和改进教学、训练工作。篮球竞赛的组织与编排工作，是篮球竞赛的重要组成部分，也是体育院校篮球教学基本技能培养的内容。

第一节　篮球竞赛的组织工作

根据举办篮球运动竞赛的目的和任务，竞赛可分为综合性运动会中的篮球比赛，如奥林匹克运动会、全国运动会的篮球比赛；单项协会主办的篮球比赛，如世锦赛、洲际锦标赛；国内的 CBA 职业联赛，以及各种俱乐部比赛、杯赛、选拔赛、邀请赛、表演赛和友谊赛等多种类型。

除了上述的这些比赛外，还有专门的残疾人轮椅篮球比赛、少年儿童的小篮球比赛、三对三的篮球比赛、投篮和扣篮比赛等，属于篮球比赛的拓展项目，从某种程度上丰富了篮球竞赛的内容。无论组织那种比赛，都要认真做好竞赛的组织工作。

竞赛的组织工作，是决定竞赛能否顺利进行的关键。竞赛组织工作一般可分为以下 3 个阶段。

一、比赛前的准备工作

（一）建立竞赛筹备组织

大型竞赛活动首先要建立筹备组织（组织委员会或竞赛委员会），它对竞赛的全过程起着组织、管理作用。赛前的主要职责是，负责确定比赛的组织方案、竞赛规程、设立具体的工作机构以及制订比赛工作计划等。

其组织机构设立可根据比赛规模的大小而定。全国性比赛的组织机构的设立，如图 8－1－1 所示，通常基层或一般规模的比赛，可简化机构、精简工作人员。

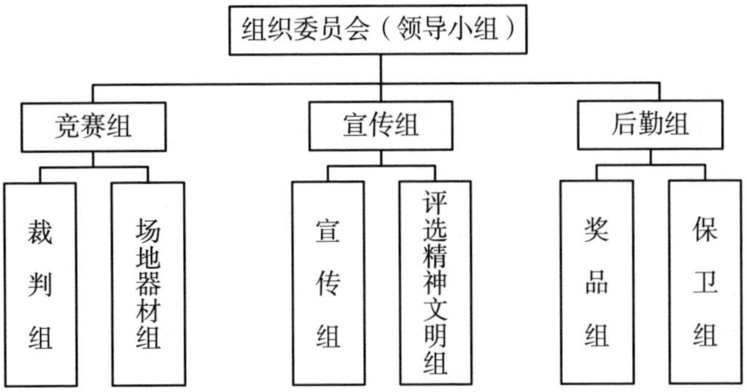

图 8－1－1　基层竞赛组织机构图

（二）制定竞赛规程

竞赛规程是比赛的指导性文件，是竞赛工作进行的依据。竞赛规程要提前发给有关单位，以便各个单位做好比赛前的准备工作。

竞赛规程主要包括：竞赛名称、竞赛的目的任务、主办单位、竞赛日期和地点、参加单位、各个单位参加人数、运动员参加资格、报名及报到日期，竞赛办法、竞赛规则、评定名词和奖励办法、抽签日期和地点、注意事项。

（三）制订工作计划

根据组织委员会的组织方案，竞赛规程和比赛的主要工作日程计划由各个工作部门拟订，经组织委员会批准执行。各个部门主要工作内容如下。

1. 仲裁委员会的主要工作

解决竞赛中出现的重大问题。

2. 竞赛处的主要工作

（1）编印比赛秩序册，秩序册应包含竞赛规程、开幕式程序、闭幕式程序、组织委员会名单、大会工作人员名单、裁判员名单、各个代表名单、比赛日程表、成绩记录等。

（2）裁判工作：组织裁判员学习，讨论研究竞赛规则和裁判法，并进行裁判分组，分工和实习，做好赛前的在思想和业务准备。

（3）审查参加者的资格。

（4）技术统计：根据规定的任务和要求，确定参加工作的人员和人数，准备各种仪器和表格并组织实习。

（5）安排好各个队在赛前和休息日的训练场地和时间。

（6）检查场地、器材和设备的准备情况。

（7）绘制各种表格，如成绩记录表等。

（8）与秘书处联合召开领队、教练员会议，讨论研究有关问题。

3. 秘书处的主要工作

（1）在整个比赛时间，要注意对运动员、裁判员、教练员及大会工作人员进行思想教育，明确比赛的目的，端正比赛的态度，以保证比赛的顺利进行。

（2）制定比赛工作日程：内容包括比赛、文娱、参观。

（3）组织宣传组，做好比赛宣传的报道工作。

（4）组织总务组，搞好生活、交通、票房等工作。

（5）组织医务组，安排好医务人员和医疗用品等。

（6）成立治保组，维持好比赛场地的秩序和搞好安全工作。

二、比赛期间的工作

（一）要加强思想教育，严格纪律，加强团结，赛出风格，赛出水平。

（二）组织裁判员及时总结，改进裁判工作，提高裁判水平。

（三）技术统计材料要求当天统计出来，及时登记总表，以便结束时进行总结，并送给参赛队。

（四）经常对比赛场地、设备、器材进行检查。

（五）遇有特殊情况，需要更改比赛场地、日期和时间，应由负责部分及时通知各队。

（六）总务组应深入群众，听取对生活、交通等方面的意见，以便及时改进。

（七）医务组应深入比赛场地，及时处理所发生的伤害事故，并做好卫生监督工作。

（八）治保组应注意住宿及比赛场所的治安工作，保证比赛的顺利进行。

（九）大会秘书处要经常与各队取得联系，定期召开领队或其他会议，及时处理有关问题。

三、比赛的结束工作

竞赛结束后要做好以下几方面工作。

（一）做好裁判工作、技术统计工作和大会各部门的总结，做好有关竞赛技术资料统计和编印竞赛成绩册并归档。

（二）组织领队、教练员、运动员和裁判员的经验交流，进行技术报告。

（三）组织和召开大会闭幕式，公布比赛成绩，发奖、致闭幕词。

（四）安排和办理各球队离开比赛地区的有关交通等事宜。

（五）对竞赛器材设备进行整理入库，做好大会各部门的工作小结和竞赛工作总结。

第二节　篮球竞赛的编排工作

一、篮球竞赛制度

制定篮球竞赛制度是为了保证各种篮球比赛能在要求的时间、地点内，有计划、有组织完成。目前广泛实施的有赛会制和赛季制两种。

（一）赛会制

赛会制是让参加比赛的球队集中在一个地方，用若干天的时间，连续进行比赛，决出相应名次的一种竞赛方式。

1. 赛会制的特点

赛会制运用范围广泛，其特点是比赛队伍集中，比赛地点固定，比赛期短，竞赛费用低及比赛场次连续，比赛强度大，调整、恢复时间短，易产生疲劳。赛会中为地区乃至国家带来巨大的社会效益和经济效益。

2. 对组织工作的要求

（1）赛会制比赛期短，赛程紧密，赛间可能出现的问题比较集中，因此各个方面的工作要具体、细致，协调一致；要有很强的时间观念，保证比赛顺利进行。

（2）赛会制比赛规模比较大，组织工作纷繁复杂，要仔细制定好全面的组织方案，规划好各个部门工作，明确职责，及时、准确解决问题。

（3）赛会制的比赛需要承办单位具有一定的基础设施条件，特别是承办大规模、高水平、国际性的篮球比赛的条件，要进行大量的基础建设投入，事先进行大规模、高水平的篮球比赛，从而适应比赛的要求。

（4）承办赛会制比赛要有市场经济意识，要以经营的思想来做好竞赛组织工作，既要讲社会效益，又要讲经济效益。

（二）赛季制

赛季制是指在赛季较长时间内，每个参赛队与其他对手分别在主、客场进行若干场比赛（最终按总积分排名）的一种竞赛方式。

1. 赛季制的特点

赛季制最明显的一个特点就是采用主、客场的形式进行比赛。比赛期长，比赛的场次较多。一般4~6个月，通常是跨季度。由于比赛队伍经常往返于主客场，要有雄厚的经济实力，因而赛季制比赛应用的范围较小，一般只是在一个国家内高水平的比赛中运用。如美国的NBA比赛，中国篮球协会举办的CBA职业联赛。

2. 对组织工作的要求

（1）赛季制比赛时间跨度长，场地分散，各赛地比赛场次相对较少。因此组织机构更应相当精干，做到机动性程序化操作。

（2）由于主场比赛，观众对主队的支持程度提高，无形中加大了主场的管理难度。因此，要营造公平竞争的良好环境气氛，要加强对主场工作人员、运动员的职业道德教育和对观众的宣传教育，提高观赏比赛的文化氛围。

（3）主、客场比赛形式是一种市场营销，因而比赛应该属于经营者的一项业务，组织工作应当成为经营者的一项任务，从而促使篮球竞赛真正走进市场。

二、竞赛方法

篮球比赛通常采用的比赛方法有淘汰制、循环制和混合制3种。选择和确定比赛制度时，应根据举办比赛的目的、任务，比赛的期限，参加队数的多少而定。

（一）淘汰制

淘汰制分为单淘汰制和双淘汰制两种：单淘汰制是指在比赛中失败一次即失去继续参加比赛的资格，连续获胜的球队继续参加比赛，直到最后决出冠、亚军为止；双淘汰制是指在失败一次后，仍可与另一失败的队进行比赛，再次失败即失去比赛资格，获胜的球队继续参加比赛，直到最后决出冠、亚军为止。

淘汰制一般在参加比赛的队数多、经费不足、比赛时间短的情况下采用，可节省时间。但除第一名以外，不能合理地确定其余各队的名次，因为比赛场次有限，比赛机会较少，胜负有一定的偶然性。目前在篮球比赛中已很少采用。

1. 单淘汰制竞赛的总场数和轮次计算及编排方法

（1）总场数和轮次的计算方法

竞赛的总场次 = 参赛队数 - 1。

竞赛轮次 = 参加队数的以 2 为底的幂的指数，若参加队数不是 2 的乘方数，则比赛轮次是稍大的一个以 2 为底的幂的指数。

例 18 支队参赛，共有 3 轮，因为 8 是 2 的 3 次方，所以竞赛为 3 轮。

例 214 支队参赛，14 不是 2 的乘方数，而比 14 稍大的 2 的乘方数为 16，16 为 2 的 4 次方，则竞赛为 4 轮。

（2）编排方法

①参赛的队数是 2 的乘方数。如 8 支队参赛，其编排方法，如图 8 - 2 - 1 所示。

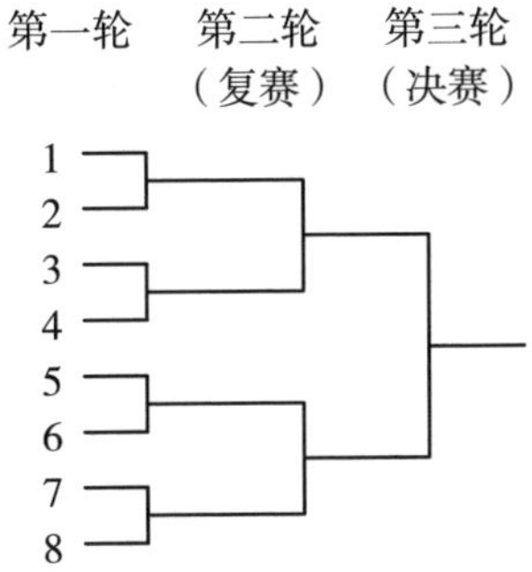

图 8 - 2 - 1　8 支队参加竞赛的单淘汰制轮次图

②参加竞赛的队数不是 2 的乘方数。如 13 支队参赛，其编排方法如 8 - 2 - 2 所示。

③计算第一轮参加竞赛的队数的方法。计算第一轮参加竞赛的队数的方法，可以用（n - 2）×2 的公式计算。其中 n 代表队数，2 代表略小于队数的 2 的乘方数。如 13 支队参赛，即（n - 2）×2 =（13 - 8）×2 = 5 × 2 = 10，有 10 支队参加第一轮竞赛，3 支队轮空。

④确定第一轮参赛的轮空队的方法，可以用大于参加竞赛队数的 2 的乘方数减去参加竞赛队数的办法。例如，13 支队参赛，第一轮轮空数为（16 - 13）= 3，即第一轮竞赛有 3 支队轮空。

总之，淘汰制方法只能合理确定第一名，如果需要确定其余各队名次时，可采用“补赛（附加赛）”的方法来确定。如 8 支队参加竞赛，需排出所有名次，可在第一轮次竞赛后，按照图 8 - 2 - 3 的方法，胜队与胜队进行前四名比赛，负队与负队进行附加赛，就可以排出 8 支队的名次。

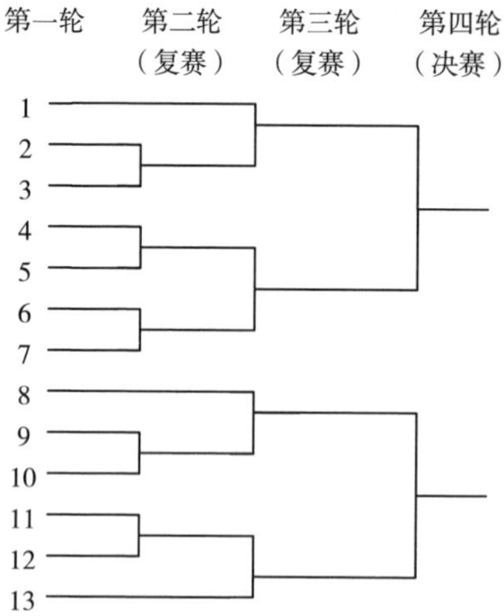

图8－2－2　13支队参加竞赛的单淘汰制轮次图

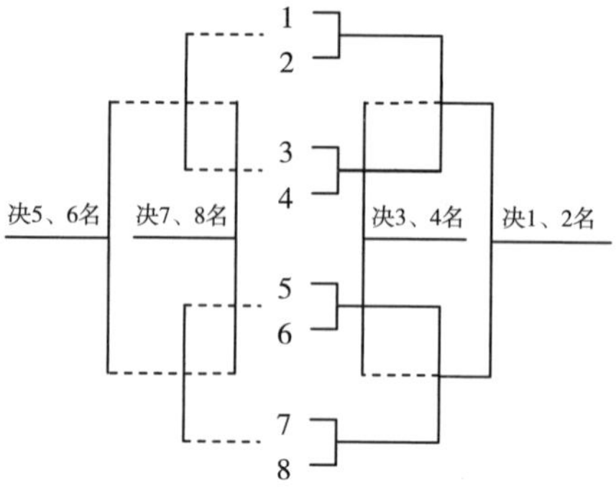

图8－2－3　8支队淘汰制附加赛轮次图

2. 双淘汰制的编排方法

双淘汰制方法可以避免单淘汰制方法可能产生的偶然性，使参加竞赛的队在失败一次后仍有夺取冠军的机会。双淘汰制的方法基本上和单淘汰制方法相同，只是进入第二轮后，要把失败的队编排起来再进行竞赛，再失败者则被淘汰，胜者继续与上一轮失败者进行竞赛，最后失败一次的队还能参加决赛，并有可能夺取冠军。如8支队参赛，其编排方法如图8－2－4所示。

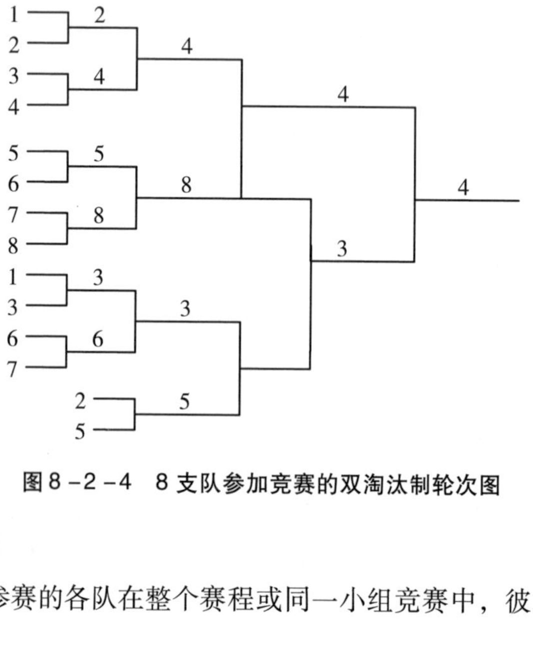

图8－2－4　8支队参加竞赛的双淘汰制轮次图

（二）循环制

循环制方法是参赛的各队在整个赛程或同一小组竞赛中，彼此都有相互竞赛的机会，并根据竞赛的胜负，按一定的计分方法，合理地确定名次。

循环制方法包括单循环、双循环和分组循环3种方法。

1. 单循环竞赛的编排方法

单循环竞赛是指所有参赛的队均要相遇竞赛一场，最后根据各队胜负场次的积分多少排列名次。

单循环竞赛是在参赛的队数较少，而场次和时间能保证时采用。这种方法排列出来的名次比较合理。

（1）单循环竞赛轮次和场数的计算

掌握比赛轮数和场数，便于做到心中有数，更好地安排比赛工作。

① 比赛场数的计算：比赛场数 $=N\ (N-1)\ /2$。

即队数（队数 -1）/2 = 比赛场数。例如：12 个队参加比赛，比赛场数是 12（12 -1）/2 =66 场。

② 比赛轮数的计算：如果参加的队数是偶数，则比赛轮数是，队数 -1。例如，12 支队参加比赛，比赛轮数是 12 -1 =11。

如果参加比赛的队数是奇数，则比赛的轮数就等于队数。

（2）比赛轮次表的编排

具体方法：在编排中，把参加比赛的队平均分为两半，前一半号数由1号起由上而下地写在左边，后一半号数自下而上地写在右边，然后用横线把相对号数连接起来，就是第一轮的比赛队（如下表第一轮所示）。不论参加竞赛的队数是奇数还是偶数，一律按偶数编排。若参加竞赛的队数为奇数时，可以用一个“0”号代表一个队，把参赛队等量地分成左、右两列，左列数字由1号自上往下排，右列数字由下往上排，然后用横线将相对的两个数连起来，这就是第一轮竞赛编排的方法。

例如：5支队参赛时，第一轮的编排是：

左　0—5

↓　1—4　↑

　　2—3　右

例如：6支队参赛时，第一轮的编排是：

左　1—6

↓　2—5　↑

　　3—4　右

第二轮编排：“1”号或“0”号位置固定不变，其余号码按逆时针方向转一个位置，再用横线连起来，就是第二轮竞赛，如6支队参赛，第二轮编排（含第一轮）如下。

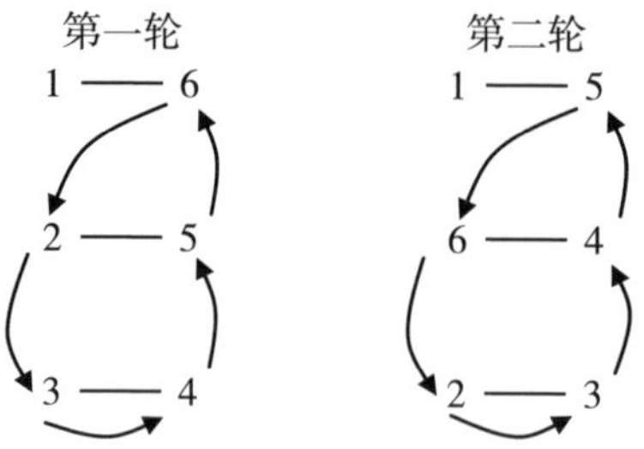

如5个队参赛，其比赛轮次的编排方法如下。

6个队参赛的比赛轮次表

第一轮	第二轮	第三轮	第四轮	第五轮
1—6	1—5	1—4	1—3	1—2
2—5	6—4	5—3	4—2	3—6
3—4	2—3	6—2	5—6	4—5

5个队参赛的比赛轮次表

第一轮	第二轮	第三轮	第四轮	第五轮
1—0	1—5	1—4	1—3	1—2
2—5	0—4	5—3	4—2	3—0
3—4	2—3	0—2	5—0	4—5

（3）抽　签

轮次排完后，各队进行抽签，并把各个队名按抽到的号码填到轮次表里。

（4）编排比赛日程表

轮次表填好后，根据比赛的日期、时间、场地等排出比赛日程表，印发给各队。

2. 双循环竞赛的编排方法

双循环是所有参加比赛的队在比赛中均能相遇两次，最后按各队在全部比赛中胜负场数、得分多少排列名次。一般在参加比赛的队数多且竞赛时间较长时采用。

双循环的编排方法与上述单循环相同，只是要排出第一循环和第二循环轮次表。在编排出第二循环时，视比赛规程是否规定重新抽签，如需则按重新抽签的序号填入第二循环轮次表。

分组循环就是把参赛的队分成若干小组，各小组先进行单循环竞赛，排出各小组的名次后，再进行第二阶段的竞赛。

（1）分组循环竞赛的编排方法

以12支队参赛为例，分两个阶段进行竞赛的编排方法。

第一阶段，将12支队分成两个组分别进行单循环竞赛，排出各小组的名次。

第二阶段，有3种形式。

①两组同名次进行竞赛。各小组第1名决第1、第2名；各小组第2名决第3、4名……各小组的第6名决第11和第12名。

②1、第2名编排在一组进行单循环赛，决第1至第4名；各小组的第3和第4名编在一组进行单循环赛，决第5至第8名；各小组的第5、第6名编在一组进行单循环赛，决第9至第12名。

③将两组的前3名编在一组，决出第1至第6名。其他各队不再竞赛（或将两组后3名编在一组用同样的方法决出第7至第12名）。

（2）分组循环竞赛的种子队确定和位置排列

确定“种子”队的依据可以根据参赛各队的实际水平，在领队会议上协商确定。“种子”队确定之后，经抽签先把“种子”队分到各组里，然后再用抽签的方法确定其他各队在各组的位置。“种子”队的队数一般等于分组的组数，如分4个组进行竞赛，应有4支“种子”队。为了做到更合理，可以多选出几支“种子”队，但必须是组数的倍数，如分4个组，若确定8支“种子”队，一组中有两支“种子”队，应把第1名和第8名“种子”编在一组，把第2名和第7名编在同一组，依次类推。具体编排如表8-2-1所示。

表8-2-1 分组循环竞赛的“种子”队分组表

第一组		第二组		第三组		第四组	
⋮		⋮		⋮		⋮	
8	1	7	2	6	3	5	4

（3）分组循环竞赛的抽签方法

抽签方法可分为一次性抽签和二次性抽签。

一次性抽签就是一次抽签就决定组别及组的顺序号。二次性抽签就是第一次抽签决定组别，第二次抽签决定组的顺序号。

抽签时，“种子”队先抽入各组。确定各“种子”队的组别，若“种子”队的队数与分组数相同，则将各“种子”队分别抽入各组。若“种子”队数是分组的倍数，则将采用跟“种子”的方法，合理地将两支“种子”队抽入同一组内。以分4组有8支“种子”队为例前4支“种子”队代表后4支“种子”队抽签，第一号

“种子”抽入某组则将第八号同时带入同组；第二号“种子”抽入某组则将第七号“种子”带入同组……然后非种子队按分组的顺序依次抽签，确定组别和组的编号，将各队队名对号填入事先编排好的轮次表内。

1　2　3　4
|　|　|　|
8　7　6　5

如无法确定“种子”队时，可将参赛各队所抽顺序按所分组数以“蛇形”排法分组，确定各组参赛队，如 16 支队分 4 个组竞赛，其排法见表 8－2－2 所示。

表 8－2－2　分组循环竞赛的“蛇形”排列分组表

第一组	第二组	第三组	第四组
1	2	3	4
8	7	6	5
9	10	11	12
16	15	14	13

（三）混合制

1. 交叉赛

① 参赛队分为两组，先进行第一阶段的分组循环赛，排出各组名次。

②进行第二阶段淘汰赛时，两组第 1、第 2 名进行交叉赛，即 A 组的第 1 名与 B 组的第 2 名，B 组的第 1 名与 A 组第 2 名进行竞赛，然后两场竞赛的胜队进行冠亚军决赛，2 组的负者进行第 3、第 4 名的决赛。如图 8－2－5 所示。

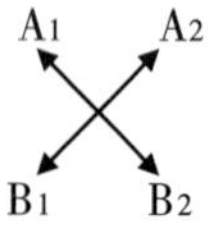

交叉赛后

A_1B_2 胜方——A_2B_1 胜方，决第 1 名、第 2 名。

A_1B_2 负方——A_2B_1 负方，决第 3 名、第 4 名。

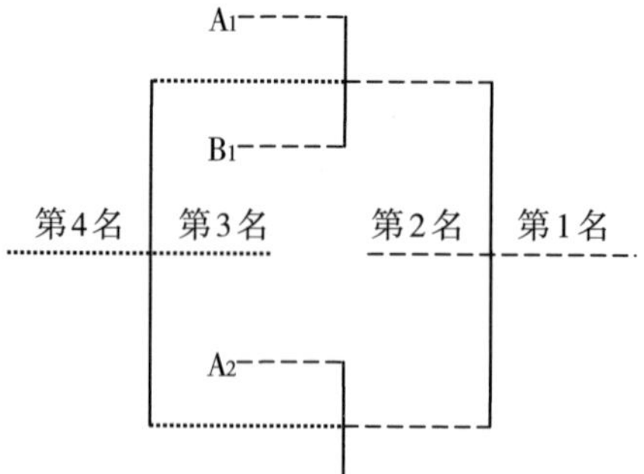

图 8－2－5　混合制交叉淘汰赛对阵图

如果还需要排出后面的名次，可以再用上述方法进行竞赛，决出名次。

2. 同名次赛

进行第二阶段淘汰赛时，把第一阶段竞赛所产生的各组同名次的队编在一起进行竞赛，胜者名次列前。如果第一阶段是分成4个组循环，先由4个组的第一名进行半决赛，然后胜队与胜队进行决赛，负队与负队进行附加赛，决出第1至第4名。如图8－2－6所示。如果还需要排出后面的名次，仍可按此方法进行竞赛，排列出名次。

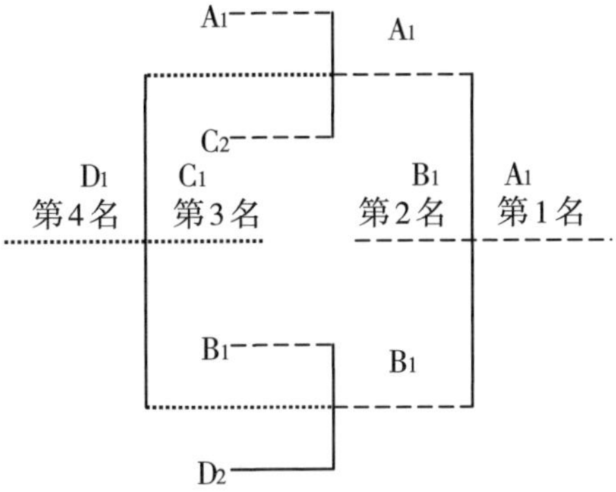

图8－2－6　混合制同名次淘汰赛对阵图

（四）成绩计算方法与名次排列

篮球竞赛的成绩计算方法和名次的排列是以积分多少来计算，即胜一场得2分，负一场得1分（包括竞赛因缺少队员告负），弃权得0分，积分多者名次列前。

如在排列名次中出现若干队积分相等，则按下列办法排列名次。

（1）如两队积分相等，按两队相互竞赛的胜负决定名次，胜者名次列前。

（2）如两队以上的队积分相等，则以这几个积分相等队之间的比赛成绩排列名次；如仍相等，则按他们之间比赛时的失分率（总得分/总失分）排列名次；如仍相等，则按他们在全组内所有比赛的得失分率排列名次。

（3）如果在排列名次中两支以上的球队积分相等，再次排列中只考虑积分相同的球队之间的竞赛结果。

（4）如果再次排列后仍有球队积分相同，然后只考虑仍积分相同的球队之间的竞赛结果，用其得失分率来确定名次。

（5）如果仍有球队积分相同，则按他们在组内所有竞赛的得失分率来确定名次，得失分率高者名次列前。

思考题

1. 简述组织篮球竞赛的意义。
2. 篮球竞赛的制度有哪几种？
3. 如何计算单循环竞赛的轮次和场数？其编排方法是怎样的？
4. 如何计算竞赛成绩和名次排列？

第九章　篮球场地器材

第一节　场　地

一、本方球篮、对方球篮

被某队进攻的球篮是对方球篮，由某队防守的球篮是本方球篮。

二、场　地

（一）比赛场地

对于国际篮联主要的正式比赛以及所有新建的比赛场地，其尺寸应是长 28 米、宽 15 米，从界线的内沿测量（图 9－1－1）。

对于所有其他的比赛，国际篮联的适当部门，如地区委员会或国家联合会，有权批准最小尺寸为长 26 米、宽 14 米的现有比赛场地。

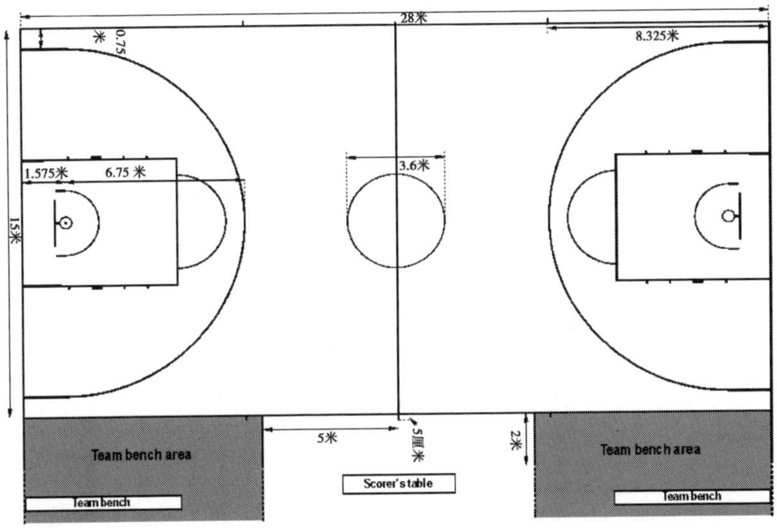

图 9－1－1　比赛场地

（二）线　条

所有的线条应用相同的颜色（最好白色）画出，宽5厘米并清晰可见。

（三）端线和边线

比赛场地是由2条端线（比赛场地的短边）和2条边线（比赛场地的长边）限定出的区域。这些线不是比赛场地的部分。

（四）中　线

中线是一条从两边线的中点画出的平行于端线的线。它向每条边线外延伸15厘米。

（五）罚球线、限制区和罚球区

罚球线应画成与每条端线平行。从端线内沿到它的最外沿应有5.80米，其长度为3.60米。它的中点应落在连接两条端线中点的假想线上。

限制区是在球场上标出的地面区域（图9－1－2），它由端线、罚球线和2条起自端线（画线的外沿距离端线中点3米）终于罚球线外沿的线所限定。除端线外，这些线都是限制区的一部分。可以在限制区里面着色，但必须与中圈内的颜色相同。

罚球区是限制区加上以罚球线中点为圆心、以1.80米为半径向限制区外赛场上所画出的半圆区域。在限制区内的半圆要画成虚线。

罚球时供队员们使用的沿罚球区两出的位置区。

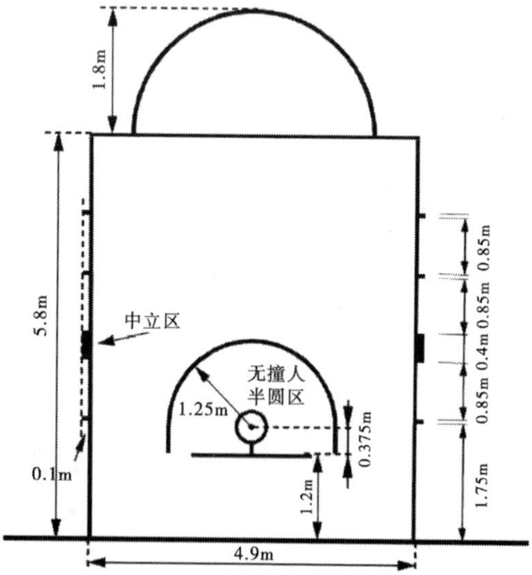

图9－1－2

（六）中　圈

中圈应画在球场的中央，半径为 1.8 米（从圆周的外沿丈量）。如果在中圈里面着色，它必须与限制区内的颜色相同。

（七）3 分投篮区域

某队的 3 分投篮区域是指除对方球篮附近被下述条件限制出的区域之外的整个赛场地区。这些条件包括从端线引出两条平行线，距对方球篮的中心垂直线与地面的交点 6.75 米；该交点距端线内沿中点的距离为 1.575 米；以上述规定的同一点为圆心，画半径为 6.75 米（量到圆弧外沿）的半圆与两平线相交。

（八）球队席区域

球队席区域应标在记录台同侧的场外，并按下述要求。

每个区域分别由一条从端线向外延伸至少长 2 米的线和另一条离中线 5 米且与边线成直角并至少长 2 米的线所限定。

第二节　器　材

一、基本器材

（一）篮　板

篮板的尺寸应是横宽 1.80 米，竖高 1.05 米。

篮板上的所有线条应按下述要求画出：如果篮板是透明的，用白色；在所有其他的情况中用黑色。宽度 5 厘米。篮板要按下述要求牢固安置：在球场两端，与地面成直角，平行于端线。篮板前面的中央垂直线延伸至地面，与地面的接触点落在与端线成直角的假想线上，此点距离端线内沿中点 1.2 米。

（二）球　篮

球篮应由篮圈和篮网组成。

1. 篮　圈

材料应是实心钢材，内径 45 厘米，漆成橙色，每一篮圈的顶沿应位于水平，距地面 3.05 米，从篮板面到篮圈内沿的最近点是 15 厘米。

2. 篮　网

篮网应是白色的细绳悬挂在篮圈上，并制作成当球穿过球篮时有短暂的停留。

网长不短于40厘米，不长于45厘米。

（三）篮　球

球应是圆形的、颜色为单纯的橙色或黄橙相间并带有8瓣按惯例成型的镶片和黑色的接缝。外壳应是皮、合成皮革、橡胶或合成物质制成。充气后使球从大约1.80米的高度（从球的底部量起）落到球场的地面上，反弹起来的高度在1.20米至1.40米之间（从球的顶部量起）。球的四周不得小于74.9厘米，不得大于78厘米（7号）。重量不得少于567克，不得多于650克。

主队应提供至少两个按照上述规格的并使用过的球。主裁判员是确定球是否合乎标准的唯一鉴定人。如果经鉴定，两球均不适宜作为比赛用球，主裁判员可以选择客队提供的球或从两队做赛前准备活动的用球中选择一个。

二、专用器材

主队应提供下列专用器材供裁判员及记录台人员使用。

（一）比赛计时钟和计秒表

比赛计时钟为比赛的各节计时和在比赛各节间的休息时使用，并且摆放在让与比赛有关的包括观众在内的每一个人都能清楚地看到的地方。

应使用一个适宜的可见装置（不是比赛计时钟）或计秒表作为暂停计时。

如果主比赛计时钟放置在比赛场地中央的上方，那么在比赛场地两端足够高的地方各设一个同步的副比赛计时钟，要让与比赛有关的包括观众在内的每一个人都能看到。每一个副比赛计时钟应指示剩余的比赛时间。

（二）24秒钟装置

24秒钟装置要有一个控制单元去操纵，该装置应包括符合下述规格的显示单元：数字倒计数型，用秒指示时间两队都不控制球时，装置上不显示。具有能停止并在重新开始时能继续倒计时的能力。显示单元应按以下方式设置：两个显示单元应分别架设在每块篮板的上方且位于篮板后面。距离在30～50厘米，或4个显示单元应分别设在球场一个角落的地面上，在每条端线的后面2米处，或两个显示单元设置在地面上，处于外对角位置。记录台左侧的显示单元应设置在到那里最近的角落。两个单元均应在每条端线后2米并距边线延长部分2米。

（三）信　号

至少要有2种独立的声响信号。能发出显然不同的和非常响亮的声响：一种是为计时员和记录员所用。对于计时员，该信号在指示一节或决胜期比赛时间终了时应自动地发出声响。对于记录员和计时员，当已请求了暂停、替换等，暂停开始后过去了 50 秒或有可纠正的失误的情况要引起裁判员的注意，在适当时候要手动操纵信号发出声响。另一种是为 24 秒钟计时员所用，在指示 24 秒钟周期结束时应自动地发出声响。两种信号要足够地强，在最不利或嘈杂的情况下容易被听到。

（四）记录板

记录板应让与比赛有关的包括观众在内的每一个人清楚地看到。记录板至少应显示：比赛时间，比分，现时的节数，要登记的暂停次数。

（五）记录表

国际篮联所有主要的正式比赛应使用经国际篮联世界技术委员会批准的正式记录表。

（六）队员犯规标志牌

为记录员提供队员犯规标志牌。标志牌应是白色的，上面分别标有数字 1 至 5（从 1 到 4 的数字为黑色，5 为红色），数字的最小尺寸为：长 20 厘米，宽 10 厘米。

（七）全队犯规标志

为记录员提供两个全队犯规标志。

全队犯规标志应是红色的，最小尺寸为：宽 20 厘米，长 35 厘米，当放在记录台上时要让与比赛有关的包括观众在内的每一个人清楚地看到。

也可以使用电的或电子的装置，只要装置的颜色和尺寸与上述指定的相同。

（八）全队犯规指示器

应有一个指明犯规到 5 次的适宜装置，指明某队已达到了全队犯规处罚状态。（第 55 条——全队犯规：处罚）。

（九）拥有指示器

应有一个装置指明，当交替拥有发生时获得球权的球队。拥有指示器应是带红色箭头的装置放置于记录台上。

第十章 篮球比赛的指挥工作

篮球比赛的指挥工作是篮球竞赛的一个组成部分。篮球比赛不仅是对教练员平时训练水平的检验，使运动员的身体、技术、战术水平在比赛中得到全面的展示，同时也是教练员临场指挥能力、智慧和经验的集中体现。教练员能否根据双方的实际经验情况，充分调动全队的积极性，灵活运用战略、战术进行正确的指挥，组织并调配好全队力量，扬长避短，制约对方，对争取比赛胜利具有重要作用。

掌握篮球比赛指挥工作的基本方法，明确临场指挥的策略，是篮球教学内容之一，也是培养学生篮球基本技能的重要途径。

篮球比赛的指挥工作包括赛前的准备、临场指挥和赛后总结 3 个方面。

第一节 比赛前的准备工作

赛前准备工作是比赛指挥工作的重要组成部分，是取得比赛胜利的前提，对比赛胜负起着重要的作用。赛前准备工作包括以下几个方面工作。

一、了解对方情况

赛前做好对方的信息收集工作，充分了解对方情况对正确地制定比赛方案至关重要，有利于本队为在比赛中做到“用己所长，攻彼之短；抑彼之长，避己所短”创造条件，发挥本队优势，达到取胜的目的。

了解的方法：可通过直接或间接的方式进行，即直接观察对方的训练和比赛或通过球探、临场技术统计和录像等有效手段和途径了解对手。

了解的内容：主要了解对方的队员身体条件、心理素质、技术特长、首发阵容、后备力量的调配等情况。重点掌握对方战术的基本打法，主要得分手及攻击点、技术特点、中锋的攻防能力，教练员的个性特征等。

二、做好思想、技术、战术准备

赛前要全面、客观地分析本队的情况。特别是针对运动员的身体状况、技术特点、心理状态、竞技状态。对比赛的认知度等方面均要做到心里有数。临赛前运动员大部分心理活动都是围绕着比赛的胜负这个核心产生的。教练员要及时掌握队员因比赛客观条件变化而产生的思想和心理状态，教育运动员正确对待比赛、正确对待胜负，并就了解的情况进行有针对性的指导，帮助运动员调整好心理状态，树立信心，做好充分的思想准备和技术、战术方面的准备，以适宜的竞技状态投入比赛。

三、制定比赛方案

比赛方案是比赛所要采用的策略及具体的战术实施方法，体现了教练员对比赛的攻防战略指导思想、具体的攻防措施、应变措施等。因此，要根据了解到双方信息资料，做乐观、认真的分析研究。从中找出彼此的优缺点，群策群力，倾听各方面的意见，制定出周密的比赛方案。

比赛方案应包括以下内容。

（一）确定攻防战略指导思想

从实际出发，去制定每场比赛的攻防战略指导思想，突出以我为主，扬长避短。因此，在比赛中要以计谋制约对手的优势，有效进攻对手的弱点。如本队身高占优势，进攻与防守转换速度较慢，则要重视掌握节奏，迫使对方打阵地攻防，确立以变制胜，以内为主，强攻内线战略指导思想：反之，若对方身高处于优势，特别是中锋队员身材高大，篮下防守严密，攻防转换速度慢，则应确立以快取胜、内外结合、以外为主的进攻战略指导思想。

（二）阵容组织与攻防战术

阵容组织与攻防战术方案的制定，是在确立攻防战略指导思想的基础上，对双方情况的了解和分析后，根据本场比赛的实际情况，而做出的阵容的配备、调换和具体攻防战略的部署。

1. 阵容组织：在了解对方的情况下和确定的战术指导思想后，提出首发阵容，对替补队员组织好分工与布置。

2. 提出具体攻防战术方法：根据收集到的知己知彼的信息，遵守以我为主，扬长避短的原则，针对比赛中出现的彼强我弱，或我强彼弱，或实力相当，或遭遇战的情况，提出具体的攻防战术方法，确定个位置队员的职责。攻防战术方法中应明确，对手的优势是什么，弱点在哪里照这张这些本队是采用联防还是人盯人防守，对手会采用什么防守方法，本队采取什么方法进攻，有谁来担任主攻、怎么攻等。另外，对如何组织抢前后场的篮板球、快攻发动与接应采用的方法以及推进和攻击方法等等，都需要合理安排，制订出详细的计划。

3. 准备应急的方案：赛前要做好克服各种困难的准备，做好开局不利或攻防战术失灵时的应变方案。应变方案的措施应简单实效，任务明确具体，力求出“奇”兵，出奇制胜，力争最短时间内改变不利局势。特别要准备结局不利时的几种应对方案，以便及时调整与应急，争取最后的胜利。

四、召开准备会，布置比赛方案

准备会的主要目的是统一思想，明确具体打法，提出全队要求，布置作战方案，力求打出水平，争取最终比赛胜利。因此，准备会玩充分发扬民主，积极听取队员意见，以求决策正确。

准备会的方式一般有 2 种；一是由上而下，先由教练提出比赛方案，全队讨论，进行补充修改；另一种是由下而上，先由队员分析讨论，提出比赛方案，最后教练进行归纳，确定比赛方案。准备会也可以在球场召开，边演示、边讲解。召开准备会时，最好能把上一场比赛的总结会与下一场的比赛准备会结合起来召开。而且充分考虑对手情况，队员分析问题的能力和时间等条件因素，采用不同的方式。

赛前准备会时间不宜太长，要简明扼要，重点突出，使队员明确战略指导思想与比赛方案，清楚地了解具体打法与应变谋略，以及各自在本场比赛中的攻守任务与职业，要充分调动队友的积极性，增强队员信心，使队员保持适宜兴奋的情绪状态去比赛。

第二节　临场比赛的指挥工作

临场比赛的指挥工作是从教练员带队进入比赛场地开始，直到比赛结束带队离开比赛场地。在这期间教练员的工作包括：安排指导赛前准备活动、掌握临场比赛的基本规律，根据比赛的变化正确实施临场指挥的措施与方法，充分发挥教练员的智慧与应变能力，去争取比赛胜利。

一、赛前准备活动

赛前准备活动充分与否，直接影响到比赛的开局，甚至整场比赛的结果。重视和研究赛前准备活动是打好比赛开局，争取比赛主动权的重要环节。教练员必须认真选择赛前准备活动的内容、方法，“热身”要多与球结合起来，增加趣味性和表演性，让队员既镇静，又精神振奋，使队员的身体和心理都较适宜进入比赛状态。准备活动要全队统一与个人活动相结合进行。

在组织准备活动的同时，如果与对手是遭遇战时，教练员还要注意观察对方的基本情况，为比赛开始前的部署调整做好准备。

二、临场指导工作

（一）比赛中不同阶段的基本分析

现代篮球比赛对抗激烈，场上情况错综复杂、瞬息多变，但也有其规律可循，表现为比赛具有阶段性的特征。教练员应根据各阶段的不同情况，掌握比赛进程，争取比赛胜利。

1. 开局阶段

开局阶段是教练员检验预定方案的时机。一般是指比赛开始后第一节 3 ~5 分钟的时间。教练员在此时间阶段的临场指挥过程中，主要注意比赛是否按预想的形势发展。它一般会出现 3 种情况：（1）比赛完全按照预想的情况进行，开局很顺利，比分处于领先状况；（2）比赛没有按照预想的方案进行，局面不利，比分处于落后；（3）比赛按照预想的方案进行，但比分处于交织状态。对于上述 3 种情况，教练员必须善于认真细致地观察、分析、判断比赛场上所发生的每一细微变化，找出原因，及时果断地采取措施。在此阶段，教练员要及时抓住各种有利暂停、换人来控制比赛，伺机反击，扭转被动局势。

2. 实力较量阶段

实力较量阶段一般是指比赛第一节后 7 ~8 分钟到第四节前 7 ~8 分钟的时间。此段时间较长，比赛中情况变化较大，双方优势强弱也初见分晓。要根据场上具体情况及时调整、修改作战计划，使之更加符合比赛的发展变化。此阶段比赛往往会出现如下这样几种局面。

（1）比分领先

在进攻与防守相对比较顺利时，队员的技术发挥正常，场上情绪高昂。这种情况，要注意继续保持优势，扩大战果。防止出现放松、降低进攻速度、随意处理球、防守不积极等现象。教练员要及时采取措施，教育队员防止思想麻痹，要做好对手反攻的思想准备。

（2）比分相持

经过一段比赛后。双方彼此对对方的情况都有一定的了解，但均无十分突出的优势，比分交替上升，处于僵持拉锯状态。在这种情况下，教练员一定要沉着、冷静、仔细地分析对方的优缺点，抓住对方的薄弱环节，及时组织力量，改变打法，力争打出高潮，发挥优势争取主动。

（3）比分落后

由于某种原因，比赛可能处于不利情况。此时教练员切忌气馁、失去信心或埋怨队员和裁判，应及时找出原因和解决问题的办法，果断地组织力量调整阵容，或改变战术打法，争取在最短时间内改变落后局面。

3. 决战阶段

比赛第四节的最后 5 ~ 6 分钟的时间为最终决战阶段。这时比赛即将结束，是决定比赛胜负的关键时刻。比赛中情况最复杂，变化最频繁，双方争夺最激烈经常在最后一两分钟，甚至在一两秒钟的时间里决定胜负。因此，决战阶段的临场指挥教练员要预先做好充分的准备，制定几种对策，根据临场的时间、比分和控制球的情况灵活运用。

（1）离全场比赛结束还有 30 秒，比分相同，我方控制球时，普通的打法是为最后一次投篮控制，在剩下 2 ~ 3 秒时间投篮，不给对方留下反击时间。

（2）离全场比赛结束还有 1 分钟，比分相同，对方控制球时，应采用全场紧逼或区域夹击防守打乱对方的进攻，造成对方失误，违例或投篮不中，积极抢篮板球，争取一次进攻机会，投中得分，战胜对手。

（3）离全场比赛结束还有 1 分钟，本方落后 2 ~ 3 分球，对方控制球时，要严密防守，迫使对方失误，或违例，或投篮不中，积极抢断球或篮板球，使我方控制球、力争 3 分球或篮下强攻，既投中又加罚球，战胜对方。

（4）离全场比赛结束还有 10 ~ 20 秒时，对方领先 1 分球并控制球时，应果断地采取紧逼防守，不惜犯规要积极进行抢断球，或直接采用犯规战术，力争创造一次进攻机会，投中得分，战胜对手。

许多决战阶段的处理方法都是从实践中创造出来的。此外，教练员一般都保留一次暂停机会以备关键时使用，并大胆启用适用的替补队员，显示教练员的指挥才能和用兵艺术，对比赛结果往往具有积极作用。

（二）临场指挥的措施

教练员的临场指挥主要是通过暂停、换人和中间休息时间等措施来进行的，也可利用手势、喊话和“暗号”等方法进行指挥。有时还可以把意图告诉场上队长和核心队员，让他们利用罚篮或其他时间转达教练员的想法。在运用时，关键是一要及时，二要合理。

1. 合理运用暂停

暂停是教练员指挥比赛的重要手段。在比赛中每节比赛暂停的次数是有限的，运用暂停的原则是把暂停用到关键时刻，而且在比赛的最好时刻应保留一次暂停机会。比赛处于不利的情况时，双方出现连续的高潮时，需要调整或布置新的战术时，教练员应立即请求暂停。有经验的教练员是在最后几秒钟决定胜利的关键时刻，还保留一次暂停，以此决一胜负。但是，在比赛开局不久就出现很不利的局面时，则应该当机立断，请求暂停。

暂停时，可让运动员稍微休息。如有助理教练和教练组，可以先征求他们的意见，然后再与运动员讲话。讲话要简练，语言要生动，态度要坚决，重点要突出，要抓住主要问题。应尽可能运用技术统计数据分析问题，运用战术沙盘演示战例，以便于队员理解。教练员应留些时间，让运动员发表意见，或让队员们自己交流一下各自的看法，使队员间思想能更加统一，部署更加明确。

下列情况可使用暂停。

（1）与预定比赛方案不符合，队员不适应对方战术打法。

（2）场上队员思想不统一，行动不协调。

（3）对方连续得分，士气高涨，本队处于被动局面时。

（4）队员精神过分紧张，在攻守中连续发生错误时。

（5）对方做了新的部署，本队不适应时。

（6）本队进攻、防守多次失败，士气不振，出现低潮时。

（7）比分接近，双方相持中发现对方薄弱环节，需要主动改变打法时。

（8）队员十分疲劳，影响攻守速度又无法换人时。

（9）在第四节结束前本方还落后 2 ~3 分时，为了布置固定配合时。

2. 掌握好换人的时机

换人也是教练员实施指挥比赛的重要手段之一。比赛之前教练员都想尽量发挥自己队员的特点，而一旦投入到激烈、紧张、高对抗的比赛中，队员的体力会下降，特点可能会受到对手制约，因此，为了适应临场的变化，教练员必须适时组织力量，才能保证本队优势发挥。教练员预先要有充分准备，适当换人。

（1）换人有几种情况

第一种是有计划地换人。目前，在漫长的联赛和激烈的大型比赛中，最为典型的就是为了保持更高的胜率和体力，教练员有计划地换人。这样做，教练员可以把全体队员都用到比赛中，不分主力和替补队员。因此，组织得好，对全队比赛成绩，对保持主力队员体力、对提高替补队员积极性和减小主力队员、替补队员之间技术水平的差距，无疑都是非常有利的。

第二种是主动换人。一般情况是为了改变战术，对付特殊情况去完成特殊任务而主动换人。

第三种是被迫换人。一般情况是在队员紧张失常，或队员在场上担负不起自己的职责，或防不住对手，或抢篮板球不积极等的情况下被迫换人。

第四种是随机换人。这是教练员根据临场发生的情况和需要解决的问题随时换人。一般在下列几种情况下换人。

① 主力队员犯规较多，为了保存实力。

② 队员在比赛中技术发挥不正常，或体力不好时。

③ 为了保留暂停机会或暂停已用完，利用换人传达教练员的意图时。

④为了改变战术打法，解决进攻或防守中的问题，而需要调换有特长的队员上场时。

⑤ 为了有目的地锻炼年轻队员增加比赛经验时。

（2）换人是应注意的问题

①一般情况下教练员在换人时应提前告诉替换队员，让替换队员有心理和身体准备，让他注意观察他所要替换的队员在进攻和防守中的问题，以免重犯被替换队员所犯的错误。

②教练员在临时突然需要换人时，应向替换队员交代清楚目的，以使替补队员上场后知道如何行动。

3. 赛中休息时的指挥

赛中休息时间是教练员实施临场指挥的有利时机。每节比赛结束，都有简短的休息时间，特别是第二节结束后，距离第三节尚有一段时间，此时临场指挥者应让队员在身心两方面得到充分休息、调整。其主要工作内容如下。

（1）教练组先集中，交换意见，统一认识。运动员休息，冷静思考。

（2）总结本节或前两节比赛中的优点与不足，肯定成绩，提出问题，分析原因。针对场上情况，布置后面的比赛，确定上场人员，明确攻防技战术作战方案。

此时总结和部署力求简明、扼要、坚定，向队员传达出教练员的必胜信念，激发队员们的信心。

第三节　比赛后的总结工作

比赛后的总结是一项很重要的工作。总结的目的是检查比赛任务完成情况，及时总结经验教训，制定切实可行的改进措施，更好地指导今后的训练和比赛。

一、总结的方法

总结的方法有每场比赛的总结和整个联赛结束后的总结。

（一）每场比赛后的总结

总结的目的是打好下一场比赛。由于每场比赛的胜负和运动员的技术发挥，都会引起队员和球队的思想波动和情绪的变化，所以在一般情况下，召开总结会最好是比赛后的第二天进行，并结合第二天比赛队的准备会进行。最好不要在比赛的当天或拖很长时间之后去总结。如比赛中的问题得不到及时解决，必将影响下一场比赛。

（二）整个比赛后的总结

主要是通过对比赛成绩和各项技术指标的分析研究，检查本次比赛任务完成情况，从每个队员和全队的战斗作风、身体能力、技术和心理训练水平及应变能力等方面，肯定成绩，总结经验，找出存在的问题和弱点，为今后的训练和比赛提供指导依据。

总结会的形式有分个人总结和全队总结；个人总结由队员本人完成，全队总结由教练员完成；全队总结在个人总结的基础上，对全队的主要问题，教练员和队员一起进行分析研究，最后由教练员写出整个联赛的书面总结。

二、总结的内容

无论是每场比赛后的总结，还是整个联赛后的总结，都应包括以下几个方面的内容。

（一）比赛前的准备情况怎样，目的是否达到，任务是否完成。

（二）比赛的指导思想是否正确，比赛计划是否合理。

（三）队员的思想状态、精神面貌、心理情绪是否稳定。

（四）对各项技术、战术指标与赛队进行分析对比。

（五）教练员临场指挥如何，包括暂停、换人等战术运用情况。

（六）胜负的主要因素分析和经验教训。

（七）对存在的主要问题，采取什么办法解决。

第十一章　篮球运动科学研究工作

第一节　篮球运动科学研究概述

科学研究是人们能动地认识客观世界，探索客观真理的实践、活动。它的任务是揭示各种错综复杂现象内部隐藏的必然联系和规律，并探讨运用这些规律的途径。因此，科学研究是推动人类社会发展的动力。

篮球运动科学研究是在篮球运动这一领域内，揭示运动中的各种现象，探索其本质及发展规律，并利用这些规律为篮球运动发展服务的实践活动。体育科学技术是推动体育运动的动力，振兴体育必须依靠科学技术的进步。因此，加强篮球运动科学研究工作，对促进我国篮球事业的发展具有极其重要的意义。

揭示篮球运动教学与训练的理论与方法问题，研究解决问题的方法与途径，从而提高篮球运动教学训练的科学性，促进篮球运动水平的提高，使篮球运动更好地为增强人民体质和社会精神文明建设服务是篮球科学研究的目的。因此发展新的理论与方法服务于篮球动的实践活动是篮球运动科学研究的根本任务。

一、国外篮球运动科学研究概况

近年来，随着世界篮球运动水平的不断提高，竞争日趋激烈，任何国家要在世界篮坛保持强劲的竞争能力都必须依赖于新技术、战术及科学的训练方法与手段。因此，在篮球领域中开展科学研究的作用日益突出，引起许多国家的重视。1979 年举行了第一届世界篮球教练员讲座，大大活跃了世界性篮球学术交流。同时，体育科学的蓬勃发展也对篮球科学研究起着极大的作用，许多相关学科的知识与方法广泛应用于篮球科学研究，为研究篮球运动提供工科学的认识论与方法论，拓宽了篮球科学研究的领域。

综观各国篮球运动科学研究的发展状况，概括起来有以下 3 个特点。

（一）重视对篮球技、战术及其教学与训练理论的研究

篮球技术和战术是构成篮球运动的基本要素，技、战术的发展推动着篮球运动水平的发展。从已发表的科研成果看，各国都致力技、战术的研究，促进各项攻守技术的合理完善，使篮球技术既符合竞赛规则要求，又符合人体解剖功能及生物力学原理，从而使技术更具合理性与实效性。在战术研究上，除不断完善原有的战术配合，还不断地创造出一些新战术，如“移动进攻法”和“多变防守”等，使得战术配合更加灵活多变。此外，各国还十分重视从篮球比赛与教学训练实践中系统地总结出一些经验上升为理论，促进了篮球运动向更高水平发展。

（二）相关学科知识与现代科学技术广泛应用于篮球科学研究

当前篮球科学研究的内容涉及各种相关学科的理论与方法，从而拓展了篮球科学研究的领域，使人们更全面、深入地认识篮球运动。例如，用运动生理学特征，为篮球训练提供生理学依据。应用生物力学、运动解剖学研究篮球技术动作结构、力学原理，使篮球技术更合理、更符合实践需要，并创造出一些新技术。近二十多年来，运动心理学的迅速发展为篮球运动科学研究开辟了新的研究领域。“三论”为篮球科学研究提供了方法论，现代科学技术的迅猛发展为篮球科学研究提供了科学手段。

（三）篮球科学研究为训练、比赛服务

围绕训练、比赛开展多学科综合研究，使科学成果直接运用到训练与比赛为实践服务是世界篮球科学研究的又一显著特点。例如，苏联国家篮球队配备有一个多学科综合研究组，除定期对运动员进行身体检查和机能测定、进行医务监督外，还了解国内外篮球运动发展动向，提供世界各强队的信息，为国家队有针对性训练提供意见，在综合研究组的协同下，将球队训练置于科学监督之下，为科学训练提供依据，从而提高了训练质量。

二、我国篮球运动科学研究概况

（一）我国篮球运动科学研究的历史回顾

新中国成立以来，随着体育事业的发展，一个以研究篮球运动发展的一般规律及研究篮球教学训练、比赛中诸问题为对象的篮球运动科学研究也随之发展。新中国成立初期，我国体育科学研究的主体是体育院系教师及篮球教练员 ，并以分散的形式进行，学术思想活跃。1955 年 4 月，由《新体育》杂志社在全国范围内开展

“关于篮球战术指导思想问题”的讨论，掀起了一场涉及我国篮球运动风格与打法的百家争鸣，争论的实质是对我国篮球技术、战术发展方向的大辩论。通过讨论统一了认识，确定了“积极、主动、快速”的战术指导思想。这一认识对指导我国篮球运动的发展起着积极的作用。此阶段的研究主要采用技术统计、图片分析和经验总结等方法进行，研究的内容集中于技术分析和比赛的调查及教学经验的总结等。

经过“文化大革命”较长时间的停滞后，国家体委科教加强了对体育科研工作的领导，各省相继成立了体育科学研究所，大多数配备有专职篮球科研人员，一些体育学院恢复招收篮球硕士研究生，召开了全国体育科研论文报告会，为开展篮球科学研究提供了良好的外部环境。1982 年底中国体育科学学会运动训练学委员会和中国篮球协会联合举办了我国首次篮球学术论文报告会，并收到征文 60 篇。与此同时，国家体委还召开了篮球国家级教练员复核套改高级教练员技术职称论文答辩会。两个会议的近百篇论文在数量、质量、研究范围及研究方法的科学性上，与以往比较都有较大的发展，它标志着我国篮球运动科学研究已迅速恢复。

1985 年 12 月中国篮球协会在北京召开“全国篮球科学成果讲学班”，以《篮球科学化训练》为主题的 13 个子课题的优秀论文在讲学班上报告。这些成果对指导我国篮球训练起到了积极作用，为促进我国篮球运动科学化训练提供了理论依据。1994 年 12 月在北京体育大学召开的全国体育院校篮球教材建设论文报告会，30 余篇论文在研究的深度与广度上都有一定的提高，促进了篮球专项理论的发展。1995 年 10 月，为纪念篮球运动传入中国 100 周年，中国篮球协会与中国培养篮球研究生学会共同在天津体育学院举办了篮球论文报告会，入选报告的论文有 84 篇，在篮球运动发展史、篮球技术和战术、篮球教学与训练、篮球规则与裁判、篮球运动测量与评价等方面做了报告。这个时期全国性学术交流频繁，研究的论文数量激增，研究的内容与范围扩大，标志着我国篮球科学研究进入了新的发展时期。

（二）我国篮球科学研究的现状及展望

1. 我国篮球科学研究的现状

（1）十余年来研究数量激增，研究内容和领域扩大，研究的侧重点有所转移。近十余年来，篮球科学研究不仅有了很大的发展，出现了一大批科学研究成果，而且研究的内容不断深入，研究的范围也有明显的拓宽。由于引进了相关学科理论，研究内容不仅涉及自然科学范畴，而且涉及社会科学范畴。

（2）研究方法的变革。随着体育科学研究的发展，越来越多的篮球研究综合地采用观察法、实验法、调查法、数理统计法等研究方法，大大提高了研究的量化程度，出现了不少定性研究与定量研究相结合的课题。与此同时，运用高科技手段与方法对篮球运动进行研究的课题，也日益受到重视。研究方法的变革、多学科理论与方法的引进及先进科学技术应用于篮球科学研究，促进了篮球科研水平的大幅度提高。

（3）存在的主要问题。我国篮球科学研究的发展经历了一个曲折的过程，由于篮球科研队伍自身知识结构、科技水平诸因素的制约，使得目前我国篮球科研发展水平还落后于世界篮球强国。首先表现在科研队伍的先天不足，研究的整体水平不高。其次反映在篮球科学研究的效益不理想，研究成果转化产品的程度和成果对实践的影响和学术的自身机制、自我更新能力都较差。最后科研成果对篮球理论的更新，对教学、训练和比赛实践的指导、促进及影响的不足，是当时我国篮球科研中最突出的薄弱环节。

2. 对我国篮球科学研究的展望

迅速提高我国篮球运动科研水平，首先，必须充分发挥中国篮球协会科研委员会的作用，具体管理、规划、组织全国科研工作，并积极筹措经费，支持重大课题研究。重视改善我国篮球科研队伍的知识结构，更新知识，造就一支高水平科研队伍是进一步发展我国篮球运动科学研究的战略措施。其次，应在微观研究的基础上开展宏观研究，加强理论研究并在以下几个方面予以重视。

（1）对篮球自身理论的成熟与完善方面研究。

（2）对我国篮球运动发展的战略与规划研究。

（3）对我国篮球训练、球队管理等制度改革的研究。

（4）对篮球明星运动员、教练员的选材、育才、成才规律的研究。

（5）对篮球教学训练理论与方法的研究。

（6）对篮球训练科学化的研究。

（7）对篮球科学研究方法的研究。

为篮球训练比赛服务，为提高篮球运动水平服务是篮球科学研究的出发点与归宿。

第二节　篮球运动科学研究内容与特征

一、篮球科学研究的基本内容

随着现代科学技术的发展，篮球运动科学研究在其发展中不断地吸收其他科学领域的知识和方法，使篮球运动科学研究的范围越来越广，探讨的问题越来越深入，研究的内容也越来越丰富，根据篮球运动的规律和特点，要从长期研究着眼，短期需要解决的问题着手，二者兼顾。

（一）篮球科学研究内容的分类

篮球科学研究的内容概括起来可分为以下 3 种。

1. 基础理论类研究

以认识和探索篮球运动的自然规律和有关原理、原则为主要目的，属于理论性的研究。

2. 应用类研究

依据篮球运动的基本规律和有关原理、原则，研究篮球运动教学、训练和竞赛中的关键问题，并从理论的高度提出解决的办法。

3. 开发类研究

将研究成果应用到篮球运动的教学训练和组织竞赛方面，并将应用研究再扩大，发展到各个运动项目的教学训练和组织竞赛中去。

（二）篮球科学研究的主要内容

当前篮球科学研究的主要内容包括以下几方面的问题。

1. 篮球运动发展史

（1）篮球运动的演变历程。

（2）篮球技术、战术的演变与发展历程。

（3）对篮球自身理论的成熟与完善方面的研究。

2. 篮球技术、战术的运用

（1）对篮球技战术的发展、运用与创新的研究。

（2）篮球战术的发展、运用与创新。

3. 篮球运动理论

（1）对我国篮球运动发展的战略与规划研究。

（2）对篮球运动教学理论的研究。

（3）对篮球训练理论的研究。

（4）对篮球运动员选才、育才、成才规律的研究。

（5）对篮球科学研究理论与方法的研究。

4. 篮球规则的理论

（1）对篮球规则、裁判法的研究。

（2）对不同等级裁判员培养、选拔和使用的研究。

5. 篮球与相关学科的理论运用

（1）心理学在篮球学科中的运用研究。

（2）社会学在篮球学科中的运用研究。

（3）自然学科（生理、生化、生力等学科）在篮球学科中的运用研究。

（4）管理学在球队管理中的运用研究。

6. 发展理论的研究

（1）对篮球职业化、产业化的研究。

（2）对篮球市场开发、营销的研究。

二、篮球科学研究的特点

篮球运动科学研究与其他体育项目科学研究一样具有许多共同的规律。但由于篮球运动本身的特殊性，使篮球领域的科学研究活动具有自身的特点。综观我国篮球科研的发展状况，其特点主要表现在以下几个方面。

（一）研究对象和领域的广泛性

1. 研究的对象：涉及儿童至老年的各个年龄段不同篮球水平的参与者；不同类别的学生、教师，不同级别的运动员、教练员、裁判员，不同职能的管理人员、经营人员；以及学校篮球、竞技篮球、群众篮球、职业篮球、篮球市场等多种研究对象。

2. 研究的层面：既有指导性的理论体系、领导体制和发展战略等的宏观研究，又有操作性的生化反应、力学分析和技术运用等应用研究；既有对国家队等高层次篮球队的研究，又有对少儿篮球以及篮球后备力量的研究。

3. 研究的范围：篮球科学研究包括了篮球运动理论体系与史学研究；篮球技术、战术、身体、心理训练的理论和实践研究；篮球竞赛的指挥、分析和调控研究；篮球教学训练的生理、生化和运动生物力学的应用研究；篮球运动员营养、医疗和疲劳恢复的研究；篮球裁判员的培养和篮球规则与技战术关系的研究；篮球运动的管理、体制、赛制和发展策略研究；篮球运动科学研究状况的研究等方面。

（二）研究内容的实效性

篮球运动科学研究为篮球运动发展服务的功能，决定了篮球运动科学研究的内容和问题必须来自运动实践。篮球运动丰富的技术动作、战术设置，独特的运动形式以及相关学科知识的发展和交融，为篮球运动科学研究提供了大量的研究素材。同时，篮球运动科学研究的结果只有经篮球实践的检验，才能成为科学研究成果。可见，科学研究内容来自篮球实践又服务于篮球实践，这是互动统一的，也是推动篮球运动科学研究不断发展的原动力。就已有的成果来看，篮球运动科学研究内容的实践性、实效性特点突出。不少选题都紧紧围绕篮球教学、训练和比赛实践等问题进行研究。

（三）研究过程的动态性和研究结果的创新性

动态性规律是篮球运动的基本规律之一，篮球运动科学研究也秉承了篮球运动的动态特点。篮球运动科学研究一般时间长、跨度大。从提出科学假想、搜集资料、进行预实验、科研实验到结果分析、科学论证、得出结果，其过程就是一个动态发展的过程。随着相关学科知识和科学技术的发展，越来越多的新理论、新方法、新手段、新科技成果运用于科研之中，使篮球运动科学研究的方法、成果也不断创新发展。因此，研究中一成不变的方法、思想，没有新意的命题、思维，都无法保证研究的科学性和创新性，并会影响到研究结果的实践性。

（四）研究理论和方法的综合性

随着现代篮球向科学化、社会化及职业化道路迈进，职业篮球带来的商业化、产业化气息促进了当今篮球运动在观念、理论的更新技术与战术的创新，形成了篮球运动的新特征。特别是现代科学技术的发展和科学知识的创新，为篮球运动科学研究提供了丰富的理论依据和研究方法，开阔了篮球科学研究的思路。

因此，为了全面地探索篮球运动的未知因素，揭示篮球运动的规律，篮球科研必然将涉及自然科学、人文社会学、哲学等方面的综合研究。它所涉及的相关学科主要有生理学、心理学、生物力学、生物化学、解剖学、运动医学、运动训练学、人体测量、体育社会学、体育比较学、经济学教育学、体育统计学、人类学以及控制论、系统论、信息论等多种学科理论。

此外，现代科学技术的成果也逐渐被大量采用，如幻灯投影技术、摄影摄像技术、各种精密仪器的使用、电脑软件的开发以及各种针对性研制器材的应用等。借助这些相关学科知识的交叉作用和现代科学技术的新成果，综合运用各种研究方法，当今篮球科研可以从不同角度探讨篮球运动的诸多问题，从而拓宽篮球科研领域，加大研究深度，增强研究的科学性、实效性和针对性。

第三节　撰写科研论文的一般程序

科学研究活动是人类能动地认识世界和改造世界的过程。对于一个具体的研究课题来说，从选题开始到研究工作结束，是一个不断深化的认识过程，在整个过程中，必须按一定的程序完成各项工作。一般来说，科学研究工作大体上包括这样一些基本程序。第一，选择研究课题；第二，建立假设；第三，制订研究计划；第四，收集研究材料；第五，对研究材料的加工处理；第六，形成理论，撰写论文。篮球运动的科学研究也应按照这一程序进行。研究过程的每一个环节、完成的具体工作和采用的方法，在实施程序过程中又进行一系列具体工作。

一、选　题

选题即确定研究课题，是进行科学研究的首要环节门。爱因斯坦说过："提出一个问题往往比解决一个问题更重要。因为解决一个问题也许仅仅是数学上、实验上的技能而已；而提出新问题、新的可能性，从新的角度去看旧的问题，则需要有创造性的想象力，而且标志着科学的真正进步"，由此可见选题对科学研究的重要意义。只有具有相当的知识及科学鉴别力，才能提出既适应现实需要又能反映未来发展的开拓性课题。

（一）选题的原则

1. 需要性原则：社会需要是科学发展的根本动力，要使选题具有研究价值就必须从社会的需要出发。选择篮球科研课题一定要面向篮球运动实践，适应篮球事业发展的需要。

2. 创新性原则：创新是科学研究的灵魂，也是篮球科学研究选题的根本原则，只有创新，才能推动科学进步。要使所选择的课题是前人尚未研究或未完全解决的问题，以保证研究成果有突破性与独创性。

3. 科学性原则：选题必须具有科学理论依据。科学上的任何重大发现，都是在前人研究成果的基础上进一步取得的。因此，选题必须以事实为依据，以科学理论为基础，综合考虑课题在经济上、科学原则上的合理性及技术上的可行性。

4. 可行性原则：主要是指研究者选题时应从本人所备的主客观条件出发，全面考虑研究课题的可行性。客观条件包括研究活动所需要的各种资料、仪器、设备、经费、时间等；主观条件包括研究人员掌握本课题有关科学理论知识的程度、有关研究方法、手段、经验及研究能力等。

5. 兴趣型原则：“兴趣是最好的老师”，这里的兴趣主要是在科研中促使人们积极追求、积极探索的一种爱好。课题研究者往往对自己感兴趣的研究课题投入更大的热情，产生强烈的研究动机，这些都是保证研究最终达到目的的前提。

6、价值性原则：按照价值性原则选题，具体操作可以分为以下两种：一是按体育实践的需要先确定其实际应用价值的大小，再通过研究寻求科学上实现目标的途径与方法。二是按体育科学本身发展和完善的需要，先规定科学探索的价值目标，通过研究发现规律，然后再指出和探求实际应用的前景和手段。

（二）研究选题的主要来源

篮球科学研究的大量课题来源于篮球运动实践中所遇到的共性问题、疑难问题、亟待解决的问题。选题的基本途径如下：

1. 从篮球运动教学、训练、管理中碰到的实际问题中提出问题：人们对篮球运动中许现象尚不能解释，需要深入探讨，只要留心观察、善于发现和联想，就能发现具有研究价值的课题。

2. 从文献中发现问题：文献资料是前人创造、积累的科学成果，记录了研究人员对有关问题的研究事实、数据及观点。学习这些资料既可了解有关问题的历史、现状及前沿动态，开阔眼界，启发思路，又可从资料中发现前人研究的薄弱环节及尚未研究的问题，从而找到新课题。

3. 从当前篮球运动改革与发展趋势中发现问题：社会主义市场经济的确立，促进了我国篮球运动的改革与发展，随之产生了一系列亟待解决的新问题。宏观方面有我国篮球运动各项制度改革的指导思想、基本模式、主要对策、篮球运动各项制度改革与运行机制等，微观方面有推动我国篮球运动发展的“内因”与“外因”研究、我国篮球运动的现状分析与开拓、我国篮球市场问题的探讨。

（三）研究选题的程序

1. 确定研究方向

所谓研究方向，就是研究者在一个较长时期内所要从事研究活动的领域。确定研究方向主要应从研究者自身的知识结构、研究能力、所处的个人环境、个人兴趣、可能具备的研究条件等方面进行考虑。对于篮球专项的学生主要从技战术统计、体能、心理、态度、裁判等方面进行较深入的研究。

2. 阅读有关文献初步确定目标

篮球技术学科的研究，要充分了解篮球专项的发展趋势和研究特点，明确当前研究的热点、重点领域，以及篮球专项研究的方法学特征进行研究。这一阶段工作主要包括以下 3 个环节。

（1）确定课题研究目标。确定课题研究目标主要是对研究课题所提出的主要任务来进行分解，围绕着主要研究任务而定具体的研究过程。

（2）确定课题研究对象。课题研究对象通常与课题的研究目标相联系。在确定研究对象时要注意：根据具体的目标来选择研究对象，使之具有代表性；要明确研究对象的空间范围；研究对象的选择既要科学，又要考虑研究工作的可行性和研究对象的数量。

（3）确定研究课题的研究方法。在选择、确定研究方法的过程中，不仅要考虑研究对象的抽样方法、研究指标的确定方法、资料收集的方法，同时还要综合考虑研究方法的有效性、经济性和创新性。

3. 课题的定题

约翰·杜威曾说："问题表述得好，意味着问题已解决一半。"在对研究目标、研究对象、方法确定后，具备一定的研究条件，就可以最后定题。在定题时要注意题目要准确、具体、规范。

二、建立假说、验证和研究计划的制订

（一）建立假说与验证

1. 建立假说

在科学研究中，为了便于探索客观真理，往往对未知的事物提出假定的设想与推测，即假说。科学研究常以假说为基点来设计实验或观测，再通过实验结果来验证假说。所以，假说是发现新事物、形成新理论的桥梁。一个假说从酝酿到形成一般要经过 3 个步骤：第一，在科学研究中发现新事实、新关系；第二，对上述新事实、新关系产生的原因及发展规律进行初步假定；第三，运用科学方法对初步假定进行逻辑推理，从而形成完整的科学假说。

建立假说通常采用类比、归纳、演绎等逻辑方法。

（1）类比法：根据事物中存在的共同点，用已知的事物去推测未知事物的方法称类比推测法，它是理论思维的一种逻辑推理形式。

（2）归纳法：这是一种由特殊到一般的推论方法，运用归纳法可以把大量经验

材料经过分析整理，提高到理性认识阶段，把若干特殊的理性认识变为一般的理性认识。例如：研究课题《对影响篮球运动员技术水平发挥的主要素质研究》，建立假说时运用归纳推理。篮球比赛要求运动员跑得快，跑得快需要有强有力的蹬地；篮球比赛要求运动员跳得高，弹跳力需要强有力的爆发力；篮球技术的准确性与手指手腕力量密切相关；篮球比赛激烈的对抗需要运动员强壮有力。通过一系列个别事实的归纳，可提出“力量是篮球运动员必不可少的重要素质”这一假说。

（3）演绎推理：这是一种由一般到特殊的推理方法。推理的客观基础是一般与个别的关系，即一般寓于个别中，个别含有一般。

2. 验证假说

假说只是一种猜测，它正确与否必须经过检验。检验的标准是实践，即科学事实。通过严格的科学实验、观测、调查等方法获取科学事实来验证假说，只有通过实践证明是正确的，假说才能成为科学理论。

（二）制订研究计划

研究计划是对研究工作经过谋划而形成的实施方案，也称为研究方案。有了周密详细的研究计划才能有步骤、高效率地完成研究任务。

研究计划的内容包括以下几方面。

1. 研究课题名称。

2. 选题依据这部分是选择和确定研究课题的理论阐述，主要包括国内外的研究动态、提出问题的理论与实践依据、研究的目的和意义。

3. 研究对象的范围与研究任务。这是根据假说进一步将研究对象的具体范围明确化，研究任务条理化。

4. 研究方法指收集科学事实验证假说的具体研究方法。

在设计过程中包括以下内容：

（1）设计研究指标，即实验、观摩和调查的具体项目。

（2）建立操作定义。对于研究中某些抽象概念和指标做出明确的操作界定，如技术结构、快攻、妙传等，要明确指出其具体内容和特征，才能在收集材料过程中实际操作。操作定义在科学研究中具有重要作用，它有利于提高研究指标的客观性，使理论概念具体化，将指标变为可直接感知、测量的具体事物。同时有利于提高研究指标的统一性，从而有利于指标结果的对比分析 建立操作定义的常用方法有 3 种：第一，用客观事物发生状态、数量和具体现象来界定。第二，分解被定义指标

（问题）的特征和所含的小指标（或因素）。如“教学训练能力”可定义为“讲解示范能力、组织教学与练习能力、发现与纠正错误能力、临场指挥能力、思想教育与球队管理能力、评价与总结能力等”。第三，用被定义指标表现的要特征的数量标准进行界定，如高大队员定义为身高两米以上的锋线队员。

（3）研究样本与抽样方法的设计。

①甲研究样本设计是从研究对象的总体中合理取出来的部分对象。常常陷于条件不可能对研究对象总体进行全面研究，只能进行抽样研究。样本量的大小（多少）以能代表研究总体的特征为宜。样本量太小其代表性就差、样本量越大，误差越小，但受经费、时间、人力等条件的局限，研究者往往很难实现。按照统计学中确定样本量的方法，在样本误差允许范围内时，应力求以较少的样本满足研究的需要。

②抽样方法设计。确定样本量后，还要根据研究对象总体范围的大小和构成特征，采取相应的抽样方法。抽样方法有随机抽样和非随机抽样，随机抽样时应遵守随机抽样原则，杜绝研究者按主观意图进行选择性抽样。常用的随机抽样方法有抽签法、随机数字套用法、等距抽样、分层抽样、整群抽样、多段分级抽样等。非随机抽样是与随机抽样对应的另外一种抽样方式，主要是根据主观判断或者操作的便利来抽取样本。非随机抽样的方法包括偶遇抽样法、判断抽样法、定额抽样法、滚雪球抽样法等。由于非随机抽样不能控制统计上的误差，因此在推断总结时要非常慎重。

（4）对数据进行统计处理的设计。统计分析方法的设计常用的有定距指标（比率数）、物相关关系统计指标，如比例数、回归系数、差异程度、指标贡献率等。

5. 预期结果。假说要经过推理，说明其原理和研究成果可供应用的范围等。

6. 工作进度安排，即详细的日程计划，它将整个研究工作的顺序步骤、时间阶段及各阶段工作内容、措施做出预先安排，形成合理的工作流程。

7. 经费预算。

8. 课题负责人、参加人及协作单位。

三、研究资料的收集与整理

（一）收集研究资料

研究资料是验证假说、论证问题、形成科学理论所需要的科学事实，是研究工作所包含的重要内容。研究资料包括文献（情报）资料和科学事实两大类。文献资料是前人积累的科学理论与研究成果记录的间接经验。研究人员只有紧紧围绕研究课题，尽可能多地收集文献资料，才能充分了解本课题的学术背景与前沿动态，才能为验证假说、论证观点提供有力的依据。

科学事实是直接来自社会实践，来自篮球运动实践活动和具体事实，它为研究提供直接的研究材料，是科学研究中验证假说，提出新发现、新规律、新理论的先决条件。科学事实表现形式多样，可以是各类实验中获取的原始数据、事例反应的记录，也可以是观察、调查获得的第一手情况记录、数字、问卷材料、录音、录像、图片等。

在资料收集过程中必须坚持客观性与全面性，注意鉴别资料有效程度与可靠程度。这一阶段的工作既要有科学理论与方法的正确指导，又要求研究者具有勤奋顽强、勇于探索、不怕艰苦的精神，这样才能获取丰富可靠的研究材料。

（二）整理研究资料

通过实验观察、调查访问、临场统计、查阅文献资料所收集到的大量原始、零乱的研究材料，必须经过数理统计与逻辑处理，才能为验证假说、形成科学理论提供有效可靠的依据。

对于文献资料和（定性类）经验事实，主要采用系统方法和各种逻辑方法进行加工整理。首先，对资料进行汇总、分类、检验、筛选，而后结合研究的任务，运用比较、类比、归纳、演绎、分析、综合等方法进行加工整理，揭示事物可能存在的联系与规律，得出研究问题的观点与结论。

对于各种实验、测量、观察中直接获取的数据应进行统计处理。运用各类指标数据的处理结果，对研究中的某问题进行抽象判断与检验验证假说，提出结论，揭示规律。

这一阶段是验证假说的后期阶段，资料的加工整理是理性概括、逻辑分析和创造性加工的过程，这一过程基本完成了对研究假说的检验工作。

四、撰写科学论文

学术论文是表达科学研究新成果的文章，它是研究者完成研究工作的质量和成绩的标志。研究工作者通过撰写论文把研究结果用文字记录下来成为永久性文献。撰写论文是科学研究工作中不可缺少的组成部分。

（一）科学论文的格式与结构

不同学科的论文题材结构也不尽一样，但是一般自然科学论文，大体由以下几部分组成。

1. 论文题目

应能准确表达论文的内容及研究的范围，文字要简洁、精炼，如果题目过长，可分为主标题与副标题两部分处理。

2. 摘　要

即内容提要。把论文中最重要的东西摘录出来。对摘要的要求是短、精、全，行文要简短扼要，通常以二三百字为宜。

3. 前言（或选题依据、引言、问题的提出）

这部分是论文的序言，首先，叙述为什么研究这个课题，这个课题的意义以及要解决什么问题；其次，要阐明所研究问题的背景，前人做了哪些工作，尚有哪些问题未解决，以及进行研究的具体任务。

4. 研究对象及研究方法

要明确研究对象、范围，详细、完整地说明进行研究所采用的方式。采用实验方法要有实验方案，包括理论依据、操作步骤、分组方法、施加因素及检查实验效应的指标等。采用观察统计、调查访问要说明对象、时间、内容及具体方法。

5. 结果与分析

这部分是论文的主体，占论文的绝大篇幅。它在论文中占有极其重要的地位，因为它是表达作者研究成果的部分。这部分要撰写实验、观测、调查的结果，并运用基础理论与专业理论对研究结果进行分析、论证。

6. 结　论

结论是整个研究的结晶，是论文的精髓，它把研究结果上升为理论。写结论时要措辞严谨，逻辑严密，文字简练具体，不得用“大概”“可能”之类的词。结论应恰如其分，同时要与论文题目、研究内容互相吻合。

7. 致　谢

在研究工作中得到的帮助，应在论文结束处表示感谢。用词要恰如其分。

8. 参考文献

应按顺序列出论文中所参考或引用的文献资料，应标以序号、作者、书名（期刊名）、出版单位、页码和年代。

（二）撰写论文的程序应注意的问题

1. 撰写论文的程序

（1）在撰写论文前首先要确定论点、选择材料

学术论文的论点是作者对课题研究所获得的新见解。一篇论文水平的高低，在

很大程度上取决于论点是否有意义，是否有突破、有创新，而论点是由许多原始材料通过加工、整理、概括出来的。所以，选择材料时要选择真实、典型和新颖的材料，力求做到观点新、材料新、论证新。

（2）写作前的构思

构思是思维过程，就是在通盘考虑的基础上，为研究成果寻找一种恰当的表达方式。一篇论文主体部分的层次排列，首先是事物内部的本质联系，其次是作者所强调的内容，再次是读者所要认识的规律。

（3）拟写作提纲

拟好提纲，可以组织好文章的结构，使作者始终能抓住自己的思路。列提纲时，一般由大到小，由粗到细，一层层思考拟定。首先把论文大架子搭好，其次考虑每一部分的内部层次，然后再列出要点和事例，并在提纲各部分注下所需要的材料（索引号），以备行文时采用。

准备好材料，拟定好提纲后即可按论文格式进行撰写。

2. 撰写论文应注意事项

（1）主题要明确，结构要严谨，层次要清楚，文理要通顺，文字表达要准确简练，论点要明确，论据要充分。

（2）要有科学态度，对实验、测试、观察、统计、调查、获得的材料、结果的分析与使用都应实事求是。

（3）研究所得数据，尽可能用图表表示。

（4）题目与研究内容结论要相吻合。

五、报告和评定论文

论文撰写好以后，可在一定范围内或在学术论文上做报告（学生要按时间答辩）。听取专家的意见和建议，根据实际情况进行修改、补充以及文字加工，最后定稿，上交有关部门存档（发表）。

第四节　篮球科学研究方法

所谓科学研究方法，是人们发现新现象、提出新理论的手段，是在科学活动中运用科学的实践与理论思维的技巧。

随着现代科学技术对体育科学技术的渗透，随着体育运动的不断发展和人们对体育认识的日益深化，促使体育科学研究向深度和广度方面迅速发展，并逐渐形成了适合体育自身要求的研究方法。目前，观察法、调查法、实验法、逻辑方法、数学方法和系统科学方法等均已在体育科学领域中得到广泛的应用，同样，也在篮球运动科学研究中成为探索篮球运动发展规律的有力工具。

一、观察法

观察法是在自然条件下，通过人的感官或科学仪器，根据预定的目的，有计划地对研究对象进行系统考查，从而获得科学事实和资料，并运用有关方法加以整理，从现象到本质，从感性上升到理性，最后获得规律性认识的一种研究方法。

篮球运动科学研究中通常采用的临场技术统计，就是通过一些测量工具（目前常用的有计算机）对比赛进行定量描述的方法。摄像法则是利用照相机、摄像机、电影摄影来记录所观察到的事物和现象，而后深入观察分析的一种研究方法。

（一）观察的分类

观察的种类很多，但就其目的任务而言，可分为质的观察和量的观察两种。

质的观察是通过观察来确定客观事物在发展过程中的性质，如比赛中采用何种战术、战术的变化以及战术的实效等。

量的观察是观察客观事物在发展过程中数量的变化，如在篮球运动科学研究中通常用于对比赛及训练中运动员运用技术等方面情况的观察统计。

（二）运用观察法的基本要求

1. 观察应具有针对性：观察应有明确的目的，使观察具有针对性。观察源于理论思想的指导作用，为提高观察的实效，就充分发挥理论思维对观察的能动作用。

2. 观察应具有客观性：为保证观察过程客观和准确，应坚持实事求是的科学态度。观察时不择己所好，忌主观片面。

3. 观察应具有系统性：由于事物总是发展变化的，因此要客观地认识事物的发展全过程，就必须进行系统观察。

4. 观察应具有准确性：为防止在观察过程中由于主、客观原因而带来误差，要求观察者在观察前做好仪器的校验工作，选择好观察的位置，印制好观察记录表。正式观察前先进行实习，以便修改、完善和熟悉观察指标，保证观察的准确性。

（三）观察法在篮球科研中的运用

篮球运动科学研究中经常采用的技术统计是一种抽样观察方法。它是通过对训练和比赛的现场观察，记录下观察的具体数据和情况，然后进行分析、研究的一种常用方法。技术统计内容的选择与表格的设计对于研究工作的顺利进行有较大影响，而统计材料的组织运用则关系到研究的质量。

1. 设计统计表格：确定统计指标是设计统计表格的关键。首先，应根据课题的任务和重要的数据确定统计内容；其次，应根据所研究事物的结构环节和有关因素来选择统计内容。

表格的设计应符合既便于临场观察记录，又便于统计计算的原则。统计记录表有两种形式：一种是场地图形式，即用全场或半场的场地图记录观察的事实；另一种为表格记录形式，即用根据研究目的设计的表格记录观察的事实。

2. 统计材料的整理与分析：临场统计的原始材料，只有经过整理之后才能用以分析、对比。首先要对统计的数据进行核对，而后进行归类登记，填入登记表，以便分析时使用各项统计数据都必须进行计算，算出总数、平均数和百分比，并进行统计学处理。

在统计材料整理之后，要根据课题的任务进行归纳和分析。属于观察教学训练的问题，要根据统计数据对教学训练活动从理论上进行分析，做出评价，并从总结中发现问题，提出改进意见。属于对比赛的观察统计，则应根据统计数据对比赛胜负的原因、技术和战术运用的问题进行分析，进而总结出影响球队比赛成绩的原因，提出改进的措施。

二、调查法

调查法是研究者通过直接或间接了解研究对象的各种方式去搜集反映研究对象的材料，是当前篮球运动科学研究常用的一种方法。根据调查对象的数量与范围，可分为普通调查、典型调查、抽样调查等类型；根据调查的性质和内容，又可分为现状调查、前瞻调查、回顾调查等。调查方式有访问调查法、问卷调查法、特尔菲（专家调查）法等。

（一）访问调查法

访问调查法也称研究性谈话调查法，是通过有目的的谈话，寻求研究资料的方法。访问调查法的步骤如下：

1. 取样。根据被访问的总体特征和研究目的，决定抽样方法，决定访问的样本。

2. 制定访问时的提问提纲。

3. 进行访问。访问者要先表明身份、单位和访问目的等。

4. 记录答案，及时整理。

（二）问卷调查法

问卷调查是一种书面形式的调查，它是以卷面形式提出若干问题来询问被调查对象，然后对所得材料进行分析的研究方法。问卷调查法的步骤如下：

1. 问卷的设计

调查问卷的内容应包括3部分，即问卷的标题、问卷的说明部分和调查问题项目部分。调查问题部分，结构形式大体上有问题罗列式（陈述式）和表格式两种，也可将这两种形式结合运用。

（1）问卷的标题与说明部分。问卷的标题要反映调查内容，名称要确切，一目了然。问卷的开头应有一段简单的文字说明，简要讲明调查的目的、意义及请求对方帮助与支持，而后解释某些调查问题的概念和含义，说明回答问题的形式、要求与意见和建议填写在何处，是否署名填答，请求填完问卷寄回的时间期限，最后应注明自己的姓名、工作或学习单位、邮编、地址、联系电话。措辞应谦虚并表示感谢。

（2）确定调查内容。问卷中所调查的问题，应紧紧围绕课题的研究任务及材料来确定，而后对问题进行合乎逻辑的分解，使之成为明确的、互相独立的具体小问题。问题应简明，在排列上应注意将同类性质问题排在一起，可用一小标题领题，并按问题的复杂程度由浅入深、先易后难排列，将简单的问题、容易的问题和对后面问题有启发意义的问题排在前头，而开放的问题和敏感的问题排在后面，检查成套可行性的问题不要排在一起。问题排列顺序要有逻辑性。

（3）确定回答问题的方式。调查问卷问题提问的形式不同，回答方式也不同。对开放型（自由式）问题可根据被调查者的认识自由回答。这类问题多用于面访调查提纲，被调查者具有较高的文化素养与学识水平。对封闭式问卷，调查者只能在规定好的几个答案中选择一个，或把答案分为几个层次让被调查者按其重要程度排出顺序。

2. 问卷的信度和效度检验

问卷的信度即问卷的可靠性，效度是问卷的有效性，问卷的信度是效度的前提。调查结果的信度与效度对结论推导的真实性有至关重要的作用，因此，保证问卷的信度与效度是研究者必须掌握的技巧。

为保证问卷的信度与效度，必须注意以下几方面。

（1）设计问卷内容时，第一，要阅读有关文献资料与专业书籍，并经专家评定。第二，为避免设计的内容有所遗漏，应采取开放式与封闭式相结合的回答方式。第三，正式调查前，可通过小样本或小范围的预调查，以验证其可行性与有效性。

（2）进行信度与效度检验。信度一般是指所测得的数据的可靠程度，即调查材料反映调查对象实际情况的可靠、真实程度。

信度检验：通常以相关系数表，常用的计算方法有 2 种：第一种是“测量再测量”方法，用测量与再测量的相关系数估价可靠性；第二种是折半法，即采用“分半信度”法求问卷的“内部一致性系数”。此方法一般用于态度量表的信度检验。

效度检验：常见的问卷效度有内容效度与结构效度两种。内容效度是指问卷的内容是否反映了研究课题所需要的全部材料。检验方法有两种：一种是表面效应检验，或称逻辑分析检验，它是请有关专家全面审核评价问卷的内容性能，从问卷内容上和逻辑关系上看问卷是否符合调查的目的、任务与研究的需要。另一种是评定量表方法，即分别对问卷内容的各大问题及其范围加以定量评定（评分），然后算出每个评分者的效度分数，最后求出全部专家总的平均效度分数。

结构效度是指问卷调查结果与问卷中问题的结构特征之间的对应程度。具体操作方法可在问卷调查前将问卷设计排列的问题打乱后随意排列，然后在小范围内（15 人左右）请专家逐一判断每一问题属于哪一类问题，以及各类问题构成的总体结构是否与主题相一致，如果专家判断问题分类正确率达 80% 以上，且总体结构与调查主题相符合，则问卷的结构效度是有效的。

（三）特尔菲法

特尔菲法又称“专家调查法”，它是调查者以书面形式对研究的问题向有关专家进行咨询调查，并背对背地反复多次汇总征询意见，从而进行预测与判断的一种调查形式。在篮球运动科研中多用于研究技术、战术发展趋势及预测大赛的胜负情况等。

1. 特尔菲法的特点

（1）专家互相隔离和匿名填答问卷，有利于消除相互影响，充分独立地发表意见。

（2）系统设计的轮回调查方式，调查经过几次反复多次综合和反馈，既能充分集中多数专家的意见，又不排除少数人的意见。

（3）对每一轮调查结果，研究者都要进行统计处理，最后的结果力求转换为定量评价，以获得对问题的准确定量评价与判断。

（4）在反复调查中，须向每一位专家提供上轮调查的结果，以供每位专家在逐轮独立分析评价时有多种参考信息，进而提出客观意见。经几轮调查后，专家意见大多趋于一致，则使调查结论更为可靠。

2. 特尔菲法的运用程序

（1）确定调查主题，拟定调查纲要和调查表格。

（2）确定被调查专家。应选择在本研究领域内连续工作十年以上有造诣的专业人员。专家人数一般以 10～25 人为宜。

（3）调查过程。

——向专家发函，提出要求，提供有关背景材料，明确预测目标，征求意见。

——发调查表给专家。调查表只提出要求预测的问题。

——调查者对专家寄回的调查表进行汇总整理，并将统计归纳后的结果反馈给各位专家，为专家修改自己的意见做参考。

——调查者回收第二轮问卷后，再进行统计归纳，再反馈给各位专家。如此反复 3～4 轮即可得出较准确预测结果。

三、实验法

实验法是研究者利用一定的物质手段，人为地控制、模拟自然现象，排除非实验因素的干扰，突出主要因素，在特定的条件下通过实践探索自然规律的一种研究方法。实验的类型很多，主要有定性实验、定量实验、对照实验、模拟实验等。

（一）科学实验的构成因素

任何科学实验都包括 3 个基本因素，即施加因素、实验对象和实验效应。

施加因素又称处理因素，即在实验中为揭示实验对象可能发生某种变化的突出因素，如提高投篮命中率实验中的某种训练手段与方法等。施加因素必须使之成为规范稳定的、可操作实施的一些内容、方法、手段等。

实验对象泛指实验课题所涉及的全部对象，即实验研究的总体。从实验对象总体中抽出实验个体就称之为实验样本，它是实施实验的受试者。

实验效应是指通过实验后施加因素对受试者的作用。为了解释施加因素在受试样本产生的效应，就必须通过一定的指标来进行观测，以便确定实验的效应程度。选择指标必须遵循指标的有效性、指标的客观性、指标的代表性及指标的标准化等原则，才能保证观测结果的正确性和可靠性。

（二）实验设计

实验设计就是实验的设想方案。即在实验前对即将进行的实验工作做以全面的考虑，确定实验方法途径，拟订出明确的方案，提高实验的计划性，以保证实验工作的顺利进行。

1. 实验设计的原则

第一，重复性原则。必须使所设计的实验方案能重复进行，并能产生同样的结果。

第二，可控性原则。尽量控制各种实验条件，采用均衡或对称安排的方法来达到控制实验的目的。

第三，随机性原则。实验对象必须随机抽样，不能人为地挑选。

第四，对照性原则。有比较才能有鉴别，实验分组设计常有自身的比较设计、组间比较设计和配对比较设计。

2. 实验设计的内容

包括实验题目、实验原理（理论依据）、实验的目的任务、实验时间、实验对象、实验分组设计、实验的施加因素、实验效应观测指标及测试步骤等。

（三）实验的实施

实验实施是科学实验的中心环节。在此阶段，实验人员要完成以下几项任务：

1. 实验仪器设备的安装。
2. 预备性实验。
3. 实验过程中的操作、观察与记录。
4. 对实验结果进行处理与评价。

四、逻辑方法

科学研究必须通过观察、实验、设计等方法对搜集的资料与事实运用理论思维的方法进行整理，使认识从经验层次上升到理论层次。资料事实的整理过程是多种方法辩证统一的运用过程，包括比较、分类、类比、归纳与演绎、分析与综合等逻辑思维方法。

类比、归纳与演绎法已在建立假说的方法中介绍，在此仅介绍比较、分类、分析与综合法。

（一）比较方法

比较，是确定事物的共同点和差异点的一种逻辑方法，是人类认识事物最基本、最常用的思维方法。比较同一事物在不同时间的状态叫纵比；比较不同事物各自的特点叫横比。

1. 比较法在篮球研究中的应用

在篮球科学研究中，广泛地运用比较方法，无论是对比赛统计资料的分析或对实验结果的论证及新观点、新方法的提出，无不运用比较法。在对篮球领域中各种现状分析时常用纵向比较以揭示篮球运动发展的规律，在提出新观点、新论证、新方法时，又常采用与世界先进国家的横向比较。

2. 应用比较方法进行研究的条件

（1）比较对象必须具有可比性。两种比较对象需要比较的属性能用同一单位或标准去衡量，否则这两种对象就不能相比。

（2）要有精确、稳定的比较标准。这是定量比较的基础，也是定性比较所必需的。因此选择和制定精确、稳定的比较标准是有效进行比较的前提。

（3）比较研究要以正确的理论做指导。

（二）分类法

分类，是根据研究对象的共同特点和差异点，把研究对象划分为不同种类的逻辑方法，是人们用以区分客观世界，从掌握客观世界基本方法。“类”是具有某些共同特征的集合，分类是在比较基础上进行的。常用的分类方法有现象分类和本质分类两种。现象分类，就是根据事物的外在联系或外部标志进行分类；本质分类，是以对象本质特征的内部联系为标准的分类。

1. 分类法的应用：分类可以把纷繁复杂的事物加以条件化、系统化，从而深化人的认识。通过分类可以揭示同类的共性和本质，从而为进一步研究奠定基础。因此，分类也是篮球科研的重要方法。例如：为揭示篮球动作的特点，加深对篮球技术的认识，改进教学训练，进行了“对篮球技术动作分类”的研究，研究结果揭示了篮球技术动作结构特点及内联系，从而对篮球运动教学改革及教材设提供了有益的参考。

运用分类时，首先按照分类对象大的相同点把对象分成大类，再按大类中对象次级的相同点分成此级类，以此类推，逐渐将对象分成不同等级的类系统。

2. 分类必须遵循的原则：第一，分类必须根据同一标准进行；第二，分类必须相应相称，被划分的各子项之和必须与被划分的母项正好相等；第三，分类必须按统一的层次逐级进行，避免超级划分的逻辑错误。

（三）分析法

分析，就是把研究对象分解为各个组成部分或简单要素加以研究，以达到认识其本质的一种思维方法。如研究快攻问题可分解为发动与接应、推进、结束等部分来分别加以研究。

分析法有 4 种：一是定性分析，是为了确定研究对象是否具有某种性质的分析；二是定量分析，是为了确定客观对象各个部分数量的分析；三是因素分析，是为了确定引起某一现象变化原因的分析；四是系统分析，是一种动态分析，它将客观对象看成一个发展变化的系统。

运用分析法时，必须首先了解研究对象各个组成部分的特征，才能把整体加以解剖，把各个部分从整体中分离出来，加以深入的分析。分析法一般多与综合法结合运用，以便更好地全面把握研究对象的发展过程。

（四）综合法

综合法就是把研究对象的各个部分、各个方面和各种因素联系起来加以考虑，从而在整体上把握事物本质和规律的一种思维方法。例如从快攻的发动接应、推进、结束等环节分别分析后把各环节联系起来，考察它们相互间的联系以及各环节与快攻总体战术的联系，从而得出对快攻战术的完整认识。

分析与综合是统一的认识过程中的两个侧面，它们互为前提、互相补充、互相转化。人的认识过程就是在分析—综合—再分析—再综合的过程中不断提高的。因此，在实际的逻辑思维中没有纯粹的分析和综合，在科学研究中加工、整理资料与事实的过程中要充分认识到“分析与综合同时并用”这一重要的方法原则。

五、数学方法

数学方法是运用数学所提供的概念、理论和方法对研究的对象进行定量的分析、描述、推导和计算，以便从量的关系上认识事物发展的规律性的方法。

数学方法为篮球运动科学研究提供了简洁精确的形式化语言，提供了定量分析和计算的方法手段。篮球科学研究中常用的数学方法有以下几种：

（一）数理统计方法

数理统计是运用概率论定量地研究和剖析实践中所遇到的具体随机现象内部规律的数学方法。在篮球科学研究中得出的各种观测、实验数据都属随机变量，随机变量在数值上是随机波动的，但又具有某种分布。我们经常用它们分布相联系的数来反映其变化规律。

数理统计中还有一部分定量研究事物各因素之间相互关系的方法，相关分析与回归分析是常用的方法，用相关系数定量地描述两个变量（因素）间密切程度。如果两个变量存在相关关系，则可用回归分析的方法研究这种关系。从一组样本数据中设法找出它们这种关系的数学表达式，称回归方程。

由于篮球运动科学研究的现象是复杂的，大多众多因素交织在一起，因此，要进行多因素分析、聚类分析。

（二）模糊数学方法

客观现实中普遍存在着模糊现象。模糊性是指客观事物在差异的中介过渡时所呈现的“亦此亦彼”性。如篮球进攻的快与慢之间没有绝对分明的界限，呈现出模糊性。在篮球运动中模糊现象广泛存在，因而绝对精确的数学方法常常难以应用。模糊数学就是利用人脑能判断模糊性的特点，用严格的数学语言来描述模糊性，为研究模糊问题提供数学方法。

常用的模糊数学方法有模糊模式识别方法、模糊聚类分析法、模糊相关分析法、模糊综合评判法、模糊控制法。

（三）运筹学方法

运筹学方法是运用数学方法，把所要研究的问题做出综合性的统筹安排和对策，以达到最经济地使用人力、物力和最优地收到总体效果的方法。

运筹学方法包括的内容很多，常用的是决策论方法。决策是对未来行为确定目标、方向，并为选择一个能实现预期目标最优的可行方案做出决定的过程。

（四）预测方法

预测方法是根据过去和现在预测未来，根据已知推测未知的一种数学方法。即根据过去的实际资料，运用已有的科学知识和手段，探索事物在今后可能发展的趋势，并做出估计和评价，以调节人们的行动方向，减少对未来事物的不肯定性。

预测方法种类很多，在篮球运动研究中常用的有定性预测方法、定量预测方法、概率预测方法等。

六、系统科学方法

系统科学方法指控制论、信息论、系统论等系统科学方法和理论在体育科研中的应用。它们的共同特征：一是系统性，二是整体性，三是定量性，四是都为解决多因素的、动态的复杂系统提供是方法，五是最优化。

（一）系统论方法

系统论方法是用系统的思想研究事物的方法。它首先把研究的事物看作一个系统，从整体与部分之间、整体与外部环境的相互关系、相互作用、相互制约的关系中，综合地考察对象，最佳地处理问题。系统方法的基本原则是整体性、相互关联性、有序性和动态性。

（二）控制论方法

控制是指一个系统为了达到一定目的或保持某种特定状态，根据内部和外部各种变化进行调节的过程。控制论应用于体育领域，对于在体育教学训练中系统实施有目的、有方向、有计划的调节，以达到最佳效果，有着积极的作用。

控制论方法由功能模拟法、黑箱法、反馈控制方法、有机协调等具体方法组成。目前篮球科研中主要运用反馈控制方法，反馈控制方法是指运用反馈和控制的概念去分析和处理问题的方法。

（三）信息论方法

信息论是用数理统计方法来研究信息传递、信息控制、信息量的计算以及阐明信息在系统中的作用和规律的一门学科。它是控制论的基础。信息在篮球运动研究中具有重要的意义，它是选择研究题目、确定研究方向、选择研究方法以及检验科研成果必不可少的依据。信息方法是指运用信息论的观点，把系统的运动过程或控制过程当作信息传递和信息转换的过程，并通过对信息流程的分析和处理，以达到对某些复杂系统运动过程和控制过程规律性的认识。

控制论、信息论、系统论是新兴学科，它们为体育科研提供了新的思维方式和从整体上认识事物的系统科学方法。这些方法推动了篮球科学研究的发展，并取得初步的成果。由于它们在篮球科研应用中刚刚起步，有许多问题尚待探索。

第五节　科学研究成果的评价

科学研究成果是研究人员辛勤劳动的结晶，也是国家的重要财富，作好科研成果的评价，不仅关系到正确评定科研人员的劳动成果，而且直接关系到科研成果的推广和应用。

随着现代科学的发展和体育科学研究管理水平的提高，体育科学研究成果的评价正向着科学化、定量化和统一标准化发展。体育成果一般表现为体育科学理论研究成果、体育应用技术研究成果和软科学（主要指科技情报、管理决策、战略研究等）研究成果。对体育科学理论研究成果和软科学研究成果主要通过评审的方式进行评价，对体育应用技术成果一般采用鉴定的方式进行评价。但不论以何种方式进行评价，都应遵循以下原则。

一、科学研究成果评价原则

（一）综合评价原则。综合评价是指对科研成果的学术价值、技术价值、经济价值和社会价值等方面进行全面的评价。

（二）实践检验的原则。即各种科研成果的学术价值、经济价值和社会价值都要经过一段时间的实践检验，取得足够的、正确的参数，并与国内外同类研究对比、鉴别，才能得出正确的评价。

（三）实事求是原则。评价科研成果必须有实事求是的科学态度，对成果探索的深度功能、适用范围要如实评价。要正确区分继承与创新问题，重视实际数据，才能做出公正的、评价。

（四）保密原则。参与评价的人员有保密责任，对成果的具体资料、技术指标、各种参数应保密，不许私自扩散。

二、篮球科学研究评价的标准

由于不同学科和专业的科研成果各有特点，因此，评价的标准也不尽相同，但一般都应考虑以下几个方面的内容。

（一）学术价值。它是指成果的理论价值，具体包括以下几点：一是阐明现象的特性和规律在篮球运动发展中有重大意义；二是提出的论点具有先进性；三是修正或补充传统理论。

（二）技术价值。指某些训练方法、手段和仪器设备的开发研究对提高篮球运动水平，促进篮球运动发展具有现实意义与实际作用。

（三）经济价值。指研究的成果推广应用后产生的经济效益，或能对发展篮球事业节约的资金。

（四）社会价值。社会价值即社会影响，在篮球科学研究中那些能获得比赛成绩的成果和能促进全民健身的成果均有良好的社会价值。

第六节　体育专业学士学位论文的报告与答辩

论文报告也即是宣读论文，论文答辩即本科生回答答辩委员会和听众对论文提出的问题。学位论文报告与答辩是对本科生科研能力的综合考核，也是评审论文质量的重要形式，目的在于了解本科生对论文的熟悉程度、课题研究的深度和广度以及存在的问题，以便帮助本科生更好地进行总结。另外，本科生也可以从论文的报告与答辩中了解自己的不足，从而有意识地加强有关知识的学习和能力的锻炼，以适应今后科研工作的需要。因此，论文报告与答辩是本科生再学习、再提高的过程。

为了提高论文报告和答辩的质量，应注意以下几个方面。

一、报告与答辩前的准备

学位论文的报告与答辩，其听众是指导老师以及同学科的专家，他们将通过听取本科生对所做论文的报告，对本科生的科研能力和水平做出评价。因此，报告与答辩应做好以下几方面的准备工作：

（一）撰写报告提纲

在报告会上宣读的论文与用文字撰写完成的论文在表现形式方面的要求完全不同。报告宣读的论文要用精炼的词句明确论文的主题思想，而不能照本宣科，逐字逐句地宣读整篇论文内容。此外，为了留有一定时间供专家提出质疑和进行评议，对论文的报告时间应加以限定。所以，必须在报告前根据论文整理出一份报告提纲。

报告提纲按照逻辑顺序列出：为什么要进行这项课题研究？研究是怎样进行的？通过研究发现了什么？根据这三大要素，分别从论文中提取有关内容，准备成一份口语化的讲稿。

（二）根据报告时间撰写讲稿

本科生学位论文的报告与答辩时间一般规定为 15 分钟左右。为了有重点、有选择地将研究成果主题要点进行宣读，应在报告前按时间要求和报告提纲准备好讲稿。要求本科生应事先拟好论文摘要，做好图表、幻灯片、多媒体的绘制工具，并进行论文报告试讲，对论文试讲过程中发现的问题应及时修改。

（三）图、表制作

论文如果有插图或者表格，报告时需要采取措施加以放大，以便使听取答辩的每一个人都能看清楚。如果有条件，可将插图和表格翻拍成幻灯片或制作成投影胶片。字体要大到坐在后排的人也能看清楚。报告用的图表宜少不宜多，宜精不宜粗，图要选可视性强、趋势明显者。在一张表格中纵、横项目不宜过多。

（四）模拟报告

为了使论文报告达到较好的效果，在完成讲稿和有关图表准备后，还可进行模拟报告。通过模拟报告，一方面，进一步熟悉报告内容，检查一下读起来是否上口，是否有连起来容易发生误会的词，哪些词为了引起听众的注意，加深记忆，需要适当地重短或高声调；另一方面，要掌握报告的节奏，避免因节奏过快或过慢影响报告效果，报告时应力求脱稿。

（五）答辩提纲

论文报告讲稿完成后，应抓紧时间作好答辩的准备，设想答辩委员可能提出的问题，特别是关于本课题的价值和意义；本课题前人做过哪些研究、主要研究成果和观点；本研究有何发展，提出和解决了哪些问题；论文的基本观点和立论的主要依据、研究过程涉及的主要方法和重要理论是否科学。论文中有哪些应该涉及或解决，但又力所不及未能及或解决的问题等。要深入思考，整理出答辩提纲，做到深入理解并事记脑中，也可通过广泛征求意见的方法来获取可能提出的问题。

二、报告与答辩的基本要求

（一）报告的基本要求

1. 仪表仪态

论文报告是一个比较严肃的场合，当本科生答辩者走向讲台时，首先应该给答辩委员会和与会者一个良好的印象。报告者应穿着整齐庄重，精神饱满，举止大方，充满信心，让答辩委员从言行举止就可以判断出报告者的品德修养，切忌不修边幅，随随便便。

2. 语言表达

论文报告语言要简练，口齿清晰，抑扬顿挫，讲话的声音大小和速度应与听众人数相吻合。在讲述每一个问题时，要尽快涉及要点，用恰当的表情语言、身体语言吸引听众，引起他们听讲的兴趣，过分夸张或过于拘谨，都会给人以信心不足的印象。讲述过程中，除查看数字、解释图表等必须转身低头外，应始终面对听众。

报告的结尾要给人以深刻的印象，若时间许可，可扼要复述主要论点和结论，以加深听众对论文的理解。

3. 时间掌握

一般来说，听众对论文报告最初 15 分钟所讲的内容听得最为仔细、记得最牢、印象最深。为此，如何在有限的报告时间里将要讲的内容讲完，同时让听众全部理解自己所讲的内容，是报告成功与否的关键。要掌握好时间，一是要按照演讲计划，先简单地介绍研究的目的和过程，然后阐述要点，围绕要点提出有关论据，最后在演讲结束时总结主要论点，从而引出结论；二是要注意每一部分的时间分配，以便根据剩余时间调整讲话速度和叙述的详略，过多的客套话会白白浪费宝贵的时间又不得不将本该详细介绍的论证部分压缩，影响对结论的阐述。

4. 幻灯片、投影资料的使用

正确地使用幻灯片或投影资料，不仅可以节省时间和精力，而且可以调节听众的情绪，使报告更为生动活泼、直观清晰。在制作幻灯片或投影资料时，一张表只表达一项内容，并使要表达的内容简洁清楚，最好在每张表上加上一个简洁标题。报告时，幻灯片或投影资料的使用应与报告内容同步，并留出一定的时间让听众看清。

（二）答辩的基本要求

本科生论文报告完毕后，答辩委员将对报告内容中的某些问题提出质疑。这些疑问有些是他们没听明白或没讲清楚的；有些是自己知道、但报告时并未介绍的；有的则是论文本身不完备或理论不明确之处；有的甚至与本研究课题研究的内容无关。

答辩会上，评委对论题非常熟悉，提问的问题较专业，但不一定所有的评委都对本论文问题非常熟悉，在答辩前，虽都已审读过论文，但不一定都记忆犹新，印象深刻。所以有时评委并不是很熟悉论题，会提出一些与论题相关的问题，如外围性的研究方法，研究思路方面的问题等等。

在答辩会上，专家虽然可以提各种各样的问题，但都是围绕论题展开的，所提的问题一般集中在论文的创新部分、重要的概念、学术上分歧点、实践上的难点，以及论文涉及的最重要的理论的理解。从学位论文来看，本科生的学位论文中存在着诸如数据前后矛盾、重要数据错误、文献检索量不够、国内外现状没有介绍清楚、参考文献的引用不规范、计量单位前后不一致、所用的论据不能证明所要表达的观点、讨论力度不够、某个方面论述得不够清楚深入，等等，这些存在于论文中的问题，往往正是答辩委员们将会提出的问题或者说经常会提出问题的地方。

学位论文答辩虽然以回答问题为主，但答辩除了“答”以外，也会有“辩”。论辩往往是从论文的重点问题与难点问题的辩论展开的。一般来说，要重点检查自己的思路是否存在前后矛盾之处，前提、推论、结论的关系是否清晰，各部分的层次是否分明，这是答辩委员最关注的问题之一。因此，论文答辩并不等于宣读论文，而是要抓住自己论文的要点予以概括性的、简明扼要的、生动的说明，对答辩委员的提问做出全面、正确的回答。当自己的观点与答辩委员观点不一致时，要做到既尊重答辩委员，又能让答辩委员接受自己的观点，这就要学会运用各类辩论的技巧。在答辩中，答辩委员也会就论文中的某些问题阐述自己的观点，或者提供有价值的信息。这样，学生又可以从答辩委员那里获得新的知识。当然，如果学生的论文具有独创性见解或在答辩中提供最新的新鲜材料，也会使答辩委员得到启迪。

下面重点针对答辩中存在的普遍问题提出一些建议。

首先，要判断提问者想问的是什么和想知道什么。答辩时最好从提问人的角度来回答问题。如果自己没弄懂，可以直接地承认是自己的不足，这比明明不懂又去强词夺理要好得多，也体现了你实事求是的态度。在答辩过程中，答辩人要聚精会神听取委员们的提问。要听清和理解提问者的原意，如果没有听清问题，应有礼貌地请提问人重述一遍或者将自己对问题的理解说出来，得到委员的肯定答复后再回答，切忌贸然回答，给对方造成答非所问或回答错误的印象。对事先已有准备的问题，回答时要简明扼要，一般不要展开回答，除非提问者有展开回答的要求。如果委员们所提问题较长，内容较多，应及时做好记录，逐个回答。委员们所提的问题，有的需要“答”，有的需要“辩”，有的可能只是“听而不答”。如果答辩委员所提出的问题超出了论文课题的研究范围，答辩人可作必要的说明。这一点常被作者忽视。对事先无准备的问题，不要急于回答，应稍加考虑后，实事求是作答，可以重述自己讲过的有关内容，也可以提出新的证据加以补充，除非有绝对把握，不要试图用反驳代替回答。对于答不出的问题，不要勉强回答，或东拉西扯地予以应付，更不要强词夺理或故弄玄虚。答辩委员主要是考察本科生独立思考和判断能力。回答问题要准确、中肯、简明扼要。在答辩过程中，要避免出现思路混乱，答非所问等现象。

其次，在论文答辩时，答辩委员有许多问题是针对研究方法提出来的，如果提问和回答能够表明论文在方法论，如方法适用性、样本代表性、指标选取合理性等方面有重大缺陷，那么整篇论文的分析和论述就失去了立足点。因此，更应该强调对研究方法和研究过程以及研究数据的说明。

一般来说，答辩委员会针对与论文有直接关系、应该提及而未提及的问题，应该深入而未深入研究的问题，应该概括综述而未概括综述的问题进行提问，有些对名词概念、论文结构、论述与论题相关的观点进行提问，如总论点与分论点的逻辑性和层次分明性，论文主要观点或某部分阐述不完整、不完美，对整体结构或某一部分结构不合理，甚至有错误、遗漏的问题进行提问。

最后，答辩结束后，应对答辩委员和听众表示感谢，有礼貌地退场。学位论文答辩委员会，一般是由具有较丰富实践经验和较高专业水平的教授和专家组成，他们在答辩会上提出的问题一般是本论文中涉及的本学科学术范围内带有基本性质的最重要的问题，是论文作者应具备的基础知识，却又是论文中没有阐述周全、论述清楚、分析详尽的问题，也就是论文中的薄弱环节和作者没有认识到的不足之处。通过提问和指点，本科生就可以了解自己撰写学位论文中存在的问题，根据答辩的指导性评价性原则，本科生对论文的评价和意见均须做如实记录，为今后进步修改论文提供参考。

思考题

1. 简述篮球运动科学研究内容与特征。
2. 简述篮球科研论文的撰写的一般程序。
3. 简述篮球运动科学研究的方法。
4. 简述篮球科研论文评价的因素。
5. 简述体育专业学士学位论文的报告与答辩的注意事项。

参考文献

[1] 黄汉升，周登嵩．体育科学研究方法导论［M］．北京：北京体育大学出版社，2007：11.

[2] 张力为．体育科学研究方法［M］．北京：高等教育出版社，2002.

[3] 王义润，田麦久．体育科学研究的程序与方法［M］．北京：人民体育出版社，1989.

[4] 郭永波，臧鸣放．篮球运动教程［M］．北京：北京体育大学出版社，2005：15.

[5] 全国体育院校教材委员会．篮球运动高级教程［M］．北京：人民体育出版社，2000.

[6] 孙民治．篮球运动高级教程［M］．北京：人民教育出版社，2000.

[7] 孙民治．篮球运动高级教程［M］．北京：人民教育出版社，2004.

[8] 田麦久．运动训练学［M］．北京：人民出版社，2000.

[9] 王世安，等．篮球体育学院普修教材［M］．北京：人民体育出版社，1992.

[10] 王世安，等．体育学院专修教材［M］．北京：人民体育出版社，1991.

[11] 王晓东．实用篮球训练 300 例［M］．北京：北京体育大学出版社，2006.

[12] 张超，郭雅．篮球运动教程［M］．西安：西北工业大学出版社，2013.

[13] 孙民治．现代篮球教学与训练［M］．北京：人民教育出版社，2004.

[14] 王家宏，等．球类运动——篮球．新版［M］．北京：高等教育出版社，2005.

[15] 王家宏，等．新中国篮球运动史［M］．北京：人民体育出版社，2004.

[16] 于振峰，等．篮球对抗技术［M］．北京：人民体育出版社，2001.

[17] 于振峰，等．篮球［M］．桂林：广西师范大学出版社，2000.

[18] 刘玉林．现代篮球运动研究［M］．北京：人民教育出版社，2006.

[19] 李万阳．现代篮球进攻战术演进及发展趋势［J］．广州体育学院学报，

2009，29（6）：63－66.

［20］郁俊．半场区域对位防守在篮球比赛中的运用［J］．河北体育学院学报，2000，14（3）：11－14.

［21］程保华．篮球比赛中的攻击性防守［J］．湖北师范学院学报：自然科学版，2007，27（2）：66－68.

［22］王武年，郭永波，丁正军．当前世界高水平男子篮球运动防守战术特征研究［J］．北京体育大学学报，2007，30（11）：1576－1578.

［23］国家体育总局．中国体育教练员岗位培训教材［M］．北京：人民教育出版社.

［24］中国篮球协会审定．篮球裁判员手册［M］．北京：光明日报出版社，1998－2002.

［25］中国篮球协会审定．篮球裁判员手册［M］．北京：北京体育大学出版社，2014.

［26］盖建武．影响篮球比赛快攻战术成功率主要因素分析［J］．中国体育科技，2003（4）：41－44.

［27］张勇．现代篮球战术体系的研究［D］．北京：北京体育大学，2005.

［28］郝家春，赵瑞国．对篮球快攻概念的重新诠释［J］．首都体育学院学报，2008（1）：89－91.

［29］王晓梅．浅谈篮球进攻中的抢攻战术［J］．中国体育教练员，2003，（2）：36 － 37.

［30］张荣珍．规则修改后如何提高篮球比赛攻守转换速度［J］．中国体育教练员，2004（2）：40－41.

［31］井晓蒙．篮球攻守转换的训练［J］．泰安师专学报，2002（6）：93－94.

［32］白金申．篮球实践荟萃［M］．北京：人民体育出版社，1995.

［33］戴小中．浅析我国中锋拼抢篮板球技术［J］．体育与科学，2002（4）：70－71.

［34］中国男篮备战奥运会训练方法选编［M］．北京：人民教育出版社，2011.

［35］刘宇平，唐大鹏．制约中国篮球防守技战术发展因素探讨［J］．成都体育学院学报，2006（5）：68－70.

［36］王守恒，朱浩，齐宁．篮球进攻技战术概念诠释［J］．首都体育学院报，

2008，20（1）：5-9，24.
[37] 朱国权．篮球［M］．北京：北京师范大学出版集团，2007：10.
[38] 魏磊，等．篮球课堂［M］．上海：上海大学出版社，2014.
[39] 彭聃龄．普通心理学［M］．北京：北京师范大学，2004.
[40] 桑标主．当代儿童发展心理学［M］．上海：上海教育出版社，2003.
[41] 林崇德．发展心理学［M］．北京：人民教育出版社，1995.